# 胡雪岩传

何国松◎主编

吉林大学出版社

### 图书在版编目（CIP）数据

胡雪岩传/何国松主编.—长春：吉林大学出版社，2010.1
ISBN 978-7-5601-5105-2

Ⅰ.①胡… Ⅱ.①何… Ⅲ.①胡雪岩（1823~1885）—传记 Ⅳ.①K825.3

中国版本图书馆CIP数据核字（2009）第215056号

| | |
|---|---|
| 书　　　名： | 胡雪岩传 |
| 作　　　者： | 何国松 |
| 责 任 编 辑： | 王世林 |
| 责 任 校 对： | 王世林 |
| 封 面 设 计： | 点滴空间 |
| 出 版 发 行： | 吉林大学出版社 |
| 社　　　址： | 长春市明德路421号 |
| 邮　　　编： | 130021 |
| 发行部电话： | 0431-88499826 |
| 网　　　址： | http://www.jlup.com.cn |
| E-mail： | jlup@mail.jlu.edu.cn |
| 印　　　刷： | 三河市金轩印务有限公司 |
| 开　　　本： | 710×1000毫米　1/16 |
| 印　　　张： | 16 |
| 字　　　数： | 310千字 |
| 版　　　次： | 2010年1月第1版　2020年修订 |
| 书　　　号： | ISBN 978-7-5601-5105-2 |
| 定　　　价： | 58.00元 |

版权所有　翻印必究

# 前　言

"红顶商人"胡雪岩（1823—1885），先后经历清道光、咸丰、同治、光绪四朝。俗话说"时势造英雄"，家境贫寒的胡雪岩生长的时代正是清廷内忧外患、国库空虚，急需商人扶危救助之时。他凭借其超凡的能力白手起家，在中国商史上写下了灿烂的一笔；他怀着一颗爱国之心，协助左宗棠兴办洋务，以图强国；他怀着一颗仁厚之心，开办胡庆余堂，以图济世救人。终其一生，他以"仁""义"经商，对当今的商人和世人仍有借鉴意义。

本书以胡雪岩的一生经历为主线，详细介绍了他做人、做事、做生意的经历和智慧，是中国历史人物传记创作上的一部不可多得的力作。

当然，本书并非一本历史学著作。因此，我们在尊重史实的基础上，根据行文和读者的需要，合理、大胆地进行了合乎文学规律的再创作和艺术加工，以期为读者带来最大的精神享受和阅读享受。

由于学识所限，加之时间仓促，本书的不当之处自是难免。诚望各位读者提出宝贵意见，在此先予致谢。

# 目 录

| 第一章 | 崛起商场 | 1 |
| 第二章 | 大斗洋商 | 25 |
| 第三章 | 成为"红顶商人" | 43 |
| 第四章 | 广施善行 | 63 |
| 第五章 | 佐左宗棠西征 | 77 |
| 第六章 | 末日悲歌 | 102 |
| 第七章 | 胡雪岩智慧解析 | 129 |
| 附 录 | | 244 |

# 第一章

## 崛起商场

胡雪岩（1823—1885），原名胡光墉，雪岩是其字。出生于安徽绩山脚下的绩溪畔。

绩山，虎踞龙盘，蜿蜒数百里；沿途风光如画，绩溪则从山脚下缓缓流过。站在山顶纵目远望，绩溪就如同一条银亮的玉带，在重峦叠嶂中飘动。

绩溪畔有一个胡家村，胡家原本是个显族，族中不少人都曾出仕。到了大清乾隆一朝，汉族官吏受到满族贵族的胁迫，胡家祖上为官之人渐被排斥，一个个被赶出朝廷。绩溪胡家从此衰落，当年风光皆成过眼烟云。

山不转水转，水不转人转。胡家三代后，又出了一个了不起的人物，名光墉，字雪岩。在胡氏这个大家族中，胡雪岩属于偏房支系。他的父亲读过几年书，体质却十分孱弱，经年咳嗽。娶妻张氏，胡雪岩的外祖父也是一位黉门秀才，张氏也算是书香门第出身，知诗书识礼仪之人。怎奈胡雪岩父病势日沉，渐成痨症。口中咳血，骨瘦如柴，脸色青黑，身躬如虾。为治病，祖上传下的家产几乎罄尽，看遍了名医也没能救得性命，终于在胡雪岩七岁时过世了。

丈夫死后，雪岩的母亲张氏，只能每日以泪洗面。自她进入胡家，大妻就视她如眼中之钉肉中之刺。此时丈夫死了，大妻更将一腔怨怒撒泼在她的身上，说她克死了丈夫，是个丧门星；对她张口就骂，举手便打。更让她难以忍受的是大妻所生一子一女，常常欺负雪岩。有一天，大妻吩咐张氏去绩溪边洗衣。此时已是冬月，绩溪上已结薄冰。溪边洗衣，凿冰取水，水中浮着冰絮，手伸水里，刺骨实凉，真是苦不堪言。张氏怕天冷冻坏雪岩，没有带他一同前往，将雪岩留在了自己房中。岂料，洗衣归来，房中不见了雪岩。院内各处寻找，终不见影。张氏急得

脑袋胀大眼冒金星,去问大妻,推说不知,张氏急忙出门去寻找。

张氏高声大嗓呼唤着雪岩的名字,村前村后,井沿溪边。一直到半夜,还从绩山之中传出张氏撕心裂肺般的号哭呼喊。村中老人们不由得摇头叹气谓之可怜。第二天上午,有好心人把昏死在绩山上的张氏背回来,送到家中。岂料大妻不管不顾,躲在一边幸灾乐祸,别说饭食,连茶汤也无一口。为此惹怒了一位乡贤,姓魏名知孝,联络数位乡邻,找到胡家族长理论是非。族长耐着众乡邻的情面,找到胡家大妻,立逼说出胡雪岩下落。大妻恐惧众人,方才说出雪岩可能被儿子、女儿带进城里去玩了。至于为什么一夜未归,到现在也没回来,她也说不清,因为她的儿子、女儿也一直没有回来。众人立逼大妻进城去找,如找不回来,送官究办。大妻惧怕,唯唯连声,夹个小包,在两个乡邻陪持下,进城去找胡雪岩和她的儿子女儿。

再说胡雪岩,妈妈去溪边洗衣,让他待在家里。他是个听话的孩子,就老老实实的在家等妈妈回来。过了一会儿,大妈生的大哥大姐进来,大哥对他说:"小鳖崽儿,跟我们去玩玩。"

雪岩说:"不!我要等妈妈。"

"你等什么妈妈,跟我走!"

"不!我不跟你走!"

大姐说:"小雪岩,我们带你进城去玩儿,城里有很多好吃的,大姐买给你吃。好不好?"

雪岩说:"不去,哪儿也不去!"

大哥不由分说,上来就打了雪岩一个耳光,并厉声说:"你走不走?"

雪岩说:"就是不走!"大哥大姐同时上来拳打脚踢,把雪岩打趴在地上,然后揪着衣服扯出了门。

出了村,用一根绳拴在腰上,牵猪牵羊般要牵雪岩进城。

原来,这对儿女是受了大妻的指点。他们母子想趁张氏不在家时,将雪岩骗进城去,送到城中那个不务正业的舅舅家,找人贩子把雪岩远远地卖掉,再逼张氏改嫁,好独吞全部家产。

半路上,雪岩趁着哥哥姐姐路边休息打盹儿的空档儿,偷偷解开了拴在腰上的绳结,拴在木桩上,悄悄地溜走了。大哥大姐发现后马上起来就追,可他们却没有雪岩灵巧;雪岩左拐右拐,钻进山沟不见了。

雪岩年纪小，又是第一次一个人进山，钻了一会儿就懵了，只往前行。天渐渐黑了，山里传出各种动物的叫声，小雪岩害怕了，猛劲儿往山上爬。他想爬到高一些的地方，野兽就够不着他了。爬着爬着，不小心蹬掉了一块山石，他也从山上随着石头滚了下来。正是千钧一发之际，一只有力的大手把他托住了。

胡雪岩睁开眼睛一看，面前是一位白胡子老道。雪岩随母亲去过道观，向道长为父亲讨过药，因而知道面前这位救他的人是位道长，遂学着母亲的样子，跪在地下说："谢谢老道长救了我！"

老道长眨眨眼睛，心想：好一个懂礼仪的孩子，小小年纪，知道称我为道长。就开口问道："你是谁家的娃娃，家住哪里，因何独自进山？"

胡雪岩把母亲洗衣、异母生的哥哥姐姐打他、捆他出来、半路他又逃跑的事说了一遍，还告诉自己家住绩溪胡家，娘见不到他一定急坏了。老道看看天色对雪岩说："天色已晚，山路难行，你还是跟我走吧，到我的道观里去住一夜，明天再送你回家。"

老道长领着胡雪岩回到三清观，吃完饭，坐在灯下，此时老道长才认真地看清胡雪岩的面容。孩子眉宇间的灵气，让老道长不禁有些称奇，他遂问道："小娃娃，你能说出你的生辰八字吗？"

在老道长看来，这么小的孩子心里只会记挂着吃喝玩，倒不一定记得这些。不料小雪岩开口说："母亲跟我讲过，我是丙辰年丙寅月丙卯日丙午时生。"

老道长不禁满意地点点头，他掐指一算，不禁惊诧地瞪起双眼，立起身，前后左右、上上下下地观察了胡雪岩，朗声道："难怪小官人遇难呈祥，逢凶化吉。你命中四丙（饼、柄），一生定当是大富之人，又有龙虎双兼（肩）极贵之命，只可惜一卯走马，不能成大器；不过小官人面相极好，方面大耳，臂长过膝。你若能背负父骨，葬于此道观后面玉皇山顶，仍不失封侯拜相。"说罢，竟朝着小雪岩一揖到地。

胡雪岩见老道长给自己作揖，吃惊地说："老道长何故如此，你说的我怎么一点也听不懂？"

老道长说："你听我慢慢解说自会明白……"

大哥、大姐不见了雪岩，只顾在山里空找寻。看看天色将晚，山中野兽七高八低的叫唤声，吓得姐弟两个头上冒汗，不敢继续在山中寻

找,急慌慌钻出山沟回到来时的路上。两个人商量:雪岩丢了,城里是不能去了,回家妈妈要问,没办法回答。就先在路旁的小店将就一夜,明天找到雪岩再说。

第二天,老道长亲自送胡雪岩回到绩溪村。张氏见雪岩归来,又得知老道长救了雪岩性命,真不知如何感激才好。道长说雪岩福大命大,将来必有后福,并劝说张氏将丈夫移葬玉皇山。张氏不愿地下人灵魂不安,再者也恐大妻不肯,此话也就作罢。张氏留道长用过饭后,千恩万谢送出村外。

傍晚,大妻携自己的儿女归来,只说雪岩进城路上走失,原是带进城去玩耍,本无恶意。既是雪岩安然无恙,张氏也不愿将事闹大,也就不了了之。

张氏在胡家本没有什么可亲近的人,经此事后,越想越怕,只好带着胡雪岩回到娘家。

俗语说得好:"嫁出的女儿,泼出去的水;在家从父,出嫁从夫。"张氏回到娘家一年多的时间,因为不想惹出邻人闲言杂语,成天足不出户,只做些力所能及的事情。可家里的几个兄嫂弟妇却渐渐看不入眼,私下里便开始闲言碎语,说她有脚有手,在胡家有田有地,却要跑回家来吃闲饭。而且胡家族长也几次派人来,说胡雪岩毕竟是胡家的后代,还是回到胡家比较好。张氏的父母虽然心疼女儿,但也没有什么好主意能将她继续留在身边。为了家中旷日的安宁,张氏的父母商量之后便齐来劝慰张氏:"孩子啊,千怨万怨只怨你的命薄,年纪轻轻就守寡。如今虽然丈夫已死,但你终究是胡家的人,长期住在娘家总不是个长远之策。女人的本分在于相夫教子,而今你相夫不成,好在你膝下尚有一个儿子,好好教养,有朝一日成就大器,也不枉你在这世上走一遭。"张氏虽心中有万般不情愿,却也不能再令老父母为难。于是,张氏顺从父母的意思,收拾好行李,就这样哭哭啼啼地带着胡雪岩回到了胡家。

回到胡家后,幸得乡邻魏知孝联络族长,给胡家分了家。张氏分得一所旧宅,几亩薄田。张氏也不计较,只要离开大妻,自己单门另过,再苦再累她也愿意。

张氏带着雪岩,来到荒废已久的旧宅,但见门前庭院黄蒿野草没人高,屋檐蛛网四处遍布,房屋里空空落落,张氏不禁一阵心酸。她自知回返娘家已是无望,如今凡事应该以持家为重。于是她先将屋前屋后打扫收拾了一番。雪岩年纪虽小,却也知事,在一旁东搬西挪,帮母亲打扫。一番清扫后,已是入夜时分,母子俩皆疲惫不堪,草草喝些稀饭菜汤,便上床休息。

张氏因为心里有事,无法入睡,她怕惊扰了孩子,于是悄悄起身,在院中踱步。突然听见房中有窸窣声响,似乎有人在哭,张氏心里一惊,走回房中,定神细看,却发现儿子小雪岩的眼角尚有泪痕。

张氏这才明白,原来小雪岩也睡不着。于是她强忍眼泪轻轻地拍着雪岩说:"孩子,有什么心事吗?何必装睡,瞒娘呢?"

小雪岩睁开一双泪眼:"娘,孩儿是有心事,不过不足为娘道!"几岁的孩子能有什么不足道的心事?张氏感到十分奇怪:"孩子,有什么话不能对娘说?但说无妨,不然娘要怪你的!"雪岩说:"孩儿见娘成天忧心不已,却又不能替娘分担一点忧愁,孩儿只希望自己快快长大成人,好照料娘。心中反复思索此事,于是不能入睡,又怕惊动娘,惹起娘的伤心事,所以只好闭目装睡。"这一番话说得张氏心中又喜又悲。喜的是雪岩小小年纪,居然能有这一份孝心;悲的是她让这孩子和自己一起承受如此大的生活压力。悲喜之中,她忍不住抱着小雪岩,喃喃地说:"孩子,你一定要立大志,建大业,才不枉娘受这些苦。"小雪岩瞪大双眼,握紧拳头说:"娘,我长大后,一定会像老祖宗那样当大官。让你吃遍山珍海味,穿尽绫罗绸缎,一辈子荣华富贵,无忧无虑,我还要请皇帝封你一个夫人!"张氏一听更加欢喜,忍不住说:"孩子,大丈夫无戏言,今日的话你可要牢牢记在心里,发奋努力。纵然有朝一日娘看不见你的飞黄腾达,九泉之下,娘也能含笑瞑目了。"雪岩说:"娘请宽心,孩儿一定会好好努力,不辜负娘的一片苦心。"

从此以后,张氏便全心全意地教导雪岩。张氏分得几亩薄田,自己无力耕种,就租给别人,收些田租。娘家父母心疼女儿,时常也周济一些钱粮。魏知孝等乡邻也可怜他们生活不易,所以每逢年关节气时,都会送点柴米过来,张氏却不过,也只好收下。母子二人,含辛茹苦,艰难度日。

张氏的父亲曾是个秀才,所以张氏自小从父亲那儿也学会识字。平时在家,张氏便自任老师,教雪岩学习《三字经》《百家姓》《千字文》之类的蒙学书籍。不过,成天"赵钱孙李,周吴郑王""天地玄黄,宇宙洪荒",雪岩虽早知世事,但毕竟还是个孩子,生性贪玩。刚开始时

还学得下去,日子久了,便如坐针毡,口中虽然念念有词,却早已神飞天外了。

张氏看了又气又急,有时忍不住从门前的柳树上折下一根柳条,捉住雪岩就是一阵猛打。旁人只要见到雪岩浑身青紫,就知道他又惹事了,便劝他以后一看到母亲生气,就赶紧跑开,等母亲气消后再回去。雪岩说:"求学不认真,让母亲生气已是不孝,哪里还敢在她老人家生气的时候跑开,让她更生气呢!"遂回到母亲身边,请母亲消气,自己则安静读书。

一段时间下来,张氏知道自己的学识已经没有办法再教雪岩了,可是要让雪岩去私塾读书,家里又没有钱。于是她心一横,把分家时分得的薄田卖掉几亩,凑足一百两银子的学费,将雪岩送到了柳荫镇老秀才刘成文的万圣书院就读。

这位刘成文老先生也曾饱读诗书,二十多岁就中了乡魁,可是从此再无进展,屡次考举不第,无奈就在柳荫镇开办私塾设馆教书,书馆起名叫万圣书院。几年后,他教出的弟子多有中举者,他虽和弟子同场赶考了几回,仍是名落孙山,赌气再不进考场,潜心教育乡中子弟。因他教的学生常有得中之人,所收学费也渐渐高起来,每人要交百两纹银。学费虽高,也还是有人愿意把子弟送来就馆。望子成龙之心人皆有之,此乃常情。

在万圣书院中,胡雪岩表现得十分聪慧。一日在书院后花园中,刘老先生注意到胡雪岩正目不转睛地看着树上的一只大鹏鸟,于是问:"雪岩,庄子有云'鹏之徙于南冥也,水击三千里,抟扶摇而上者九万里,去以六月息者也'。不知此鹏何以屈居于此,失却高飞之志?"就在此时,大鹏鸟突然仰天长鸣了起来。胡雪岩说:"此鸟并非失却高飞之志,因辗转飞却十万里,暂于此树歇息罢了。"

老秀才说:"你非大鹏,何以知之?"

雪岩回答:"先生亦非我,何以知我不知大鹏之志?"

刘老先生一时无语,想了半天,说:"人有人言,兽有兽语。你我同为人类,自是纵论人事,又岂能与禽兽相提并论!"

胡雪岩回答:"人欲位居庙堂,龙欲升于九天,虎欲啸傲于百兽,物虽各有不同,其志一也。由此而知,此鹏必有高飞之志也。"

话还没说完,树上的大鹏鸟已振起双翅,冲天而去了。

此后，刘老先生虽认为胡雪岩很聪慧，但心中终不甚喜，总觉得胡雪岩不太把他这个鼎鼎大名的先生放在眼里。其实胡雪岩哪敢瞧不起先生，只是觉得先生有些贪财，人也太迂腐一点。因为绩溪村中雪岩最好的小伙伴胡春生当初也想来万圣书院读书，无奈也是穷苦人家，父母东求西借好不容易凑足九十八两银子，把春生送来。还一再跟刘先生说，所欠二两银子等到夏熟时再补。可是刘老先生硬是不答应，说什么书院的规矩不可坏，凑足了再来，就这样将春生拒之门外。春生父又偏是一个犟牛脾气，花五两银子将春生送到别家塾馆去了。因此，雪岩在心里还是记下了老师的贪财。

一日，胡雪岩和一群孩子外出玩耍，在路边发现了一株李树，上面结满了果子。孩子们蜂拥而上，抢摘李子，只有胡雪岩依旧自顾自地往前走。有个路人看了便问他："你为什么不去摘李子吃？"

胡雪岩说："春华秋实，此是果木之性也；李树四月扬花，八月果熟，得而食之，方才味美可口。今已七月过半，按说果实虽未大熟，也可勉强解馋。观此树果实累累，定有怪异之处。此树又临于大道之旁，来往人众，果实竟得以保全。由此可见，果必不佳。"

这时，刚刚爬上树的孩子们全都连声叫苦，纷纷下树。原来那些果实酸涩苦辛，不堪入口。路人看看小雪岩不由得暗中称奇。

小孩子们性情顽劣，大都视读书为畏途，成天乐于斗鸡、捉虫、黏知了。胡雪岩也不喜欢读《四书》《五经》，不过他却对算学方面的书很有兴趣，例如《九章算术》《算经》等竟然爱不释手。而且他的心算极快，街上那几个当铺的伙计惯用算盘，都不及他的心算快。秋收时，别人来交谷租，张氏的算盘还没打，雪岩五指一掐，就已经开始报谷数了。张氏一算，竟毫厘不差。

在别的孩子眼里，胡雪岩却是一个很好笑的人。因为他放学后，别人在水里摸鱼捉虾，游泳戏水，只有他一个人待在岸上，用树枝在沙地上划来划去，口中念念有词，谁也不知到他到底在算些什么。于是这些孩子就替胡雪岩起了个绰号："胡算盘"。

刘老先生对胡雪岩喜好算学很反感，认为雪岩左道旁门，不务正业。雪岩在学友中却说："昔日孔子收学生，只要一条干肉作见面礼就行了；如今刘老先生收学生，竟然要一百两银子，算是哪门子的圣人门徒？"

有人把这话传给了刘成文刘老先生,接连数日,刘成文都没有来授课,据说是病了。几个学生去看望他,他也不肯见他们。学生们大都晓得是胡雪岩出言不逊,侮辱了老先生,把老先生气病了,学生们不由得向胡雪岩投以责怪的目光。刘老先生还向别的同学表示:胡雪岩不道歉,他就不进课堂;胡雪岩这样的学生他教不了,还是另请高明。胡雪岩在书院待不下去了,只好收拾行李返回家乡。

回到家里,母亲虽有怨责之意,却没有说出口。好几次,胡雪岩在夜里听到母亲哭泣的声音,他也非常后悔当初不该口无遮拦,也不该那么倔强。如果自己那时向刘成文先生赔个不是,说不定现在还在万圣书院里哩!一想到这里,胡雪岩不禁苦笑。如果刘成文真的愿意留他,那又何必要他赔不是呢?这种没有气度的迂夫子,自己还待在他身边做什么?而且刘成文说得也对,自己的志向确实不在于读那几本古书。现在被赶了出来,塞翁失马,焉知非福?只是苦了母亲,恐怕短时间内她是不会释怀的。

过了好几天,张氏看胡雪岩只是闭门不出,便忍不住对胡雪岩说:"雪岩,你年少丧父,我含辛茹苦地将你养大,图的并不是什么荣华富贵,我盼的是你能发愤图强,做个有出息的人,也好对得起你那死去的父亲。你年幼聪慧,见识出众,我亦是欣喜异常,自言一番心血没有白费。如今你得罪先生,被赶出师门,族人怪你笑你,为娘谅你年少无知,也不怪你。现在劝你再换个先生,挪个书馆,一则可以逃避族人的闲言碎语,二则能学点东西,如何?"说着又伤心地落泪了。

胡雪岩心头一紧,头上冒汗,他赶紧跪下:"孩儿不孝,请母亲息怒。孩儿照母亲的话去做就是了,一定不会再辜负母亲的一番心意。"

雪岩十四岁那年,家里已无钱供他读书,先在绩山下绩溪边,给人家放了半年牛。绩溪边聚集着一群放牛的娃娃,将牛赶到山下溪边吃草喝水,就在一起嬉闹玩耍。只有雪岩,仍像以往一样,拿根柳条当笔,沙滩当纸,又写又算,聚精会神。时间长了,小朋友们再也不找他玩儿。

有一天,胡家族长出门办事归来,路过绩溪边,老远就听见牧童们溪边疯闹,吵嚷成一片。只有小雪岩远远的独自一人,弯着腰在沙滩上用个棍子在沙上写着画着。族长出于好奇便走过去,到了跟前,却见雪岩在沙上列着一排一排的算式,旁边石头上摆着一本书,族长翻看封

· 8 ·

面，却是一本《算经》。族长惊奇地走到雪岩身边，问他："你怎么不去和小朋友玩耍，一个人躲在这里干什么？"雪岩说："和他们玩耍没有我的算学有趣。"族长点点头，摸摸雪岩的头说："胡家又有望了，胡家未来东山再起定是应在你娃身上。"回村后，族长来到雪岩家和他母亲商议，让雪岩到杭州信和钱庄学徒，不能再让孩子放牛，那样会耽误孩子前程。就这样，经族长介绍，胡雪岩来到杭州信和钱庄。

杭州信和钱庄，老板姓张，名叫张恭元，外号张胖子，是胡家族长的表小舅子。雪岩拿着族长的亲笔信，被送到这里当学徒。

正所谓穷人的孩子早当家，小雪岩精明伶俐，而且能吃苦，每天任劳任怨，为钱庄的老板伙计们打洗脸水、倒尿壶、买早点，把上上下下一干人等都服侍得周到细致。忙完这些又到店前扫地、洒水、擦桌、抹凳，开门以后更是手脚不闲。有客人来时见机行事，扶老助幼，从不以势利眼看人。不光是老板满意，就是店里的伙计和客人也是交口称赞，杭州城内几乎人人都知道信和钱庄的小胡人品好、人缘佳。毕竟胡雪岩上过两年私塾，也算粗通文墨；而且一直自学不倦，腹有诗书气自华，那气质和一班目不识丁之辈自不可同日而语。

老板和伙计们满意之余，便有意无意地教他一些做生意的常识。胡雪岩冰雪聪明一点就会，老板更加赏识他，满师以后马上就招他做了正式的伙计，站柜台直接和客人打交道，胡雪岩同样做得游刃有余。没多久老板张胖子又把一个更重要的差使——收账交到了他的手里。

收账就是讨债。有些人欠了钱庄的钱，因为各种原因没有及时还给钱庄，钱庄就得派人去要。能否要得回来，能要回来多少就全看收账人的能力了。这份差使不仅能锻炼人的能力，而且总能得到不少的油水。胡雪岩此时的经济状况也改善了不少，也能到茶楼酒肆走动走动了，并结识了对他一生起了极大作用的王有龄。

王有龄，字雪轩，福建侯官人，幼年时随父亲到过云南，又来到浙江。后来王父死于任上，他们一家人困居浙江难回故里。

此时的王有龄已是落魄之极。原来，有龄的父亲在世时教子甚严，也希望他能有出头之日，光耀门楣。一面让王有龄苦读诗书以期能金榜高中，一面花钱在吏部为他捐了个盐大使的八品候补小官，以备一旦科举不中再走捐官一途。

清朝末年变乱丛生，国库空虚。朝廷为了充盈国库，在选拔官吏上，一方面继续采用科举考试制度，另一方面开始大肆地卖官鬻爵，用钱捐官也一样可以仕途得意。王有龄的这个盐大使便是如此而来。

谁知王父突然去世，家道也随之衰落；王有龄也参加了几次科举都名落孙山、无功而返，又没有其他的谋生本领，坐吃山空。这个盐大使只是个虚名，类似于现在的某些职业资格证书，有名无实，就更不用说享受朝廷的俸禄了。

日子一天比一天艰难，王有龄的情绪自然日益颓废，整天泡在茶楼酒肆长吁短叹，打发时日。一众人等也就更看不起他，他也懒得与人交往，就更显落落寡欢，自暴自弃。

胡雪岩为人极爱交友，常言人生中没有几个知己，那么这一生就算白过了。遇上他认为不错、值得一交的人，不论贵贱，他都会引为知己。对待朋友更是诚心实意，尤其是朋友有危难之时，他更是倾力相助，绝不含糊，这是胡雪岩的人生原则之一。王有龄独特的气质也吸引了胡雪岩，几次邀请他喝酒都被其婉拒。

这天下午，正是杭州城一年一度的清明大集，茶楼早已挤满了人。胡雪岩到时，哪里还有空位？王有龄因为无事可做早已占了一桌独斟自饮，别人也不愿和他共坐；店小二征求了胡雪岩的意见把他们二人拼在了一桌，王有龄也没反对。于是二人一桌一直喝到夕阳西下，胡雪岩借机请王有龄去酒楼喝酒。

王有龄还待推辞，早让胡雪岩软硬兼施，拖到了酒楼。王有龄无奈之下不愿欠人人情，先声明这一顿由自己做东道。胡雪岩见王有龄如此落魄还有此豪气，更认为王有龄讲义气够朋友，值得一交，就不置可否一带而过。

酒至半酣，胡雪岩觉得既然自己认为是王有龄的朋友，就得为朋友考虑尽做朋友的责任，能帮助则帮助，能劝则劝。于是就说：

"王兄，你也三十多岁了，为什么不找些事来做？整天泡在茶楼酒肆，恐怕不是长久之计，也不是大丈夫所当为呀！"看了王有龄一眼又接着说："你要是有心做，我可帮你找个工作！"

一番情真意切的劝说正触到王有龄的伤心之处，几杯酒下肚，不由王有龄将胡雪岩引为知己。多年来哪里有人真正关心过自己呢？于是将自己如何三番科举不第，如何日子清苦，大志难申，种种经过一一讲给了胡雪岩。

说完这一切,王有龄一声长叹"唉!"把酒杯里的酒一饮而尽,好像要把这些年的气闷也一口吞下。

胡雪岩默默地听着,心里已经在盘算怎么帮这位王兄了。

王有龄自顾自地苦笑了一下说:

"其实我又何尝想就如此颓废一生呢?要是我有点本钱到京城去活动活动,也许还能得个一官半职呢!那就不一样了。唉,不说这些了,来,喝酒!"

胡雪岩眼睛一亮,并没有举杯喝酒。听到朋友的事有希望,这是他最高兴的,连忙问:

"王兄,不知你需要多少本钱?"

王有龄看了胡雪岩一眼,随口答道:

"五百两应该够了。"

"哦……"

胡雪岩听完在心里默默地想着办法。

王有龄见他不说话,只道是自己提到钱的事,虽然并没有开口向人家借,但人家不好说借也不好说不借。暗自埋怨自己大意,忘了交浅不可言深的古训,有些不好意思,连忙劝酒。

"来,来,喝酒,今天咱们什么烦心的事都不要去想,只管一醉方休!五花马,千金裘,呼儿将出换美酒,与尔同销万古愁!来,干!"

胡雪岩也端起杯来与王有龄干了杯,心里已然有了决定,却并没有说出来。

喝过酒,王有龄又突然想起一事。

"胡雪岩,雪岩二字可是你的名字?"

"不,我的名字是光墉,胡光墉。雪岩是字,别人叫惯了的!"

王有龄一听极高兴,"哈,你想不到吧,我叫雪轩,只和你差一个字。"

胡雪岩也极为兴奋,"雪轩,雪岩……好极了,像兄弟的名字!"

说完举起酒杯,"来,雪轩兄,干了这杯酒,从此是兄弟。"

王有龄也举起酒杯,感动地说:

"好,从此是兄弟,干。"

因为高兴,二人喝了不少酒,菜也差不多了,王有龄抢先付了酒账,胡雪岩也不争抢,二人摇摇晃晃地走出了酒楼。互相道别之际,胡

第一章 崛起商场

雪岩对王月龄说：

"雪轩兄，你记好了，后天这时候，你在这等我，不见不散。"

"好啊，喝酒吗？"

"你来了就知道了。"

王有龄大着舌头接道：

"好，不见不散，下次你请客啊！哈……"

二人这才各奔东西回家而去。

胡雪岩在路上边走边想，五百两银子并不是小数目，自己虽然手头上已经攒了几十两，却还是杯水车薪无济于事。可人家雪轩兄拿自己当兄弟看，肯说出这些话来，自己又怎能眼看着兄弟有困难而袖手旁观呢？不行，这个忙无论如何我都得帮。可怎么帮呢？这么多银子到哪里去弄呢？

正当胡雪岩苦思无着的时候，他突然想起来一件事。原来信和钱庄有一笔坏账，多少年也收不回来，老板已经不抱希望了。主意已定，胡雪岩立即行动。胡雪岩做事有一股不服输的劲头，再加上他能言善辩，终于说动那家人答应了过两天还账。这笔钱刚好有四百多两，加上自己的积蓄应该够五百两了。

坏账归坏账，老板也没有抱什么希望，但你如果要回来私自转借别人这就是另一回事了。用现在的话来说那就是挪用公款，钱庄这一行最忌讳的就是私挪款项，更何况胡雪岩此时还只是钱庄里的一个伙计。一旦胡雪岩擅自做主将这笔银子转给王有龄，不但会坏了自己的名声，而且极有可能砸了自己的饭碗。

对于钱庄这一行来说，坏了名声被老板辞工的伙计就很难再在这一行中立足了！

这可不是一件小事，不由得胡雪岩不三思而后行。但一想到王有龄那郁郁不得志的神情，落魄已极的处境，胡雪岩真的不忍心坐视不理。他见不得朋友有难，如果朋友有难而不帮他，一生都会自责。最后他做了一个影响了他一生的决定，先帮朋友，自己的事走一步算一步。

王有龄回到家后，因为喝了不少酒，倒头就睡。难得有这么痛快的时候，多少年无处可诉的心里话一吐而出，还认了一个兄弟，岂不快哉？所以这一觉睡得十分香甜，直睡到次日日上三竿才醒。

隐约他记得曾和胡雪岩相约明天下午在酒楼相聚，却怎么也想不起来是什么事了，索性也不再想它，见了面自然知道了。

和胡雪岩的一顿酒喝下来，使王有龄觉得和胡雪岩非常投缘。一方面是因为胡雪岩谈吐不俗，另一方面却是因为像他这种落魄之人，别人避之唯恐不及，而胡雪岩却和他兄弟相称，使自己有了被人尊重的感觉，所以对明天的约会王有龄就有了一丝期待。

第二天一大早他就醒了，有点莫名其妙的兴奋，简单收拾了一下，又换了一身干净的衣服，人也精神了不少。早早到了酒楼，点了个便宜的小菜，一壶酒，一边喝一边等着胡雪岩。可是酒喝完了，菜也吃光了，胡雪岩也没来。自己又没有多少钱，干脆就出去溜了一圈，告诉伙计，一会儿胡雪岩来了，让他等着。可他逛商店一圈回来，胡雪岩还是没来，不由得有些生气。但又一想胡雪岩不像个言而无信的人，便又耐心地坐下来等。直到日落西山，胡雪岩才气喘吁吁地跑来。

"对不起，雪轩兄，有点事来晚了！"

王有龄一笑：

"没关系，来了就好了，什么事把你急成这样？"

胡雪岩点了几个菜，又要了酒，却迟迟不说话。王有龄有点纳闷。直到伙计上完菜，旁边也没有什么人了，胡雪岩才开口说：

"雪轩兄，这是兄弟我帮你凑的一些银子，给你上京用。"说着从怀里掏出两张银票。

王有龄一听就愣住了，不知是不是自己听错了，但放在桌上的银票是实实在在摆在那里的。王有龄狠狠地掐了自己的大腿一下，"哎哟！"。疼痛是最好的证明，自己并不是在做梦。

胡雪岩一笑：

"雪轩兄，赶快收好。这些银子有一点是我自己的积蓄，其余的可全是向朋友借的。"

胡雪岩并没有说出实情，他怕王有龄不接受。

"你……"王有龄早已不知说什么好了。

"好了，别发呆了，快收好，丢了我可就再也无能为力了。"

"雪岩，你……"王有龄这才明白，胡雪岩是因为给自己筹款才来晚的。

"雪轩兄，我看你不像无才无志的人，因为缺这几两银子被困于艰难处境之中。我们又很投缘，难得你把我当兄弟看待，做兄弟的又怎能

第一章 崛起商场

不帮你一把？可惜的是我能力有限，只能筹到这些，希望能对你有用。"

听了这一番发自肺腑的话，王有龄心里除了感动，两行热泪滚滚而下之外，一句话也说不出来了。说实话，王有龄虽然觉得胡雪岩并非是势利小人，但是也并未奢望他能资助自己，毕竟他们相交时日不多。偏偏胡雪岩就做了，这怎么不让王有龄深感于心呢？

胡雪岩伸手拍拍他的肩，王有龄双手紧握他的手，想说句感谢的话，可是喉咙像被什么卡住了，什么也说不出来。终于遇到知己，这样的知遇之恩从天而降。这么多年，人们只知道他的落魄，给他的总是不尽的嘲讽和鄙夷，没有人像他这样真诚地对待自己，帮助自己。想到这里，泪水更止不住地往下流，他干脆埋下头来，轻轻地抽泣着。

"雪轩兄，雪轩兄，男儿有泪不轻弹。大丈夫生当作人杰，死亦为鬼雄。将来得了实职，不论大小，一定要干出一番轰轰烈烈的事业出来。别辜负了我这个朋友，更要对得起自己和黎民百姓。"

"对。"王有龄听了胡雪岩的一番话也停止了抽泣，端起酒杯：

"来，好兄弟，干了这杯酒，你我的情义与天齐老！"

"来，干了！"

两人豪情万丈地喝了一通酒，心情好，酒就喝得多而且还不易醉，正所谓酒逢知己千杯少吧！

第二天，胡雪岩送走了王有龄，径自回到信和钱庄来找老板张胖子。胡雪岩知道世上没有不透风的墙，这事迟早会被老板知道。与其被老板查出来，不如早点坦白，况且自己也不是那种做暗事的小人。

"老板，那家坏账我收回来了。"

"好啊，小胡你可真厉害！"老板很高兴，毕竟这是一笔没抱希望的坏账，能收回来等于是一笔额外之财。

胡雪岩话锋一转，"我又把它借给朋友了。"

"啊！"老板一时没回过味来，"你说什么？"

"我把它又转借给朋友了！"胡雪岩一字一顿地说道。

老板终于听明白了，也更惊讶了："小胡啊，你不会不知道钱庄里的规矩吧？"

"知道，但我的朋友确实需要这笔钱。"

老板犯难了，他是相信胡雪岩的，可这事无凭无据的，虽说是笔坏账，收不回来谁也没话说，但你收回来又擅自转借他人这就坏了钱庄的规矩。不处置恐怕难以交待,处置吧,胡雪岩几乎是自己看着长大的,眼看着已经能独当一面了,就这么辞退了委实可惜。而且这么一来,胡雪岩就很难再在钱庄这一行里立足。怎么办呢?老板一时难以决断,只好把手下两个管事的叫来一同商量对策。

两个管事虽然与胡雪岩平时私交也不错,也都很喜欢他,但这关系到行业规矩的大事也无能为力。

俗话说没有规矩不成方圆,特别是那个年代,人们把规矩看得分外重要。最后老板不得不对胡雪岩下了逐客令。就这样胡雪岩失去了工作。

因为他坏了钱庄的规矩,别的钱庄也都不敢请他。所以胡雪岩一时找不到工作,成了当时的待业青年。

当时胡雪岩已经成家,还有在堂老母,一家三口就靠胡雪岩一个人支撑。他这一失业,不用说日子一天天的艰难起来。甚至一日三餐不继,靠自己的妻子为人家缝洗衣服苦度时光。

却说王有龄带着胡雪岩资助的五百两银子来到了京城。先定做了一身新衣服。打通关节少不了场面上的事,穿得可不能太寒酸。而且也少不了要花钱,于是又去钱庄将一些银票换成碎银子。

这些事准备好了,可是该到那里去打通关节呢?王有龄当初所想未免太过天真,且不说五百两银子是多是少,单说这北京城里的候补官员之多,就知道这事的难易了。有人曾夸张地说,北京城里有半城人是等着打通关节好上任的候补官员,更别说像王有龄这种捐来的八品候补盐大使了。王有龄一连几天也没想出个好办法,真是一筹莫展,坐困愁城。

过了两天他才想起自己做的衣服早该取了,于是直奔那家裁缝店。进了裁缝店,看见伙计正和一个人面红耳赤地争执着,一见他来了,如释重负,连忙冲他说:

"您可来了!这位客人有事和您商量!"

"怎么回事?"

"您自己说吧。"伙计对那人说完,转身招呼别的客人去了。

"这位先生,这件衣服是您订做的吗?"

"是啊,怎么了?"

"啊,是这样,有件事您得多帮忙。"

"有什么事,您尽管说。"

王有龄因为受了胡雪岩的恩惠,近来对人更是格外客气,而且对人能帮则帮。做好事受惠的又岂只一人而已啊。王有龄再看这个人年龄比自己略大,有些胖,穿得也不错,看气质估计是大户人家的仆人。会有什么事要自己帮忙呢?王有龄正在暗自纳闷,那个人已经说话了:

"我家大人前几天吩咐我给他订做一身衣服,没想到因为一些别的事让我给忘了,今天该拿衣服回去了。到这儿以后,本想让师傅给急赶一套,谁知他又病了,你说气不气人。后来我看见柜台后边挂着的这一件衣服料子、尺寸正合我家大人的意,就想和这个伙计商量,高价把它买下来,他不乐意。这不,您就来了。"

"不就是一件衣服吗?您要是急用尽管拿走,我再订做一件不就成了吗,有什么关系呢?"王有龄听完当即就大方地答应下来。

那人很高兴,连声道谢,二人就攀谈起来。

"您府上可是云南?"王有龄随口问道。

"没错啊,您怎么知道?"

"我也在云南住过,听您的口音里还带着云南味哩!"

那人倒也是豪爽性子,一听是同乡,付钱给伙计让他给王有龄重新做一身衣服,然后拉着王有龄就走:

"走,难得碰上老乡,咱哥俩喝一盅去!"

王有龄也很高兴,不再推辞,两人来到一个就近的酒楼。那人点了几样好菜,要了一壶好酒,一边吃喝一边互通了姓名,那人姓杨叫杨福。俗话说老乡见老乡两眼泪汪汪,因为有了这层交情,两人谈得甚是投机,天南海北,风土人情,莫不神侃一番。杨福也把自己的情况一一向王有龄诉说了个明白。

杨福是一个钦差大臣的随从,一些大事小事多由他处理,也算是个心腹,是从云南跟着他家主人到北京来的。

"这么说,你家大人也是云南人?"

"对呀!"

杨福频频点头称是,又道他家大人如何聪明绝顶,年少时即有才华。后来参加科举,高中两榜进士。皇上龙颜大悦,亲自召见,封官加爵,从此平步青云。最近更是圣眷日隆,领了圣旨要去浙江查案等等,直听得王有龄羡慕不已。

杨福说得口渴，喝了一口酒问王有龄：

"王兄，酒喝了不少，我也说了不少，你的事也该说来听听吧！"

王有龄于是也把自己如何由滇入杭，又为何来京，一一讲了一遍。

那时候等级观念极严，杨福一听王有龄有功名在身连忙起身：

"真是失敬，原来您是位老爷啊！"

"哎呀杨兄！"王有龄赶忙站起来拉杨福，"别说这等外道话。别说我这个有名无实的八品小官，就是真官，咱们也是老乡，以兄弟相称最好。"

杨福见他如此诚恳，便也顺势坐了下来，二人继续喝酒谈心，王有龄又把来到北京后的遭遇讲给了杨福。杨福听完后想了一会，突然一拍脑袋：

"瞧我这糊涂！你是在杭州吧？我家大人正要到杭州查浙江巡抚的案子，这钦差大臣可不是干假的，那浙江巡抚怎么也得卖三分面子吧！让我家大人给您说句话，谋个差使还能有什么问题！"

"这事成吗？"

王有龄一听也很高兴，可高兴归高兴，还是有些不踏实。主要是这杨福只是那钦差大人的一个仆人，不知说话有几分斤两。

杨福似乎看出了王有龄的心思。

"老弟，放心，能帮的我杨福绝不含糊。"

经过半天的接触，王有龄也看出杨福并不是那种光说大话不做实事的人，所以也就轻松了许多。

"我们大人历来极好交友，又极义气；我再替你说几句好话，应该能成事！"杨福又给王有龄吃了一颗定心丸。

王有龄连声道谢，又频频劝酒。直喝到尽兴，二人才约了再见之期各自归去。

王有龄在接下来的几天里到吏部办好了手续，又做了一件极好的衣服，准备了几样过得去的礼物，单等去拜会钦差大人。

到了约好的日子，杨福果然没有失约，带着王有龄去见了钦差大人。说来也巧，这钦差大人却是失散多年的王有龄家的至交何桂清。这何桂清当年家贫，王有龄的父亲正在为官，家境不错，又见何桂清聪明上进，就资助他去读书，直到王家迁走，此后由于路途遥远才渐渐断了音讯。何桂清应算是欠了王有龄一家的恩情，好在何桂清也不是忘恩负

义之人，当下答应为王有龄设法。

这一次王有龄的运气也着实不错，何桂清马上就要领圣命南巡浙江，调查关于浙江巡抚的案子。而这位巡抚大人与何桂清是同榜进士。这样一来，他有求于何桂清，再加上同科之谊，料想不会驳了何桂清的面子，给王有龄安排个差使应该不成问题。但何桂清又不便亲自出面去说这件事，最后二人终于想到了一条妙计。

那位浙江巡抚肯定已经得了风声有人要去查他，那么让王有龄带一封何桂清的亲笔手书提前去找他，略做暗示，相信他不会不知事情轻重，一定会卖给何桂清这个面子把王有龄给安排好。何桂清又怕万一那巡抚安排不力，特意在信中说王有龄是自己的堂兄。

王有龄一番巧遇，不但遇到了儿时的玩伴，而且解决了仕途大事，当真是双喜临门、喜不自胜了。第二天他便向何桂清辞行，何桂清又给了他一大笔银两做盘缠。辞了何桂清，王有龄快马加鞭向杭州城赶去，恨不得一步赶到，立刻就拿到官职走马上任，心中暗道："雪岩，我回来了。"

昼行夜宿，一路风尘，王有龄终于回到了杭州，此时的他颇有"春风得意马蹄疾，一日看遍长安花"的得意之情，不待安顿就赶去进见浙江巡抚。开始巡抚还称病不见，后来一听有何桂清大人的亲笔手书后，就紧忙请进，最后还亲自恭送出门，看来何大人的面子毕竟不薄。

三天不到，王有龄就接到了巡抚衙门的公文，派了一个"海运局"的"坐办"，正是一个肥差，以后当能有一展宏图的机会。

这期间王有龄已经去找过胡雪岩，却听说胡雪岩已经因为擅自借款的原因而被逐出了信和钱庄，听得王有龄愧怒交加。愧的是胡雪岩为了帮自己砸了饭碗而自己却连人家的地址都不知道，如何去找；怒的是信和钱庄如此不讲情面竟然逐走了胡雪岩。愧也罢，怒也罢，事已至此又奈之何？只能慢慢去寻找了。

此后，王有龄忙于上任之事，胡雪岩也未找到。直到有一天胡雪岩的太太为王家洗衣缝补，与王太太攀谈之中才知道胡雪岩的消息，更不怠慢，不骑马也不坐轿，夫妻二人随着胡太太步行到了胡家。路上胡太太告诉王有龄，胡雪岩其实已经知道他上任的事，只是不想找他，以免落个挟恩图报的嫌疑，王有龄听罢更是感动。

"雪轩！"胡雪岩为这意料不到的重逢惊喜不已，二人已拥在一起，许多时日的感慨涌上心头，不由得泪如雨下，王有龄看到胡雪岩憔悴的面容也是百感交集涕泪横流。

哭过之后，二人的心情才渐渐平复下来。王有龄又拜过了胡太太，吩咐自家媳妇去买些酒菜来，两家人围坐共叙离别之情。

"雪岩，你为我吃了这些苦头，叫为兄怎么过意得去呀！"

"雪轩兄，你说这话岂不是不拿我做兄弟吗？自家兄弟说这些话可就见外了！"

王有龄一听更忍不住鼻酸，认为这个兄弟交得值。

"好，不说这些，我只问你今后有什么打算？"

"打算现在还言之过早，眼下倒有个当务之急想请你帮忙。"

王有龄连忙应承：

"雪岩，你尽管讲，为兄的义不容辞！"

"你先借我一笔钱，把那五百两银子还给信和钱庄。很多人说是我把那些钱私吞了，也有的说我狎妓赌博挥霍了，这种事解释不清，我也懒得去解释。我想请你去还钱，一方面可以证明我胡雪岩没有说谎，也没有挥霍这些钱，还我一个清白的声誉；另一方面，这笔钱确是从钱庄借的，欠债还钱，天经地义。"

"这还钱没话说，本来就是我借的。不过也不能就这么还！"王有龄略一沉吟：

"你和我一起去，我穿了官服，叫几个差官大张旗鼓去还钱，好好看看他们的嘴脸，为你出口气！"

胡雪岩一听连忙拦阻：

"雪轩兄千万不可。俗话说，得饶人处且饶人，何况也不尽是人家的错，都是熟人，何必呢！"

王有龄一听大是佩服！

"好兄弟，这份仁义，大哥不如你！"

饭后二人秉烛夜谈，直至天明方罢。第二天，王有龄依言穿了便服，乘了一轩小轿到了信和去还钱。报上名帖倒把信和钱庄的老板张胖子闹得不知所措，他不明白这王有龄新官上任不在任上办公，跑到这里做什么，赶忙迎进来。

王有龄开门见山说是来还钱，又把经过一说，更把张胖子羞愧得无地自容，对胡雪岩更加敬重，而且说什么也不收这五百两银子。王有龄

第一章 崛起商场

最后动了官威才好歹让张胖子收了钱。

待王有龄一走,张胖子马上提了各式礼品和这一年多的工钱赶到胡雪岩家,一则是赔礼道歉,二来是想请胡雪岩回信和钱庄帮忙。他也有些私心,他认为王有龄现是海运局的坐办,官虽不大,职权却不小,手上的钱款颇丰,胡雪岩又对他有如此大恩。如果把胡雪岩挖回来,对自己的信和钱庄无论是名是实,都有好处。

胡雪岩也因为除了钱庄生意外,对其他的方面都不是很熟,老板又如此有诚意,面子也讨回来了,便有些肯了。谁知此时王有龄派人来请,便好言让张胖子先回去,自己考虑考虑再给他答复。

那么王有龄又有什么事这么急着来找胡雪岩呢?原来是他的前任给他留了一个难题,他左思右想无计可施,知道胡雪岩脑袋活络,就派人来请他去给出出主意。

胡雪岩当即赶到王家,王有龄把事情原委向胡雪岩说了一遍。

原来江浙乃是全国知名的富庶之地,清廷更是着意搜刮,年年向江浙征收大批的粮食。而这些粮食的运送都是经运河到北京,后来因河道水浅不利行船,无奈之下改由海运,也就是先运到上海再转到京城。而王有龄的这个海运局"坐办"正是负责此事。由于浙江连年干旱收成大减,粮食收不上来,眼见日期将至。这粮食可是朝廷的皇粮,到期不能足额运到,那罪责可想而知,难怪王有龄如坐针毡了。

胡雪岩听完,仔细想了一会儿便有了计策:

"雪轩兄,我倒有个办法,不知是否可行?"

"你快说!"

"江浙的米是米,上海的米就不是米吗?依我之见不如到上海去,就地买了米,再就地交接,只要足额还有什么问题呢?"

王有龄一听大喜过望,连称妙计。

"雪岩兄,太好了,你可真称得上是孔明再世,帮了我的大忙了!"

胡雪岩连称不敢,又接着道:

"这事可不能传出去,一是这批米数目太大,如果一些粮商得到消息,难保不趁机抬价,到时候多花钱不说,差价太大怕也难以交差。二是这办法毕竟是和朝廷的规矩不合,怕一旦暴露朝廷怪罪。"

王有龄一听频频点头称是:

"对,这事一定要仔细筹划,不能出任何差错。雪岩你再帮我想一下,看看还有那些地方要注意!"

胡雪岩又默想了一下:

"首先得让巡抚大人同意,我想这一点不成问题,因为交不上粮,他这个巡抚脱不了干系。第二是要找一家钱庄先垫上这笔款子,咱们去找信和钱庄,这事对他们来说一是举手之劳,和官家打交道不会担心失了本钱,二是可以借机和官府搭上线,对他的信誉也有好处,相信问题也不大。关键是得找到上海的大粮商肯卖米给我们!"

王有龄听罢直道有理,又简单商量了一下,王有龄径自去找巡抚大人,而胡雪岩自去信和钱庄找老板张胖子。

道明来意,张胖子一是敬佩胡雪岩的为人,又明知自己没什么亏吃,还能卖个交情,何乐而不为呢?于是满口答应,而且决定亲自陪同胡雪岩和王有龄到上海。

功德圆满,胡雪岩回报王有龄,王有龄也已回来,说巡抚大人也已应允。胡雪岩又叮嘱王有龄为防万一要打点一下。

王有龄无不一一照办,给巡抚大人家里汇支出了两万两银子,其他人等也各打点了一下,这样上上下下也就待看其成。

为了方便行事,王有龄又给胡雪岩在海运局安排了个职位。待一切安排妥帖,胡雪岩一行人就乘船直奔上海。

到了上海,通过朋友得知漕帮有十几万石米想出手。

漕帮即是靠在运河里运输护送讨生活的一个帮派,虽说现在势力有所减弱,但对方根基深,而且规矩甚大,不太好打交道。

胡雪岩没有贸然行事,而是亲自登门拜访漕帮的龙头老大魏老爷子。

胡雪岩以后辈之礼进见,给了漕帮极大的面子。颇为得体的谈吐,让魏老爷子极为欣赏,最后才谈到正事。

"雪岩这次来主要是想买些米粮。"

"不知胡小哥要多少米呢?"

"十几万石应该够了!"

魏老爷子一愣,随即问道:

"不知胡小哥要这许多米做何用处?"

胡雪岩也不隐瞒,当下把朝廷催粮的事说了。魏老爷子见胡雪岩如此直率,更为高看一眼。帮派中人尤其重义、重信,最恨别人相欺。魏

老爷子当下找来自己的关门弟子尤五,和胡雪岩商量买米之事。

由于魏老爷子年事已高,想安享几年清福,就把帮中的大小事物悉数交给钟爱的关门弟子尤五管理,所以这次的买粮一事也让胡雪岩和尤五直接去谈。只是告诉尤五,这位胡小哥极是义气,不可难为,而且称其为"门外小爷",极其看重,无形之中便与胡雪岩平辈相交了。尤五本就是个性情中人,与胡雪岩谈得也甚投机,况且自己师父如此推举,更是尊重胡雪岩,十几万石米便以不高的价格谈好了。

由此可见做生意决不可有欺诈之心。胡雪岩正是以待之以诚的心态来和漕帮魏老爷子、尤五谈买米之事,也正是这份诚意才使这笔生意做得如此顺利,还交了两个极好的朋友,为自己日后的商业发展打下了不小的基础。

这件事圆满解决,对王有龄的帮助极大。不但解决了一个难题,又得到了巡抚的赏识,不久之后便官运亨通了。而胡雪岩通过这次买米,不但帮了朋友的大忙,而且还长了见识交了朋友,最重要的是他已经想到了自己下一步发展的方向,那就是开钱庄。

钱庄,又称银号、钱铺,类似于现在的银行,可存可贷。

钱庄的利润在于存贷之间的利息差额,特别是战乱时期,汇价波动较大,钱庄的利益也有增加,而且钱庄无疑是聚拢资金的最好地方。做生意最重要的因素莫过于本钱,本钱越多生意也就越好做,也容易取得大的利润。

胡雪岩想开钱庄,一是因为他从小在钱庄长大,对钱庄的一切无不了然于胸,做生不如做熟;二是他不想回信和。他认为回信和是"回汤豆腐",做得再好也不过是个二老板,既然如此不如自己做,开创一番新事业。

胡雪岩想开钱庄的想法一产生倒把自己吓了一跳,你道为何?开钱庄那是需要大本钱的,而胡雪岩此时真可说是分文皆无,怎么办?胡雪岩把自己关在屋里想了两天,谁来也不见,直到第三天晚上,胡雪岩才出来简单打扮了一下直奔王有龄的官邸。

"雪岩,你来了,这两天你怎么回事,连我也不见,搞什么名堂?"

王有龄一见胡雪岩就不停地埋怨他。此时的王有龄早把胡雪岩当成了军师,买米一事做得非常漂亮,据说自己有可能还要高升,有许多事他都希望让胡雪岩帮着拿个主意。谁知一连几天胡雪岩都避而不见,怎不让他生气。

胡雪岩也不理他的气话,突然冒出一句:

"雪轩,我要开家钱庄!"

一句话差点让正在喝茶的王有龄把满口的水喷光。

"你说什么?"

"我要开家钱庄!"

王有龄这才看出胡雪岩不是在开玩笑!

"雪岩,这个想法当然好。可本钱从哪里来,我刚上任,想帮你也不能光用这个'坐办'的虚名吧!"胡雪岩微微一笑,胸有成竹地说:

"我都想好了,上次咱们买米让信和垫的二十万两银子现在朝廷已经拨了吧?我想让信和的老板缓些时日,用这笔钱周转一下。"

"你的意思是借鸡下蛋!好主意!不知信和老板张胖子同意不同意?"

王有龄也觉此计可行,只是摸不准信和老板的心思。

"这点好办,张老板那里我去说,应该没问题!另外我还有个想法!"

王有龄对胡雪岩的聪明早有领教,也不再插言,让胡雪岩继续说下去:

"我想先把钱庄的门面撑起来以后帮你打点一下,争取外放个州县,那样你也可以大展拳脚施展一番。另外把那公库让我的钱庄来代理,本钱不就有了吗?"

王有龄一听不禁拍案叫绝,连称好计,于是各自准备。

胡雪岩先找到信和老板张胖子,说明了自己的想法,又道:

"这二十万只是做做样子,不日就还!"

张胖子一则对胡雪岩的为人深感敬佩,二则这里面有着巡抚身边的当红要员王有龄;况且自己如果不答应,就显得不仗义。于是顺水推舟,答应了下来,而且还先送了两万两银子的喜钱。

就这样,三天过后,胡雪岩的"阜康"钱庄便在一阵鞭炮锣鼓声中正式开业了。

胡雪岩的名声好,再加上信和钱庄的捧场,王有龄的支持,阜康钱庄一开张就有很多人争相存银,一时好不热闹。

开业后的第二天,胡雪岩正在后面歇息,店堂的总管来请,说是有

第一章 崛起商场

个绿营兵来存款，竟然有一万余两。总管生怕这钱来路不正，惹起官司。

胡雪岩一听，便叫总管把那个绿营兵请到后堂来，随后叫人备了一桌酒席。

胡雪岩等那绿营兵进来后以礼相待，询问对方姓名，得知那绿营兵姓罗名尚全。

"罗先生，您来我们钱庄存款，我胡雪岩不胜感激，特备水酒一杯，咱们略饮一番如何？"

罗尚全也不客气，欣然入席。酒过三巡，罗尚全才说，自己听说胡雪岩为人豪爽仗义，才来到这里存款的，并把自己的身世也向胡雪岩和盘托出。

原来这罗尚全年轻时好赌，而且仗义疏财，没过几年便把家产挥霍一空，还把从未来的岳丈那里借来的一万五千两银子也都输得一干二净。他未来岳丈一气之下让罗尚全和自己的女儿解除了婚约，而那笔债就算是施舍给他了。

罗尚全发誓，今生今世一定要还上这笔钱。从此以后他不但戒了赌，还参加了绿营军，想方设法地多赚钱，到如今已攒下了一万多两银子。却碰上太平天国起事，绿营军就要开赴前线。罗尚全不能把这些银子带在身上，又怕自己一旦不能生还，黑心钱庄老板赖账，听说了胡雪岩的侠义之名，所以就来到了阜康钱庄。

胡雪岩听完当下表示，四年后罗尚全来取款，连本带利一万五千两银子，分文不少。如果罗尚全不幸阵亡，由胡雪岩负责把这一万五千两银子还给他岳丈。

罗尚全此时更对胡雪岩的侠义行为无比佩服，存折也不要，径自回了绿营军。回去之后把自己到阜康钱庄存款的经过讲给其他士兵听，而且大事宣扬胡雪岩如何侠义。于是又有许多士兵把自己的积蓄存到了胡雪岩的阜康钱庄。几天时间，光这些士兵的钱就有了三十多万两，一时就把钱庄的本钱问题解决了。而胡雪岩也正是从这时走上了发达之路。

# 第二章
# 大斗洋商

鸦片战争后,清政府被迫在东南沿海地区开辟了通商口岸。开埠之后,中国与欧美及日本的贸易主要以江南的丝、茶业为大宗;而随着18、19世纪西方纺织工业的飞速发展,生丝需求量日益增大,由上海外销的江南丝绸,在整个上海"洋庄"贸易中占有举足轻重的地位。同治、光绪年间仅江苏就以丝绸"行销于各省以及欧、美、日本等地,收入数百万"。因此,靠开钱庄赚了不少钱的胡雪岩有了进军洋场的念头。

而这时,王有龄外放到湖州任知府,胡雪岩便亲自送他到湖州上任。三吴之地,水路四通八达。从杭州到湖州,船行水路自然比陆路车马方便。这一行,胡雪岩租用的是老熟人阿珠家的客船。在阿珠家的客船上,胡雪岩与阿珠一席交谈,心中更加坚定了涉足生丝领域,以此作为进军洋场的主打产业的信念。

在阿珠家的船上,胡雪岩细致地了解到有关养蚕缫丝的许多常识。比如土法缫丝是怎么回事,比如丝分三种等等;也知道了专做生丝生意的茧行、丝行的一些门道,比如带了现银到产地去买丝的叫"丝客人",在产地开丝行收购新丝从中取利的叫"丝主人",比如丝行之中当地买当地用的小户叫"用户",专做中间转手批发生意的叫"划庄",这一行中还有专和洋人做蚕丝生意的"广行"和"洋庄"。

由于特殊气候环境和地理位置,古往今来,江浙一带一直都是著名的生丝产地。清政府为此还在苏、杭等地专门设置了"织造衙门"。杭州下城一带,更是机坊林立。苏杭一带的女子,十一二岁便学会养蚕缫丝。养蚕人家一年的吃喝用度,乃至婚丧嫁娶的大小开销,基本上都来自每年三四月间的一个"蚕忙"季节。

缫丝织绸也算一门学问,这里面大有讲究。丝分三种,上等茧子缫

· 25 ·

成细丝，中等茧子缫成肥丝，剩下的则仅成等外的粗丝。织绸则一定要以肥丝为纬，细丝为经。粗丝是不能上织机的。

王有龄署理的湖州更是江浙一带最有名的蚕丝产地，产出的细丝号称"天下第一"。湖州南浔七里地方所产"七里（缉里）丝"，据称可与黄金等价，连洋人也十分看好。

当时正值西方纺织业蓬勃发展的时期，由于丝绸纺织的迅速发展急需大量的原材料，洋人就需要从中国大量进口蚕丝。因而无论是做外贸，还是销"洋庄"，利润都相当可观。

这一切有利条件最终促使胡雪岩主意笃定，挺身进入生丝业。

按照胡雪岩的想法：王有龄署理湖州，湖州征收的钱粮公款本来就要解往省城杭州；若暂缓交付省"藩库"，先垫支一下，在湖州买丝拿到杭州变成现银之后再交付"藩库"并不为过。这一步可谓之"远"。如此一来，死钱变成了活钱，把它作本钱为己所用，何乐而不为呢？

胡雪岩在丝茧生意刚开始不久，就和洋人做起了生意，组织生丝出口，即当时所谓的销"洋庄"。不过，销"洋庄"需要的本钱很大，风险也高。虽然洋人购货心切，但他们对生丝的价格也非常敏感，表面上不说你的要价高，跟你虚与周旋；暗地里却是寻找多方门路，总有那些吃本太重急于脱手求现的人肯杀价出售自己的货。这样，弄不好与洋人的生意没有做成，自己的货反而砸在手里。销"洋庄"，确实要担上几分风险。

对此，胡雪岩却有一个更细致的分析。他想，做生意就怕心不齐。如果这些专与洋人做丝生意的"广行""洋庄"都能联合起来，同行公议，都是一个价，洋人愿意则成，不愿意拉倒。那么洋人不服帖也得服帖。而对于那些本钱不足，因周转不灵而急于脱货求现的商行，胡雪岩也想好了对策：

第一，可以出价收购，同样的价格，与其卖给洋人，不如卖给同行；

第二，如果对方不接受收购，则可以约定不卖给洋人。可先倚靠阜康钱庄作为后盾，以货物做抵押，贷款救急，待货物脱手之后再行还贷。最后洋庄丝价卖得好，能多赚钱，何乐不为？

假如在这样的条件下还有人要把自己的货杀价卖给洋人，那就一定是暗地里收受了洋人的好处，吃里爬外，自贬身价。可以鼓励同行跟他断绝往来。如此一来，这样的人在同业中也将没有立足之地。

胡雪岩的如此构思，不仅有远见，而且有气魄。

因此，刚开始时，胡雪岩以为凭借知府大人的权势，百姓会源源不断将生丝送到丝行来。但开业几个月，丝行生意始终冷冷清清，门可罗雀。眼见同行丝商生意兴隆，自己却无丝可收，胡雪岩不禁暗自焦急。凭借丰富的商业阅历和敏锐的商业嗅觉，猜想其中定有蹊跷。于是，他派了一个贴心伙计四处打听，看看到底是谁在其中作祟。没有几天，派去的人回来向胡雪岩报告，胡雪岩才恍然大悟。

原来湖州的丝行，统归"顺生堂"调遣。"顺生堂"虽是民间会社，来历却非同一般。

明朝崇祯四年，燕人洪盛英高中进士，官拜翰林；他为人精明练达，慷慨好义，豪侠之士纷纷慕名而来投拜他门下，时人称他"小孟尝"。后来清军入主中原，洪盛英联合明朝遗民进行反清复明，最终战败阵亡。众徒被迫撤至台湾，创立了"运论堂"。此为江湖"洪门"最早的秘密会社，后为顺生堂。

到了清雍正九年，清兵火烧少林寺，洪门子弟四散。翰林学士陈近南上书朝廷请求停止摧残少林寺，朝廷不为所动。陈近南一气之下辞官而去，回到湖北故乡，收罗洪门弟兄，以"洪"字为结盟之姓，创立了"三合会"组织。各地纷纷响应，借洪门为招牌，创立"天地会""哥老会"和"义兴党"等洪门团体。从此"洪门"在江湖上形成了声势浩大的气候。而"顺生堂"就是"洪门"在湖州的一个分支，以"洪门"为正宗，信奉"光明大复兴"的五字真言。本来，洪门与清朝对峙，屡遭朝廷的围剿取缔，处于地下状态。但洪门人多势众，根深蒂固，深受百姓的拥戴；清兵屡剿不灭，反而越剿越多，竟然有燎原之势。同时，从洪门分离出去的青帮也与洪门遥相呼应，形成掎角之势。在无法剿灭的情况下，朝廷被逼无奈，对洪门的态度也不得不渐渐改变，改剿为抚，以收买笼络为主。

湖州"顺生堂"打出"安清顺民"的旗号，保统安民，排解纠纷。所以官府对它并不反感，时时还要借重它来安抚民心。顺生堂在湖州的主要财源，就是垄断生丝收购。湖州盛产生丝，每到收丝季节，顺生堂就派出堂下弟兄，保护商道安全，维护丝行秩序。丝行同业按一定的比例交些保护费，大家相安无事，各不侵犯。胡雪岩不知究竟，贸然开设

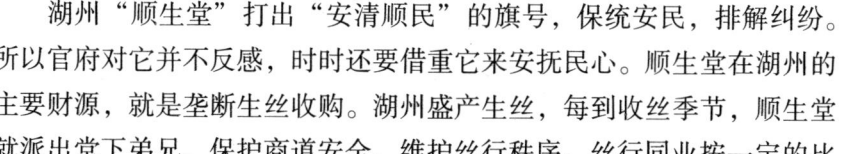

丝行,触犯了顺生堂的利益。虽然顺生堂知道他有知府王有龄在后面撑腰,不敢公开和他过不去,但却在暗里通知那些蚕民,不要把生丝卖给他的丝行。顺生堂的命令在湖州百姓的心目中甚至比那圣旨还管用,谁也不敢违抗;如果违反了,就是违犯了洪门家法。轻则棍责,挂铁牌;重则活埋、凌迟、三刀六洞,试想在此情况下谁还敢卖生丝给胡雪岩。

胡雪岩知道这些以后,暗暗自责,为什么开业之前不先了解一下情况呢?竟忘了江湖弟兄的存在。常言道:到了乡门,先拜土地。顺生堂就是湖州的土地爷,没有它的首肯,胡雪岩一个子儿也别想拿走。

怎么办?胡雪岩决定亲自上顺生堂走一趟,去拜一拜这位土地爷。

在拜访之前,他特地去向郁四问明了洪门的情况,包括门规和当家人的情况。

顺生堂的现任堂主是尹大麻子,他在洪门是有一定地位的。他的祖父是洪门盟主的关门弟子,凭着这点祖荫,尹大麻子才做了湖州洪门的首领。尹大麻子好勇斗狠,武艺高强,性子很是暴烈倔强。有一次,顺生堂的弟子因械斗犯案,有十五个人被官府缉拿入狱。尹大麻子挺身而出,力保弟子无罪。

当时的知府想让他知难而退,就冷笑着对他说道:你要是能把身上的肉割下来作保,我就可以不追究这件事了。谁知那尹大麻子听完毫不犹豫,借了衙役一把朴刀,大堂之上,众目睽睽之下,用那刀尖从两颊剜起,一共剜下十五块蚕豆粒大小的肉块,鲜血淋漓,正好凑够十五个弟子的数目。知府大人也被惊得面如土色,不仅放了洪门弟子,还赐酒为他嘉勉。此后,虽然尹大麻子脸上布满十五个疤痕,名副其实的成了大麻子,但却成了顺生堂的英雄。

胡雪岩听到这里不禁暗道:这尹大麻子如此侠义剽悍,最好能和他成为朋友,最低限度不能和他成为敌人。郁四又详细地把洪门的家法、门规一一向胡雪岩详加指点,胡雪岩用心记了下来。又暗自盘算见到尹大麻子应如何行事,等自觉有了七八分把握,才孤身一人前往顺生堂。

顺生堂远在湖州郊外一处僻静园林,四周古柏森森、白鹤轻舞,树木葱茏处挑出飞檐翘角,原来是经道观改造而成。

胡雪岩来到顺生堂门前,向门外站着的洪门弟子按江湖规矩递上拜帖。过了不大一会儿,只见一位身材魁梧、满脸黑肉、脸上十五块疤痕清晰可见的大汉在几名洪门弟子的簇拥下从里面出来。胡雪岩知道这就是尹大麻子，于是拱手为礼，说道："雪岩久闻堂主大名，今日特来拜访。"

谁知那尹大麻子面沉如水，冷冷地审视了他好一会儿才突然说道："客从何山来？"

胡雪岩有备而来，当下应道："锦华山。"

尹大麻子听完似是一愣，随即问道：

"山上有什么堂？"

"仁义堂。"胡雪岩毫不迟疑。

"堂后有什么水？"

"四海水。"

"水边有什么香？"

"万福香。"

尹大麻子见胡雪岩对答如流，山名、堂名、水名、香名，答得丝毫不差，不禁暗自惊异，停了片刻才又问道：

"三子结拜？"

"义重桃园。"

"天下大乱？"

"英雄立志。"

尹大麻子问到这里见胡雪岩懂得顺生堂的内外堂口，知道他是没有恶意的，所以神色也有所缓和，脸上甚至流露出一丝笑意，只是还不是太明显。他看了一眼胡雪岩，又问道：

"听说来客知书达理，会做诗？"

"诗么，雪岩不会做，却会吟。绵华山上一把香，五祖名儿到处扬；天下英雄齐结义，三山五岳立家邦。"

听到这里，尹大麻子脸上的笑容就不是一点点了，而是哈哈大笑着，拍了拍胡雪岩的肩膀道："失敬，失敬了。堂规如此，不得不防，请不要放在心上。"原来，洪门先前屡遭清军围剿，为了防止官兵偷袭，便制定见面的许多暗号，这些堂口局外人是很难得知的。来客要是答不上来，或是对答有误，心怀不轨，那么兵刃相见，一场恶斗便不可避免。幸亏胡雪岩先请教了洪门弟子中的郁四，才能顺利过关。

顺生堂的香堂上，正中设天帝位，上悬"忠义堂"匾额，放着三层供桌：上层设羊角衣，左伯桃二人位，中层设梁山宋江位，下层设始

祖、五宗、前五祖、中五祖、后五祖、五义、男女军师和先圣贤哲等位,各用红纸、黄纸书写。和青帮香堂不同的是,洪门讲究一个"义"字,而且特别突出。

胡雪岩在尹大麻子的引导下一边看一边心里暗自思量:为人要讲义气,做生意也要讲义气,这帮江湖兄弟更讲义气,看来这倒是和我颇有缘分。他本身便是个极讲义气的人,也就难怪他看到这些便感触颇深了。

香堂上的每一件东西,都不是摆设,都暗含着很深的含义。比如说香炉就寓有"反清复明"之意,灶台、七星剑则有"满覆明兴"之意,尺和镜用来衡量门下弟子的行为。这一切外来人很难理解。堂上张挂红灯,其中外层三盏、中层八盏、内层二十一盏,正合"洪"字拆开三八二十一之意。

尹大麻子领着胡雪岩看过香堂,手下人在堂下摆好了茶具,招呼客人入座。一套绍兴紫砂茶具,古朴大方,上等的碧螺春,芬芳宜人。尹大麻子斥退了手下,亲自为胡雪岩斟茶。胡雪岩正为他的好客而感动,堂主亲自斟茶,这面子自是非同小可。可仔细一看却发现事情不是那么简单,原来这尹大麻子将花壶嘴对着茶杯把。胡雪岩猛然回想起来,郁四说过,这是江湖上茶壶阵的一个问句:你到底是门内还是门外?

胡雪岩按照洪门的暗语,从容地将茶杯嘴对着茶壶嘴,重新摆定,意即:嘴对嘴,亲对亲,都是一家人。

尹大麻子不语,将左手掌向上并拢三指,右手掌向下握紧四指,捧茶杯递给胡雪岩。胡雪岩知道他用"左三老右四少"的帮规考问自己,便以左手掌向下搭在杯口、右手掌朝上托住杯底,将茶杯接过,此为"上三老、下四少"的手势,意为自谦。尹大麻子把两个衣袖头的上边翻开,用大拇指挡住。胡雪岩则顺便解开衣襟第二、三个钮袢,表示胸怀坦荡,无所顾忌之意。做完这些,尹大麻子才完全放心,胡雪岩是真心结友,并非刺探。

尹大麻子仍不言语,继续在茶桌上摆弄茶杯。八个茶杯围成一个大圈,开口处置放茶壶,意即"虎口夺食,欺人太甚"。胡雪岩则将茶杯摆成双雁行,茶壶放在领头,回答他:兄弟同行,有福同享。

尹大麻子又把五个杯子摆成半弧形,将三个杯子倒扣在弧内,意为:权势压顶,鱼死网破。胡雪岩明白他指责自己倚仗知府势力强行收丝，表明不服的意思。胡雪岩便将一张五千两银票压在三个杯子下面，说明以票致歉，多有得罪。尹大麻子将两个杯子一个朝上，一个朝下，表示湖州地盘狭小，一山难容二虎，双方难以共处。胡雪岩笑笑，将八个杯子合在一起，又用茶壶在另一边倒一摊茶水。明白地向尹大麻子建议：我们一块儿合作，共同对付外洋。

尹大麻子眼睛一亮，起身向胡雪岩拱手道："幸得先生指点，几乎坏了大事！"

局外人并不知道他俩摆的茶碗阵内容如何，都对尹大麻子突然拜服感到诧异，就算洪门中的一些弟兄也是一头雾水，只有几个资格老的才明白其中玄机。胡雪岩依旧不语，颔首微笑，端起茶杯吹拂茶沫，一副心领神会的模样。

因为胡雪岩精于买卖行情，刚到湖州，便把当地收丝行情打听得一清二楚。按时价，当地每担上好生丝也不过二两银子，但据他掌握的情况，上海洋商出口到英伦三岛的每担生丝启运价就超过十两银子，两地相差五倍之多。胡雪岩见洋商利润之高而心里不平。他的不平并不是因为嫉妒，而是洋人盘剥的是中国人，自己感同身受。洋商在湖州压价收丝，一方面是因为湖州交通不便，百姓信息太闭塞，让洋人钻了空子。另一方面则是因为顺生堂为维护当地秩序，获得稳定财源而听任洋人压价，为"洋"作伥的结果。

胡雪岩打算同尹大麻子携手合作，垄断生丝收购，把洋人挤出湖州地面，便可同洋人讨价还价，提高生丝价格。

尹大麻子并不傻，他明知洋人收丝压价，苦于无好搭档合作，无法垄断生丝市场。所以当胡雪岩主动提出团结一致、对付洋商时，尹大麻子如遇知音，脑中一亮，立刻放下架子，向胡雪岩致歉认输。尹大麻子深知以胡雪岩的财力，加上知府为后台，顺生堂若与他携手，这是多么理想的事情。一旦垄断可行，顺生堂的财源将如滚滚巨流，前景极为诱人。

胡雪岩也是自我感觉良好，心生得意之情。在茶壶阵中，他又胜了一招，于是两人不再打哑谜。

尹大麻子令手下摆上酒席，一时觥筹交错，推杯把盏，煞是亲热。席间，胡雪岩和尹大麻子约定，合伙做蚕丝生意，垄断湖州市场，把洋人挤出湖州。

其实胡雪岩心中的计划可不只是垄断湖州这弹丸之地而已,他要的是全中国的市场,甚至他还想把生意做到国外去。这些他并没有跟尹大麻子说。尹大麻子的眼界毕竟有限,跟他说他也未必会理解。

胡雪岩决心与洋商斗法,一方面固然是要谋利,更重要的却是他身上根深蒂固的一种民族之义。

江南是中国蚕丝业发达的地区,在洋人入侵之前,一般都是手工染丝业,由当地一些小手工作坊加工。因此,与蚕丝业有关系的人家数以万计。一旦市场上出现什么风波,往往就会使无数人家破产,沦为难民,甚至背井离乡,流落四方。古诗即有云:遍身罗绮者,不是养蚕人。说的正是养蚕人家的困苦生涯。在清朝,政府对江南,特别是江浙一带的蚕丝业最初是采取保护政策的,禁止垄断、哄抬价钱或贱价收购,所以江浙一带的蚕丝业一直发展得很好。然而西方列强的坚船利炮打开了中国的大门,洋人的势力一侵入中国,形势一下子就发生了巨大的变化。西方机器工业的生产效率,远远高于落后的手工作坊,而且质量也超出传统的手工技术。洋人先是大量收购生丝,然后再把生丝运回国去,这使得江浙一带的手工作坊因为缺乏生产原料而不得不关门。在许多手工作坊纷纷倒闭以后,洋人就控制了蚕丝市场。蚕农的蚕丝除了洋商无处可卖。他们就狠狠地压低价格,而刚出的生丝如果没有特殊的保护措施,不出一个月就会变质,从而分文不值,那些蚕农根本不敢久留。况且蚕丝业一直是江南一些地区的生产项目,维系着千家万户的命运。如果丝质变坏,洋人不收,这一年的工夫就成为乌有了。所以尽管洋人把价格压得特别低,蚕农也不敢在自己手里保存,只能心里滴着血把生丝送往那些洋人开放的丝行。

胡雪岩把这些都看在眼里,记在心头。他也知道洋人的机器很先进,是将来的必然趋势,但他认为从手工作坊到机器生产要有一个循序渐进的过程,正如一个体弱的病人不能用猛药一样。如果任由洋人肆意妄为,广大的蚕农绝大多数将会破产,甚至流离失所,这是胡雪岩不愿也不忍见到的。他决心与洋人斗一斗,最低限度可以减缓一下这个过程,让蚕农有个喘息之机。

胡雪岩和尹大麻子结盟以后,湖州的生丝被他垄断了。这一年到湖州收丝的洋商碰了一鼻子灰,因为无丝可收,只好收胡雪岩的,而且价格上也不得不做出较大的让步。这样一来,胡雪岩和尹大麻子自然赚了不少银子，蚕农的收成也比往年要好了不少。

虽然初战告捷，但胡雪岩没有沾沾自喜。他知道，洋人不会轻易就范的。考虑再三，他请已经升任浙江巡抚的王有龄上了一道奏折，奏折上写道：江南乃产丝重地，蚕农以养蚕为生者众。然近年来，洋人囤积居奇，其利几已被剥夺殆尽，富可敌国之江南之大户，于今所余无几，更无论弱小蚕农。民无利则国无利，民贫则国弱，民心不稳，则国基不固，有鉴于此，本抚台痛下决心，矫治弊病。兹有商贾胡雪岩者，忠心体国云云。奏章中把胡雪岩的行为大大夸扬一番。同时对洋商给政府经济带来的危害也作出了准确的剖析。所以奏章一到京中，许多大臣都认为有理，纷纷上奏皇上，希望其他省份也效仿浙江胡雪岩的做法，给洋商点厉害瞧瞧。

洋商本来已经通过他们的洋务代表进京贿赂京城的一些高官，希望打击一下胡雪岩。谁知被胡雪岩先行一步，那些受贿的官员一见风头不对，谁也不敢贸然行事，结果洋人的这招就落空了。但他们并不甘心，他们放出风声，说今年他们坚决不收胡雪岩的生丝，价格低也不行；而在其他省份大量收购，不但高价而且是现银。

这一招果然厉害，如果洋人真的从别的省份收购到足够的生丝，哪怕是只够维持一个月的生产，对胡雪岩来说都是不敢想象的。胡雪岩苦思对策，第二天他就带上刘不才赶到了上海。

胡雪岩为什么要去上海呢？原来上海是洋商们的聚集地，这里聚集着各种各样的商行，包括大大小小的各国的丝行，而且所有运往国外的生丝几乎全都是从这里装上船的。洋商们在中国做丝绸生意，是通过他们在中国的经纪人做的。洋人出资，雇用一些精明能干的中国商人，由他们出面把生丝收到上海，然后再给他们一笔佣金。当然和洋人的巨额利润相比，这些经纪人的佣金实在是少得可怜，但他们自己没有足够的资金，因此不可能平等地与洋人讨价还价。

胡雪岩的想法是联络这些洋人的经纪人，一起对付洋人。而要联络这些经纪人，首先得找一个人，这个人要在他们之中有威信，说话要有分量。胡雪岩先找到古应春，把这个想法一五一十地向古应春讲了，最后问道：

"老古，你可知道，上海有没有这种人物？"

古应春略一沉思就向胡雪岩道："小爷叔，要说上海这种人物倒是有一个,只是这个人并不好接触。"

"哦,你且说说。"

"这个人叫陈正心。家财万贯,为人豪爽,素有'小宋江'的美誉,在上海的黑白两道都是一言九鼎的角色,而且本身也搞蚕丝的生意。但就是不好接触。"

"好,这个人是合适的人选。只是你说他不好接触又是什么原因?"胡雪岩迫不及待地问道。

古应春接道:"这陈正心,为人有个怪癖。只要和他投缘的,便把你当亲兄弟看待,即便是打他两个耳光,他也不以为忤;但他要是看你不顺眼,便是你送他一座金山,再叫他三声爷爷,他也不肯理你!"

"哈……这个人物倒真是有趣!"胡雪岩一听不由大笑,笑过又问道:"只是他看什么样的人才会投缘呢?"

"这倒说不准,没有一定的!"

"那他可有什么喜好?"

"有,陈正心好赌!而且赌得很大!"

"好,我有办法了!"

古应春一愣忙问道:"小爷叔,你有什么办法?那陈正心我也曾试过去接触,可几次都被他拒之门外,好不尴尬,你可要小心行事。"

"放心,你忘了刘三叔也来了吗?"

"刘三叔?"

"你倒忘了,他最大的本事是什么?"

古应春这才想起,这刘不才正是赌场上的一把好手,而且这些年跟着胡雪岩历练得极其精明,和那陈正心是同道中人,当然易于接近。不由暗自佩服胡雪岩心机的灵巧。

胡雪岩当即叫人把正要休息的刘不才请来。

"三叔,想请你接近一个人,这位可是赌国一位高手,只有你才能接近他。"

刘不才一听不由发愣。原来,他自从跟了胡雪岩已经戒赌,这次胡雪岩却要他开戒,一番来之不易的决心和毅力轻易付之东流,未免可惜。

"三叔,我知道你的想法。但依我看来,人皆有赌性,只要能控制自己,有时候这也是一种本事。况且我现在也需要你的这种本事,你帮我一个忙如何?"

见胡雪岩一脸的诚恳,刘不才哪好再推脱。他这一开戒,不但这次帮了胡雪岩的大忙,在这之后收服小张秀才的时候也足借了他的赌艺,这些前文也有交待,自不烦言。

刘不才既然答应了就先问胡雪岩:"雪岩,既然是帮你的忙,我自然没话说。只是你得把话说清楚,这个人是怎么回事,我接近他以后该当如何?"

胡雪岩和古应春二人你一句,我一句。不一会儿,刘不才已经对这件事和陈正心这个人有了大致的了解。最后胡雪岩才道:"三叔,明天晚上,老古会通过上海商会会长张大爷出面请客,陈正心一定会到。到时候,有人会安排你们在一起,至于其他的事就靠你了。"

第二天晚上,胡雪岩一行三人来到张大爷家。那张大爷其实已经不理事了,只是威望素著,财大气粗,为人又很开朗,所以大多数商界人物还都是很给面子的。

筵席一上各自就坐,刘不才旁边正是那位"小宋江"陈正心。酒席筵上刘不才有意谈些赌场轶事,引得那陈正心兴致盎然。见刘不才话语风趣,而且俨然是个中好手,陈正心不由技痒,而对刘不才已是有几分投缘。席上便邀刘不才席后赌两把,刘不才欣然从命。一旁的胡雪岩会心一笑。

席后,陈正心又找了两位平素的赌友和刘不才要到他们家去赌。刘不才向胡雪岩望去,胡雪岩一点头,表示你只管做便是,刘不才便放心和陈正心三人到了陈府。

陈正心喜欢麻将,问刘不才可以不可以。刘不才一笑对他说道:"陈兄,有道是客随主便,在下一定奉陪。"

陈正心非常高兴,当下命人摆下牌局,四人坐定,开始打牌。刘不才怀里揣着胡雪岩给他的四万两银票,心里有底。他开始并不急于和牌,而是仔细观察每位牌友的打法和牌路。他发现陈正心的牌打得很老练,但是过于谨慎,往往一副好牌都被他在手里捏死了。而另外两位则是见牌就和,有时做起大牌来,又显得太过草率。总之和刘不才相比赌技不在一个档次上。牌风摸透以后,刘不才就随心所欲了。前四圈下来,他故意让陈正心输。虽说只是两万多两银票,对陈正心来说只是小意思而已,但人都有好胜之心,输是谁也不高兴的。

夜半时分，陈正心不想散，大家吃了宵夜后又挑灯夜战。

这次刘不才改变了打法，尽量压住另外两位，并且全力帮助陈正心和牌。他全力给陈正心喂牌，陈正心的牌风顿时顺了起来，乱吃乱碰都有理，开始不断地和牌，而且还和了几次大牌，打得另外两位额头直冒汗。

刘不才见另外两位也想做大牌来挽回败局，他就以和小牌的方式来搅局，要不就给陈正心点炮。并且似有意无意地让陈正心看到自己的牌，不时还点两句有所指的话，当然是另外两位不明白的话给陈正心。陈正心也是此道高手，岂能不明白，心里不由暗暗感激。那两位越是和不了牌，打得越急躁，越没章法，最后一气之下散局而去。

刘不才却没走，陈正心留住了他。他赢了三万二千两，陈正心赢了四万两银子。陈正心对刘不才说道："刘兄，我知道今天是你暗助于我，这四万两银子有你一半。"说着，拿出两万两银票推给刘不才。

刘不才当年豪赌的时候，也很少有一场进出这么多银子的手面。此时赢了这么多银子，见陈正中又给他两万两银子，不由愣在那里。

陈正心不免觉得奇怪。他心想：莫非刘不才嫌少？这个念头一闪而灭，看这个人不是那种人，肯定是想有一句话要交待。

而事实上，刘不才是在心里犯矛盾。说实话，这两万两银子可不是笔小数目，就是把自己家传的药号恢复起来也绰绰有余了。可如果自己拿了这笔钱，反倒显得自己有图而来的，让陈正心小瞧了自己，雪岩的任务怎能完成？银子总有花完的一天，像胡雪岩、陈正心这样的朋友是不能完的！

这两万两银子不能要，而且还要更漂亮一些。想到这儿，刘不才暗暗一咬牙，向陈正心笑道："陈兄，你是不是瞧不起在下？"

陈正心一听忙道："刘兄，何出此言？你我一见投缘，我怎么会瞧不起你呢？"

刘不才用手一指那两万两银票道："既然如此，这是何意？"

这一下倒把陈正心说得脸一红，因为江湖上的人对钱字看得可比义字轻多了。陈正心明白刘不才取义不取财，不禁心中暗道：惭愧。连忙说道："这倒是在下失礼了。望刘兄莫怪！"

刘不才又一笑，伸手将自己赢的三万二千两银票推到陈正心面前。

陈正心先是一愣，然后语声带怒地说道："刘兄这是什么意思？莫非也是瞧不起我陈某人？"

刘不才不慌不忙地说道："陈兄莫急，你的为人，在下久有闻名，当然不会在乎这区区几万两银子。只是我想高攀与你交个朋友，如果承蒙不弃，则不胜荣幸。"

"刘兄说的哪里话来。说实话，我陈正心交友讲个缘字，一般人还真不入俺的眼睛。只是你刘兄我一见就觉投缘，能和你做朋友正是求之不得的事。只是这银子是何意，还请道明。"

"做朋友不在一日，以后无论是在一起玩，还是有什么事，总有合伙的机会。这笔钱，我存在你这里。"

陈正心对刘不才的举动大是叹服，不但认为他轻财好义，而且够朋友。所以对刘不才已经是做兄弟看待了。

一连几天，刘不才都和陈正心在一起，感情愈见深厚，俨如几十年的生死之交，刘不才又乘机介绍了胡雪岩给陈正心。正所谓爱屋及乌，对刘不才的朋友陈正心当然高看一眼。何况他也听说过胡雪岩的一些事，特别是胡雪岩义助王有龄的事，更令他感到敬佩，所以和胡雪岩也成了朋友。

一天，三人闲谈之中，胡雪岩有意提起了自己与洋人斗法的事，陈正心大感兴趣。胡雪岩趁机请他帮忙，陈正心一口答应，当下广发请帖，召集上海各丝行老板商议。并不让胡雪岩出面，而是先向这些丝行老板对浙江胡雪岩的做法征询意见。

真是一石激起千层浪，众丝行老板纷纷抱怨洋人贪得无厌，并感叹上海没有胡雪岩那样的人物，甚至有人感叹道："陈兄，不如您带头倡导，我等必定响应。"

陈正心见火候已到，把桌子一拍说道："诸位兄弟，我陈某理解大家的心情，各位要是真有心和那些洋人斗上一场，我倒真的愿意领这个头。"

一听此言，各行老板都变了脸色。有人露出喜色，有人面带迷惑，有人则是面如土色。与洋人斗法，稍一闪失就砸了饭碗，这可是一件非同小可的事。万一与洋人斗法翻了船，那怎么办？自己的损失谁来承担？这可不是光凭嘴巴说几句漂亮话就能解决的。

众人在下面议论了半天，有一位老者站起来对陈正心说道："陈先生，老朽的商行你也晓得，当天赚钱当天吃。若有个什么差错闪失，全

行十几号人就非要饿肚子不可了。"

紧接着又有人说道："是啊，陈老板，你底子厚，功力大，跟洋人斗是不怕。即使丝行生意不做，也还有别的生意，反正你门路也多。我们就不同了，丝行一关，就只有讨饭的份了。"

陈正心坐稳了身子，品了一口香茶，不慌不忙地对众人说道："不要心慌，诸位，我陈正心虽然身为江湖人物，可也绝非莽汉一条，不会不顾大家的死活。跟洋人斗法，我这次铁了心的，诸位也都知道，我的主要生意并不在生丝上，但是现在我决心把大笔的银子用来做生丝生意。我并不要你们把生丝都压在自己手里，我只是希望大家不要把生丝卖给别人，更不能把生丝卖给洋人，而是都卖给我陈正心。"

陈正心说到这，停了下来扫了一眼各家丝行的老板，才又接着说道："你们放心，在价格上，绝不比洋人少一分。"

这一席话听得下面的各位老板悚然动容，到这时，他们才真正相信陈正心是下了决心要和洋人大干一场了。有一部分人不禁热血沸腾，摩拳擦掌，准备跟着大斗一番。也有一部分人心中还在嘀咕：洋人与我们合作了这么长时间，而且两方面从没有过什么差错，洋人每年收购的生丝都很稳定，而且需求逐年增加；如果你和洋人闹翻了，那以后谁还来收购生丝呢？

陈正心当然不会不知他们的这种顾虑，哈哈一笑说道："各位，今天有位客人，我想给大家介绍一下。"

胡雪岩这时才从内室里走了出来，向众丝行老板行了个礼，走到陈正心的旁边。

众老板心中暗问："这是何方神圣？"再仔细一看，那穿戴打扮和气质风度，就知道绝不是一般人物。

陈正心这才站起身来替众人引见："这位就是浙江的胡雪岩，大家即便未曾相见，也都有耳闻了。"

众老板一听他就是胡雪岩，顿时七嘴八舌地议论开了。"胡雪岩！他就是胡雪岩！"胡雪岩在浙江的作为早已风闻天下，更何况是丝行中人，岂有不知之理？而且他们其中还有许多人在生意上与胡雪岩有过接触呢，只是未曾谋面而已。今日一见才算见到了他的庐山真面目。

陈正心接着说道："各位，胡兄弟的来意，想必大家也猜到了几分。胡兄弟在浙江与洋人斗法，大获全胜，洋人又气又愤，无可奈何。今天胡兄弟来上海,也是为了丝上的生意。"

胡雪岩道:"各位,雪岩在这里先向大家告个罪,不能挨个登门拜访。今天,借陈兄的宝地与诸位见面,实感荣幸。在浙江,我能与洋人一较短长,全靠着浙江一干朋友帮忙。今日来上海,人地生疏,还请各位多多帮助,多多指教。"

这番开场白,礼节周全,不卑不亢,听得各位老板暗自钦佩。然后胡雪岩就洋人的生意经大谈起来,他说道:"洋人的丝厂长期以来在中国进口生丝,进价极低,而制成的布、绸却昂贵无比。洋人越来越富,中国人却越来越穷。其原因就在于我国民心不齐。在这些事关民族利益的生意上,我们这些从商之人,理应同心协力,同舟共济;而不应该互相猜忌,彼此拆台。只要大家一条心,联合起来,把生丝压一段时间,洋人的工厂没米下锅,那么生丝肯定就会涨价。这样,不但我们这些人有利可占,就是那些蚕农也能多收入一些。也能让洋人不能对我们予取予求,知道收敛一些。"

众老板见胡雪岩言辞恳切,而且所说的又入情入理、无懈可击,自己又有银子可赚,何乐而不为呢?当下纷纷表示一定大力配合,坚决不把生丝卖给洋人。

胡雪岩一见大功告成,非常高兴,自己做东道请大家一起到"会宾楼"喝酒。陈正心见胡雪岩如此大方、豪气,自己面子上也增光不少,对胡雪岩更加信服。

第二天开始,上海的丝行老板一致向洋人提出加价的要求,否则不卖。他们对洋人说:"胡雪岩已经答应用高价收购他们的生丝。"

洋人这才意识到胡雪岩神通广大,从浙江又跑来上海与他们作对,恨得咬牙切齿,但也无可奈何。他们也私下对丝行老板们分化拉拢,对一些丝行老板承诺出高价,然而这些老板无一例外全都拒绝了。那些老板告诉他们,如果他们私下把生丝卖给洋商,不但会受到同行的谴责,而且还会背上卖国的恶名,更会得罪陈正心。他在上海的黑白两道可是不得了的人物,得罪了他,还想在上海混吗?

在这种情况下,洋商知道,除了和胡雪岩谈判以外,已经无路可走。国内的生产厂家的告急电报更是雪片般地飞来,正当他们要屈服的时候,陈正心手下一个叫胡四的人却来找洋商的头领——吉米。

"吉米先生,你们不必心急,胡雪岩只不过是个空心大老倌,他并没有多少银子，那些银子还是借的。只要你们坚持住，他一定会低价出手的。"

吉米一听大喜过望，立刻按兵不动。事实上胡雪岩这时的情况确实正如胡四所说，外强中干，他是压不起的，见洋商不为所动，不禁大急，急忙找人打探情况，这才知道是胡四干的好事。

那胡四为什么要做这件事呢？原来胡四原在陈正心那里很受重用，而胡雪岩来了以后，陈正心放心地把一应事务大多交与胡雪岩处理，胡四出于嫉妒，才走了这么一招。另外他的账目也有着不小的问题，他怕胡雪岩发现，就想利用洋人拖住胡雪岩。

胡雪岩了解了这一切来龙去脉以后，并没有拿胡四开刀，而是一方面巧妙地连吓带劝，让他心里警惕，另一方面，他找来一个古应春的朋友。这个人叫陈水生，在太古轮船公司做买办，专门负责招揽客货承运。这太古轮船公司是英国人的资产，而洋商头领吉米开的怡和丝行也是英国商行，他们的生丝货运正是交由太古轮船公司。

胡雪岩找陈水生的目的正是探听吉米对生丝的渴求程度，把握准了这一点，自己的回旋余地当然就大了。

"陈兄，你可知道，怡和丝行的生丝几时运往英国？"

"大先生，这事是我经手的，我当然知道。他们先是定了两班轮船的舱位，到期以后又说货不够，拖延到下两班，还赔了我们四百两银子的损失呢！"

"那么下两班什么时候到？"

"一班十天以后，另一班要半个月，大先生不知你问这些做什么？"

托人办事，自然要以诚相待，而且是好友，也不用怕会走漏风声。所以古应春就把胡雪岩和洋商斗法的经过，现在的处境原原本本向他说了一遍，接着就请陈水生去"逼他们一下"。

"延过一次期，话就更好说了。"古应春低声说道："我拜托你问一问吉米，货够了没有？到时候，能不能装船？如果不能，要趁早说，好让太古另外去招揽客户。"

"懂了。这个忙我可以帮你。"

"多谢，多谢。今天晚上我请你吃花酒，顺便听你的消息。"

"这么急？"

"拜托，拜托！"古应春长揖恳求道："务必请你跑一趟。"

情面难却，陈水生真的丢下自己的事，去为古应春奔走。到了晚上在怡情院会合，他带来了吉米的消息。

"吉米说等三天看，如果三天当中没有回话再谈。"

"怎么叫'再谈'？"古应春问，"是谈班期顺延，还是根本不要舱位了？"

"怎么不要？当然还是要的！"

古应春和胡雪岩听的正是这个回答。吉米非买丝不可，而且三天以内就会来谈判。

胡雪岩还不放松，主张再逼一逼吉米："一方面让陈水生再去跟他说，有客户求货运舱位，请他在三天以内，必须给出确切的答复；否则就得取消合约，而且必须全价收费。"

"另一方面我们放出风声去，预备立间号子，直接写信给外国厂家，和他们直接做生意，看看这个吉米再怎么说？"

"对，这是个办法！"

胡雪岩立即和陈正心联络好，告诉他如此如此。于是他们的生丝一包一包用板车运到码头上去装船，陈正心更让胡四雇船运往杭州。

胡四一见也着急，连忙说道："陈大哥，难怪你发脾气，洋人是不对。不过，他既然是来做生意，当然没有空手而回的道理。我看，丝他们是一定要买的，就是价钱上有分歧……"

不等他说完，陈正心把大手一挥道："这个免谈。少一个铜子，都休想，就算现在按照我的价钱，卖不卖还要看我高兴不高兴。"

"大哥，生意到底是生意。"胡四试探着说道："要不要我去跟洋人再谈谈？如果肯依我们的价钱，钱也赚了，麻烦也没有了，岂不更好？"

"我不管，你去跟胡先生说，他怎么说就怎么做。"

胡四这时也没办法，只能硬着头皮去找胡雪岩。

胡雪岩对他的账目也早已心知肚明，借机点了他一下，又让他宽心。如果陈老板肯放，自己也欢迎他来帮自己云云，把个胡四感激得不得了。胡雪岩却一直不提丝的事。倒是胡四忍不住了，先开口说道："胡先生，我们拿丝上的事想个办法，依我看'只拉弓不放箭'，也就行了。"他的意思是说，这船可以装，但不用真运走。

胡雪岩一笑道："我们在拉弓，那吉米知道不知道？"

"我想他是知道的，我们的'放箭'他也会着急。"

"这个我知道，他万里迢迢到中国还不是为了做生意？生意做不成，他的盘缠开销哪里来？"

胡四也就接着话道："胡先生说的是。只是我们做的也是生意，不卖岂不也没有利润？"

"这倒也是事实！只是那些洋鬼子迁就不得，你越迁就他，他反而架子越大。哼，大不了鱼死网破，我是不去向他低头的！"

胡四一听连忙道："胡先生，你看我去说说如何？"

胡雪岩看了看他，"哦，你去？你去如何说呢？"

"我就吓他一吓，如果不愿意买我们这批丝，劝他趁早就回国算了，他在这里永远也买不到我们的丝。"

胡雪岩正色道："对，就这么说。这倒不完全是吓他，反正这笔生意做不成，我们就斗气不斗财了！"

胡四领命去见吉米，吉米先还装着很强硬的样子。谁知胡四把现在的情形向他一说，并把胡雪岩的话一说，便把吉米吓得再也不敢反驳了。他是商人，大老远从英国赶来，当然和胡雪岩他们这些地头蛇是斗不起这气的。无可奈何之下，只好乖乖地按照胡雪岩的价格买下了胡雪岩的这批生丝。

胡雪岩和陈正心以及一班丝行老板当然皆大欢喜，胡雪岩也算初战告捷。

从那以后随着胡雪岩的实力进一步增强，他和洋人的斗法也是节节胜利，垄断了中国丝业近二十几年。让洋人又恨又怕，又无可奈何。

# 第三章
## 成为"红顶商人"

王有龄当上浙江巡抚没多久,东南诸省就被太平军占领了。清军节节败退,太平军锐不可当,很快就占领了南京,定为国都,改名天京。江苏一失,浙江难保,不久杭州被围,王有龄几次向朝廷请求救兵。然而,清将畏敌如虎,皆不敢相救。眼看城中断粮,难以坚守。

胡雪岩奉王有龄之命,在杭州城被围困数月将近城破之时,前往上海购粮。一路上太平天国义军对清军及各种商人的围追打击,实在是危险重重。但胡雪岩凭着救民于水火的满腔热忱,以及帮助好友王有龄实现报国之志的愿望,沿路直到上海。由于在嘉兴附近受太平军盘问时,一句话不对就被对方粗暴地砍了一刀。一路上无药可医,胡雪岩在荒郊野岭胡乱找些香灰掩敷,从小褂子上撕了些布条扎紧。到上海古应春家中时,伤口已经溃烂,同时身心疲惫。刚住下,胡雪岩就全身发高烧。古应春与妻子七姑奶奶视胡雪岩为可以共患难的真心朋友。因此,古应春与七姑奶对胡雪岩照顾十分细致,为他洗伤,请医生,弄吃的。胡雪岩一直昏厥了数日,全仗古家悉心照料。由于腿伤一时半刻还好不了,无法行动,这一切自然由古应春代劳。

胡雪岩因一路上太平军封锁盘查,根本带不了银两,所以到上海是空手而来。但却要带十万石大米到杭州,途中还有太平军的盘查封锁。这件事仅凭胡雪岩个人力量是根本无法做到的。古应春的大力帮忙使他采购粮米一事并无大碍,最关键的是运输了。虽然闻讯相助的尤五本人是漕帮运输业的龙头老大,他的势力就在于河运,但当时的运河已不通了,嘉兴有太平军把关,一大批粮食这一关就过不去,唯有考虑海运。海运是沙船帮的势力,沙船帮与漕帮向来有解不开的过节。沙船帮老大叫郁馥华,以航行南北洋起家。河海两运,真所谓"井水不犯河水",彼此之间本无恩怨,但自从有南漕河运改为海运之后,情形就大为改变了。尤五倒还算明事理，认为既然朝廷决定的事，大势所趋，并非郁馥华要延揽和兜抢尤五的生意，打碎漕帮的饭碗。但他手下兄弟却没有这么想。加以沙船帮的水手进进出出，目中无人，趾高气扬，茶坊酒肆，出手阔绰；漕帮兄弟相形见绌，越发妒恨交加，两帮兄弟之间常常发生口角和摩擦。

有一次两帮群殴，虽然漕帮欠理，但依照江湖规矩"江湖事，江湖了。"郁馥华却将尤五手下的几个弟兄，扭到上海县衙门。知县刘郇膏是江苏的能员，也了解到江湖中的漕帮是"百足之虫，死而不僵"，不愿多事。同时古应春去说人情，刘郇膏很是知情，大事化小，小事化了，传了尤五到堂，当面告诫一番，叫他将漕帮的几个弟兄领了回去。

两帮结怨由此生。尤五认为，连县老太爷都知道松江漕帮不是好惹的，郁馥华反倒不讲江湖义气，大家同是"靠水吃水"，一条线上吃饭的人，全然不能互相照应。尤五特地为此召集所属码头的大小头目，郑重宣布：凡是沙船帮的事情，松江漕帮，不准参与。有跳槽改行到沙船帮去做水手的，就算"破门"，见面不认。

事情过后郁馥华也认识到自己做错了一件事，心中十分不安，几次托人向尤五致意，希望修好，尤五置之不理。尤五对胡雪岩当年在漕帮经济困难时，放款给自己，心中十分感激，时常寻机会报答。因此尤五感到如今为胡雪岩的事却不得不违反自己当初对漕帮兄弟的告诫，要向对方低头了。

与郁馥华碰面，人果然热情。尽管当时他身价已过百万，却待人接物无任何骄横之态，反倒显得诚恳谦恭。尤五既为修好，这也是郁馥华多时心愿，郁馥华当时非常高兴。从利害关系上讲，沙船帮虽然兴旺一时，到底根浅；而漕帮到底根深蒂固，势力不同，两帮言归于好，在沙船帮方面更为重要。郁馥华认为两帮修好，这事值得大大铺张一番，传出去足可增添自己的光彩与声势。因此，尽管尤五焦急的神情表示他有急事相求，郁馥华的儿子郁松年也一再提醒，但当天终于没能把事情敲定。

接下来七姑奶奶也帮了胡雪岩大忙。胡雪岩养伤在床，便托七姑奶奶去照应漕帮请整个沙船帮吃饭的酒席。因为七姑奶奶经过大场面，轻车熟路，驾轻就熟，办这样的事顺顺贴贴。由于她的身份和性格特殊，胡雪岩与古应春许多不好说出口的话，她都说得极是个理，有板有眼的，令在场的所有人都十分佩服。事实也证明她的方法是最好的。当初胡雪岩与古应春的意思是两帮修好，请尤五拿一个道台的单子去与郁馥华商谈。但身为江湖人的尤五认为这样做不太好，无奈古应春与胡雪岩都觉此法可行，并力劝他，一时心中犹豫不决。七姑奶奶一听说此事，马上找到尤五说："要做官的出来圆场，就有点吃罚酒的味道，不吃不行……"。

"对，对！"尤五一拍大腿，对此大为赞赏，还是同在江湖的妹妹了解自己的心思，了解江湖的做法与规矩。他说道："你这句话说到我心里了，小爷叔那里我实在不好驳，那样一来的确有点这样的味道。"

"江湖事，江湖了"，七姑奶奶又来了些慷慨激昂之气了，向尤五建议道："五哥，你明天去看郁老大，只说目的是为了解杭州之围和维护小爷叔的交情，向他低头，请他帮忙。这话传出去，哪个不识你大仁大义？"

尤五凝神想了一下十分在理，骤然转身走了。他已经认可了妹子的话，认为江湖恩怨不必惊动官府，事情进展将会更加顺利。

郁馥华沙船帮海运的事已经敲定了，但还有一桩事情也很重要，即运粮途中的安全保障问题。运输过程中难保不遇上太平军，此时太平军已逼近上海，沿海已有变民打着太平军的旗号在抢掠，还有从太平军围困地方逃出来的饥民等等。一旦遇上这些人，谁来抵挡？这些人可都是亡命徒。没办法，只有使用武装，最好的办法就是请洋人的洋枪队，胡雪岩出钱。因为仅仅从洋人那购枪，要训练成百发百中的那种本领，也非一朝一夕之功。这一处古应春又立下了大功，从英租界洋将戈尔那里雇佣了一支荷枪实弹的武装保护力量。

运粮船队由浏河出长江，经崇明岛南面入海，一共是十八条沙船帮的运粮船。保护船队的武装，一共是洋兵一百二十人，一百零八名士兵，十名官长，还有两个是联络官——古应春的弟子萧家骥和洋行通事李得隆，分坐两条沙船，插在船队中间。

胡雪岩在第一条船上。同船的有萧家骥、李得隆、郁馥华派来的"船老大"李庆山，还有一个姓孔的联络官。一切进退行止，都由这五个人在这条船上商量停当，发号施令。

一上船，胡雪岩就接到警告，沙船行在海里，忌讳甚多。舵楼上高处供着天后神牌位，两边陪供着龙王、龙母的小神龛。船上不准说很多

第三章 成为『红顶商人』

· 45 ·

话,如翻、沉、逆、卷、狂、暴、抬、梦、幻、死、伤、倒、沉、栽,等等,胡雪岩怕犯沙船帮的忌讳,自己心下打个谱"少说为佳",在船上便不太说话,闲下来只躺在船上想心事。但是,别人不同,年轻爱动、思想活跃的萧家骥虽经常随洋人海上旅行,但洋人的轮船上并无这些忌讳。姓孔的也常在洋行里转,思想行为早已"洋化",根本瞧不起沙船帮这一套,认为是中国人的愚昧。李庆山和李得隆不用说,本是沙船帮里的人自然懂得帮里的忌讳,不该说的不说,该说的还照常要说。相形之下,就显得平日谈笑风生的胡雪岩仿佛心事重重,神情万分抑郁的样子。

于是姓孔的提议打麻将,萧家骥为了替胡雪岩解除寂寞,特意去请他入局。

"五个人怎么打。除非一个人做——"

说到"做"字,胡雪岩缩住了口。他记起坐过"水路班子"的船,"梦"字是忌讳的,要说"黄粱子",便接下去说,"除非一个人做黄粱子"。

萧家骥一愣,想了一下才明白。"用不着。"他笑着说,"我不想打。胡先生你来,解解烦闷吧。"

于是胡雪岩无可无不可地入了局。打到一半,风浪大作,被迫终止。胡雪岩又回到铺上去想睡觉,不料船在风浪里上蹿下跳,左右摇摆,不一会儿,就令他大呕大吐起来。胃里的食物吐光了,连胆汁也吐了出来。脸色蜡黄,头昏脑涨,站也站不住,卧也卧不稳,心里那份难受的劲儿,真有求生不得,求死不能之感。

"胡先生,不要紧的!"萧家骥一遍一遍地来安慰他,"你看我,就没感觉了,风浪小下来自然就好了。我初次坐海船也是这样的,要经过两三次就好了,放松情绪不要去想,会好一点。"

不光是语言安慰,还有起居上的照料,给他送水,拿来吃的。这是临上船时,七姑奶奶亲手烤制的一袋饼干,让萧家骥带着,和胡雪岩路上吃。胡雪岩摇头,萧家骥告诉他,硬撑着也要吃点东西,别怕吐出来就不吃。胡雪岩拿了一块慢慢啃,萧家骥把其余的饼干放在胡雪岩床边盛东西的网篮里,让他随手就够得着。对待胡雪岩真像对待师傅古应春一样,尊敬而亲热。胡雪岩十分感动,心里有许多话,只是浑身散架子一样,没有精神去说。

入夜风平浪静，海上涌出一轮明月。胡雪岩晕船的毛病，不药而愈，只是感到腹内饥饿，伸手在床边的网篮里摸索，惊醒熟睡中的萧家骥。

"是我！"他歉然说道，"想掏出点儿饼干吃。"

"胡先生，现在觉得舒服了吧？"萧家骥立即帮着打开网兜，掏出几块饼干，又接着说道，"尾舱里还给你留了粥在那里，我替你去拿过来。"

于是萧家骥点上一盏马灯，到尾舱端来一盆粥来，另外还有一碟咸鱼，一个咸蛋。胡雪岩吃得一干二净，抹一抹嘴笑道："世乱年荒，做人就讲究不到哪里去了。"

"做人不在这上面，讲究的是心。"萧家骥说，"王抚台交胡先生这样的朋友，总算是有眼光的。"

"没有用！"胡雪岩黯然，"尽人事，听天命。就算到了杭州，也还不知道怎么个情形，说不定就在这一刻，杭州城已经破了。"

"不会的。"萧家骥安慰他说，"我们总要朝好的地方去想。"

"对！"胡雪岩很容易受鼓舞，"人，就活在希望里面。家骥，我倒问你，你将来有什么打算？"

这话使萧家骥有如欣逢知音之感。连古应春都没有问过他这句话，所以满腹大志，无从诉说，不想这时候倒有了倾诉的机会。

"我将来要和外国人一较短长。我总是在想，他们能做的，我们为什么不能做？中国人的脑筋，不比外国人差，就是不团结，你整我，我整你，窝里斗。还好嫉妒，见你有了，不是自己努力超过去，而是算计你，整垮你，你失把天火家败人亡，我才高兴。所以我要找几个宽宏大量、能够成事，有财大家发的人，联合起来，跟外国人比一比。"

"有志气！"胡雪岩脱口赞道，"我算一个。你倒说说看，怎么样跟他们比？"

"自然是做生意。他到我们这里来做生意，我们也可以到他们那里去做生意。在眼前来说，中国人的生意应该中国人做，中国人的钱也要中国人来赚。只要便宜不落洋人，不必一定要我发达。"

胡雪岩将他的话细想了一会儿，赞叹着说："你的胸襟了不起，我一定要帮你。你看，眼前有啥要从外国人那里抢过来的生意？"

"第一个就是轮船。如今河运海运都让外国人的轮船包了，中国人

的货物本该中国人来运,为啥便宜了洋人。再有就是生丝买卖,中国人的几千年的国粹就是丝绸,要办咱们中国人的缫丝厂纺织厂,让丝绸这个古老的国粹发扬光大。"

于是,从这天起,胡雪岩就和萧家骥谈开办轮船公司和开办纺织厂的计划,直到沙船将进鳖子门,方始停了下来。

依照预定的计划,黑夜偷渡,越过狭处,便算脱险。沿钱塘江往西南方向走时,正遇着东北风,所以很快到了杭州,停泊在江心。但是,胡雪岩却不知道如何跟城里取得联络。从江心遥望江岸,杭州的凤山门外,被太平军围得里三层外三层,真是水泄不通;再看远处,太平军简直如啃骨头的蚂蚁一样,黑压压密层层包裹着杭州城,不啃光这块骨头决不收兵。面对如此境况,谁也不敢贸然靠岸。

"原来约定,是王雪公派人来跟我联络,关照我千万不要上岸。"胡雪岩说,"我只有等、等、等!"

王有龄预计胡雪岩的粮船也快到了,此时全力所谋求的就是打通一线之路,直通江边,可以运粮入城。无奈城池被围,战守俱穷,因而忧愤成疾,肝火上升,不时吐血。一吐就是一碗,失血太多,头昏目眩,脸如金纸。却不肯下城休息,因为休息亦归无用,倒不如勉力支撑,反倒可以起到激励士气的效用。

王有龄试图派人出城联络,可几次也没成功,都被太平军俘虏去了。城中派出去的人因多日缺少饮食,不是面目浮肿,就是骨瘦如柴,面色青黑,说话有气无力,一眼便知。虽然都换了百姓服饰,但还是被太平军当作奸细捉了去。

胡雪岩度日如年,眠食俱废,三天过去了,毫无动静。护船的孔联络官认为身处危地,如果不速作处理,后果不堪设想。他不断催促胡雪岩,倘或粮食无法运进杭州,就按原定计划改运宁波。沙船帮的船老大李庆山口中不说,神色之间也颇为焦急。这使得胡雪岩更为焦躁,双眼发红,终日喃喃自语,不知说些什么,看样子快要发疯了。"得隆哥,"萧家骥对胡雪岩劝慰无效,只好跟李得隆商议,"我看,事情不能不想办法了。这样等下去要出事。"

"是呀,我也这样想。不过有啥办法呢?困在江心动弹不得。"李得隆指着岸上说:"太平军像蚂蚁一样,将杭州城围得密不通风,城里人怎么出得来?"

"城里人出不来，我们能不能想法子进城去，讨个确实口信。不行的话，胡先生也好早做打算。这样傻老婆等野汉子，等到哪天是个头哇？"

于是，萧家骥和李得隆商量了由萧家骥进城通信。如何上岸，如何混过太平军阵地，如何联络进城，种种细节，都商量妥当，才跟胡雪岩去说。胡雪岩同意了这个方案，又丰富了这个方案——整条方案最主要的一点是萧家骥要大大方方地坐船上岸，冒充上海英商的代表，向太平军兜售军火。萧家骥会说英文，对上海洋行又熟悉，人又机灵，太平军都是农民出身，拿外国人唬他们就不会有太大危险。

胡雪岩又说："给王中丞（王有龄）的信是绝对不能带，见了王中丞，你就说，你的小儿子苕云不是托付给胡雪岩了吗？他让你尽管放心。"胡雪岩说到这里，又对萧家骥解释说："王中丞向我托付最钟爱的五岁小儿苕云，只有我们两个人知道。苕字是草字头加个召字，云是云朵的云，你要记牢了。这就全当联络暗号，你跟他说了，他就会相信是我请你去的。"

萧家骥坐船上岸，果然被太平军捉去，但是见他与众不同，也没难为他。萧家骥说自己是上海洋行来向太平军贩卖军火的，便被留下等待往上禀报。当夜，恰逢王有龄派兵出城，想杀开一条血路接应粮船。怎奈良将不敌饿兵，被太平军打得大败而回，萧家骥混迹其中，借此进了杭州城。

萧家骥进了杭州城，城中饿殍遍地，无人掩埋，散发着恶臭，眼看瘟疫就会降临这座城市。他在死人空里，跳着脚绕着弯总算来到了浙江巡抚府衙。经门子通秉来到上房，王有龄躺在一张靠墙的床上，面孔青黑，眼窝深陷，由他的大儿子扶着坐起来，整个身子都在索索地抖。萧家骥以大礼拜见。王有龄刚想往起一站，力不从心，又跌坐在床边上，呼哧呼哧喘了半天，才开得口，只叫："萧义士，萧义士，万不敢当。"

萧家骥敬重王有龄的孤忠苦节，依旧恭恭敬敬地一跪三叩首。行了大礼，王有龄把手乱摇，口中连说："担不起！担不起如此大礼！"只好由王有龄的大儿子崙云还了礼，然后端张椅子，请他在王有龄床前坐下。

"王中丞王大人啊！"萧家骥只叫出这一声，下面的话就说不出来了。这倒不是怯官，只为一路而来，所见所闻，是意想不到的触目惊

第三章　成为『红顶商人』

心。特别是此一刻，王家上下，一个个半死不活，脸色青黑，形如骷髅，说话有气无力，走路脚步踉跄，身不由己地飘来荡去，真如鬼影幢幢。以至于连他自己都不知道此身究竟是在人间，还是在地狱？因而有些神智恍惚，一时竟想不起话从哪里开头。加上见到王有龄，历尽千辛万苦，简直是鬼门关里爬过了一回。心中凄然，喉头发紧，叫了一声之后，更是悲从中来。就再也说不出来了。

王有龄见萧家骥如此，眼圈也红了，但他很快抑制住了自己，先问起话来："令师古应春我也见过，我们还算是干亲。想来他近况很好？"王有龄所说的干亲，也是从胡雪岩那里论来的：胡雪岩和王有龄是结拜弟兄，胡雪岩又和尤老五是结拜弟兄，古应春是尤老五的亲妹夫，这样拐弯抹角联系在一起，其实都是朋友而已。不过王有龄这样一说显然把关系拉近了。

"是，是。托福，托福！"等话出口，萧家骥才发觉一开口就把话说错了。王有龄眼前已到了山穷水尽的这般光景，还有何福可托？说这话，岂不令王有龄着恼。这样想着，急忙掩饰自己的失言，紧接着又说："王中丞忠义节贞，知道杭州情形的人，没有一个不感动的。都拿王大人和何大人相比——"

这又失言了！何桂清弃常州而逃，拿他相比，自是对照，仿佛王有龄必与杭州共存亡似的。萧家骥既悔且愧又自恨，所以语声突住。平日伶牙俐齿的人，这时变得笨嘴拙舌，不敢开口了。谁知道这话倒是发生了意想不到的效用，王有龄不但不以为话有些难听，脸上分明有了几分欣慰笑容。

"上海五方杂处，议论最多。"萧家骥见王有龄笑了，就又补充了一句。

他问，"他们是怎么拿我跟何制军相比？"

既然追问，不能不说，萧家骥定定神答道：

"都说王大人才是大大的忠臣。跟何制军一比，孰个贤哪个不肖，更加分明了。大家都在祈求神明保佑王大人逢凶化吉、遇难呈祥呢。"

"唉！"王有龄长长舒了一口气，"有这番舆论，可见世间之人自有公道之心。"他略停下又问，"雪岩总有信给我？"

"怕路上遇到太平军，胡先生没有写信，只有口信。"萧家骥心想，胡雪岩所说，王有龄向他托孤的话，原是为了征信之用，现在王有龄既已相信自己的身份,这话何必再提,免得惹他伤心,所以接下来便谈正题:"采办的米,四天前就到了,停在江心。胡先生因为王大人曾交代,米船一到,自会派人和他联络,所以不敢离开。一直等到昨天,并无消息,胡先生焦躁得食不甘味,夜不安枕,特地派我冒险上岸来送信。请王大人赶快派兵,打通粮道,搬运上岸。"

话还未完,王有龄双泪直流,不断摇头,哽咽着说:"你们粮船一到,城中瞭望哨就已看见,想了多少办法尽皆失败。昨夜也派兵出城了,饿兵连枪也拿不动,一触即溃。没有用!叫太平军困死了。困得一点气力也没有了。可望而不可及。有饭吃不到口,真叫我死不瞑目……"

说到这里,悲痛的心再也控制不住,号啕大恸,王家上下老小,呼天叫地,悲声直上干云。萧家骥哪里就受得这般场面,心头一酸,眼泪潸潸而下,到后来,也竟是号啕在一起了。

"眼泪相对眼泪流,泪眼劝慰泪眼收。眼泪流诉泪眼事,泪眼空对眼泪愁。"几番相互劝慰,方才收住了眼泪。萧家骥重拾中断的话题,要讨个确实主意。问到这话,又惹王有龄伤心。这是唯一的一条生路,关系全城数十万生灵,明知是可望不可即,却又难下决断。如让粮船走,那就是宣布进入鬼门关,再无一点希望!不走等机会又如何?能办得到这一点,自然最好。但明明知道,也不过画饼充饥,望梅止渴。虽有这许多米停泊在钱塘江心,却是取之不来,王有龄多么希望有神仙相救,绝处逢生。

王有龄见过这样绝处逢生的事,幼时见邻家失火,有个腿不能动躺在床上的人,居然能健步冲出火窟。人到绝处想求生时,那份潜力的发生,常常是不可思议的。

然而这到底是可遇而不可求的事。

此时的王有龄更应该为胡雪岩设身处地想一想:这许多米摆在钱塘江心,太平军明知是救济杭城的粮船,就算他军中不缺粮,但为了把敌人陷于绝境,也必然千方百计去夺粮,或者不惜一切代价去毁粮。到那时,胡雪岩十有八九会葬身在钱塘江中,如今粮船已到达四日,太平军曾派小股船队试探,被洋枪队趋走,危险程度也在与时俱增。转念到此,王有龄又一次凄然泪下,摇头长叹道:"罢了!罢了!我何苦还要'临死还拉个垫背的'?萧义士,你跟雪岩说,我已是山穷水尽,别无他路，只能坐以待毙。请他快快离开险境，走吧！"

其实，这也是萧家骥出生入死进了杭城想讨回的一句话，但听王有龄万般无奈地说出口来，他反倒心软了下来："王大人，再筹划筹划看！"

"不用筹划了。日日盼望，夜夜盘算，连想派个人和雪岩联络，都不容易办得到。唉！"王有龄痛心欲绝地说，"我什么都不错，错就错在当初有人劝我从城上筑一条斜坡，直到江边，派重兵把守，以保粮路。我怕劳役民怨，而且工程浩大，担心半途而废，枉费民力，没有去办。如今想来，我还是书生意气，不称职做这个抚台。"

萧家骥说："王大人不必自责了。"

王有龄似乎没听见萧家骥的劝慰，仍是自己说道："第二错，太平军围城未坚之时，我应亲自出马去求救兵，或许还能说动带兵的帅爷们来解杭州之围，顶起码不能让太平军形成铁壁合围之势，杭州还有一线希望……"

等王有龄悲伤略减，萧家骥提出一个办法，也可以说是许诺，而实在是一线希望——希望粮船能再等待三天，更希望城内官军能在这三天内，杀出一条血路，运粮上岸。

"但愿如此！"王有龄强自振作地说，"我们内外努力，尽这三天以内拼一拼命。"

"是！"为了鼓舞城内官兵，萧家骥又大胆作了个许诺，"只要城内官兵能够打到江边，船上的洋兵一定会来接应。他们的人数虽不多，火器相当厉害，很得力的。"

"能这样最好。果然天从人愿，杭州能够解围，将来洋兵的犒赏，都落在我身上。多怕不行，两万银子！"王有龄拍着胸脯说，"哪怕我变卖薄产来赔，都不要紧。"

"是了。"萧家骥站起身来说，"我跟王大人告辞，早点回去办正事。"

"多谢你，萧义士。"王有龄衷心感谢地说，"杭州已不是人间，简直是炼狱。萧义士出生入死来送信，可说是浩若长天的义气肝胆。这份云天高义，不独我王某人，就是杭州全城的文武军民，无不感戴萧义士的大恩大德！"他一面说，一面颤巍巍地起身，"请受我一拜！"

"不敢当，不敢当！"萧家骥慌忙扶住，"王大人，这是我义不容辞的事。"

一个坚辞,一个非要拜谢,僵持了好一会,终于还是由王有龄的长子代父行礼。萧家骥自然也很感动,转念想到生离几乎等于死别,不由得热泪盈眶,喉头梗塞,只说得一声:"王大人,请保重!"扭头就走。

跟跟跄跄地出了中门,只听见里面在喊:"请回来,请回来!"

请萧家骥回去,王有龄另有一件大事相托,将他的"遗疏"交给萧家骥。"萧义士!"这一次王有龄的声音相当平静,"请你交付雪岩保管。城在人在,城亡人亡,只听杭州失守,就是我毙命之日。请雪岩拿我这篇遗疏,面呈江苏薛抚台,请他代缮出奏。这件事关乎我一生的结果,萧义士我重重拜托了。"

见他是如此肃穆郑重的神情,萧家骥不敢怠慢,重重地应一声:"是!"然后将那道遗疏的稿子折成四叠,放在贴身的小褂子的口袋中,深怕没有放得妥当而遗失,还用手在衣服外面按了两下。

"喔,还有句话要交代,这道遗疏请用我跟杭州守将瑞将军两个人的衔名出奏。"王有龄又说,"我跟参将瑞将军说好了,一起殉节,决不独生。"听他侃侃而谈,真有视死如归的气概。萧家骥内心的敬意,掩没了悲伤,从容拜辞。"王大人,"他说,"我决不负王大人的重托。但愿这个稿子永远存放在胡先生手里!"

"但愿如此!"王有龄用低微但很清晰的声音说,"再请你转告雪岩,千万不必为我伤心。他已尽了情谊,为国为民为杭州为我本人,他已是竭尽忠孝节义了。"

接得王有龄的遗疏,胡雪岩的眼圈就红了;而最伤心的,则是王有龄已绝了希望。他可以想象得到,王有龄原来一心所盼的粮船,只怕胡雪岩不能顺利到达上海;到了上海办了粮食,又怕不能冲破沿途的难关到杭州。哪知千辛万苦,将粮运到了,却是可望不可即,从此再无指望。一线希望消失,就是一线生机断绝。"哀莫大于心死",王有龄的心已化死灰,有生之日,待死之时,做人到此绝境,千古所无,千古所悲。

然而胡雪岩却还是要为王有龄寻找希望,希望在这三天中神兵天降,杀开一条血路,来到江边,将粮船接应上岸,粮食运进杭州城。这是个缥缈的希望,但就是这个缥缈的希望也很快破灭了——形式在一夜之间急转直下,变得异常险恶了。太平军一船一船在周围盘旋,位置正在枪弹够不到的地方。而且越聚越多,其意若何,不言而喻,夺粮!因此,船上的所有人都已变颜变色,谁肯做此无谓的牺牲?洋兵们更是不断催促,所带枪弹有限,上次小接火,已经耗去一部分子弹;太平军如蚂蚁般多,后果不堪设想。

李得隆来找胡雪岩。

"要请他们等三天,只怕很难。"李得隆说,"派去的人没有回来,总要有了确实的信息再说。这句话在道理上他们就不愿也没奈何。现在家骥回来了,刚才一谈杭州的情形,大家也都知道了。没有指望的事,白白等在这里冒极大的危险,他们不肯的。"

"无论如何要他们答应。来了一趟,就此回去,与心不甘。再说,有危险也不过三天,多的危险也冒过了,何在乎这三天?"胡雪岩还是执拗地说。

"那——好吧!跟洋兵们说明白。"李得隆说,"只怕沙船帮那里也不大肯。"

"只要洋兵肯了,他们有人保护,自然没话说。这件事要分两方面做,重赏之下,必有勇夫。"胡雪岩说,"请你们两位跟联络的人去说,我有两个办法,随他们挑。"

"第一个办法,如果城里能杀出一条血路,请他们帮忙打,王抚台犒赏的两万银子,我一到上海就付,另外我再送一万。如果有阵亡受伤的,抚恤照他们的营规加一倍。这样等过实足三昼夜,如果没动静,开船到宁波,我送三千银子。"

"这算得重赏了,他们卖命也卖得过。"李得隆又问,"不过人心不同,万一他们不肯,非要开船不可呢?"

"那就是我的第二个办法,他们先把我推到钱塘江里再开船。"

胡雪岩说这话时,脸色白的一丝血色都没有,李得隆、萧家骥悚然动容,相互看看,久久无语。

"不是我吓他们!我从不说瞎话,如果仁至义尽他们还不答应,你们想想,我除死路以外,还有什么路好走?"

由于胡雪岩不惜以身相殉的坚决态度,一方面感动了洋兵,一方面也吓倒了洋兵。他们通过联络官提出一个条件,要求胡雪岩说话算话,到了三天一过,不要再出花样,拖延不走。

"人本不该与天争,天欲亡杭城,我们也救之不得。"胡雪岩说,

"留这三天是尽尽人意而已,我也知道人不胜天。"

话虽如此,胡雪岩却是废寝忘食,一心以为果有神兵天降一说,日日夜夜在船头凝望。钱江潮涌,每日涨退的潮声,虽掩没了胡雪岩吞声的饮泣;但隆冬季节里江风透骨,冬夜寒重,引发了他的激烈咳嗽,却是连船舱中都听得见的。

"胡先生,"萧家骥劝他,"王抚台的生死大事,都在你身上,还有府上一家,都在盼望安然而返。先生千金之躯,岂可以这样不知道爱惜?"

晚辈有责备之词,情意格外殷切,胡雪岩不能不听劝。但睡在铺上,却只是竖起了耳朵,偶尔听得巡逻的洋兵一声枪响,都要出去看个明白。

纵然度日如年,三天到底还是过去了。洋人做事,丝毫没有通融,到了实足三昼夜届满,正是晚上八点钟,却非开船不可。

胡雪岩无奈,扑通一声跪在甲板上,将头触船板,乒然有声。别人拉扯不住,磕了五个响头,别人拉起来,额头已磕破。又望北拜了五拜,大呼一声:"有龄兄——雪岩与兄永别了!今生再不能与兄相聚,若要相会,除非梦里。失去雪兄,雪岩从此失去'五义'之首了——"

胡雪岩如此,全当生祭。然后痛哭失声而去……

数月以后,清廷大将左宗棠率领清军从安徽进入浙江,稳扎稳打,步步为营,太平军纷纷溃败。整个浙江的东南西三面,都已在官府的掌握之中。最近左宗棠又升任闽浙总督,浙江巡抚因王有龄的阵亡,由左宗棠兼署。为了报答朝廷,左宗棠全力反攻,谁都看得出来,夺回杭州是迟早的事。

于是胡雪岩开始计划重返杭州,由刘不才打先锋。此去是要收服一个马有才,化敌为友,做个内应。此人自以为是衣冠中人,可以走动官场,平日包揽公事,说和是非,欺软怕硬,是个无赖。

这个马有才与各衙门的差役都有勾结,在当时的杭州城里很得势。太平军占了杭州城后,他依然因为熟悉当地的各方事务而被视为要人,如今他可是什么人都不怕,但"恶人自有恶性人磨",他还是怕官的,除了官便是他的小马。小马是个纨绔,吃喝嫖赌,一应俱全。马秀才弄来的几个造孽钱,全赔在儿子身上。刘不才也是纨绔出身,论资格比小马深得多,所以胡雪岩想了一套办法,让刘不才从小马身上下手,收服

第三章 成为『红顶商人』

了小马,问题就好办了。

杭州城的市面萧条得很,太平军围困的后果,便是市内十室九空,只有零星的几条街比较像个样子。但店家未到黄昏便都关上了排门,入夜一片沉寂。只有妓院依然十分兴盛,灯火辉煌,叫声不断,热闹非凡。

小马正在一个房间里和妓女小秋玩着"游戏"。

刘不才终于找到了这家妓院,可没抱着肯定能见到小马的态度。老鸨很热情,把姑娘们叫下来,一个一个地让刘不才选。刘不才心思不在这里,因而对她们的娇声轻唤和诱人的媚眼都不予理睬。只是问道。

"还有没下来的吗?我要最漂亮的。"

"只有小秋没下来,客官,那主儿我们不能得罪,不如您另选他人吧?"

老鸨态度仍很热情。

"什么主儿这么厉害,我多给钱就是了。"刘不才猜想也许这位就是小马。

"您不知道,他可是城里有名的马有才的大公子小马大爷。"

"噢,原来真是他!"刘不才心中暗喜,"那好吧,找个漂亮点的坐下陪我喝会酒便可以了。"

在刘不才内心不断的焦盼下,小马终于从楼上走了下来,他衣服穿得很整齐,精神仍很好。刘不才把身边搂着的女人松开,站起身来叫道:"小马大爷近来气色好得很呀。"

小马停下步子,迟疑地盯着眼前这位四五十岁上下的中年人:"您是谁,我好像并不认识您啊!"

"我是谁并不重要,重要的是我认识你,并想和你交个朋友,过来一起喝酒如何?"

看刘不才也不是一般的客人,小马不禁慢慢地挪动了步子。

刘不才起身让了座,又让老鸨把小秋叫下来喝酒,二人边喝边聊,逐渐彼此熟识了些。借着酒劲,二人称兄道弟起来。不知不觉,夜已经很深了,身边的两个女子已经不知什么时候睡着了。二人相互搀扶着走出妓院,相互告辞时,刘不才约小马到自己的住所来,说有几样东西要送给他。

小马倒没忘了如约而至,一阵寒暄之后,刘不才拉开箱门道:"马兄，我有几样小意思送给你。权当是做个朋友的见面礼。"

说完，拿出了长短大小不一的几件东西。小马也认识其中的几件，长的是一支"司的克"，短的是一块金表，大的是一盒吕宋烟，还有短不及五寸、四四方方包好的一包东西就看不出来了，样子像书。

"你看这只'司的克'，用它防身最好不过了。"刘不才举起来喝了一声："当心！"便把那东西当头砸下来。

小马赶紧用手一格，抓住了尾端。也不知刘不才怎么弄了一下，那东西一下子分成两截。刘不才手里握着了一把雪亮的短刀。

"怎么回事？"小马大感兴趣，"让我看看。"

看那短剑，形状与中国的剑完全不同。三角形，尖端如针，剑身三面是血槽，的确是一件可置人于死地的利器。

"你看，这中间有机关。"

原来"司的克"中间有榫头，做得极细密。遇到有人袭击，拿"司的克"砸过去，对方不抓不过挨一下打，若是想抓它就上当了，只要借势一扭，抽出短剑刺过去，出其不意，必定得手。

了解了妙用，小马越发喜爱。防身固然得力，无事拿来献献宝，夸耀于人，更是一乐。所以笑得嘴都合不拢了。

"这里是几本洋书。"

小马赶忙拱手说："书就不必了，中国书我都看不太懂，洋书更是盲人摸象，莫名其妙了。"

"你看得懂的。"刘不才将书交到他手里，"带回去一个人慢慢看。"

小马一听，不禁拆开了来看，这一翻，顿觉血脉贲张。原来是一部洋《春宫图》，一个个洋裸女娇媚作态的大幅照片。

小马看得眼睛都直了。刘不才悄悄端了张椅子扶他坐下，自己远远坐在一旁，冷眼旁观。

凭空受了这多么东西，小马觉得有些不好意思；可不受呢，那"司的克"和那部洋书还真有些舍不得。

"你不必见外，朋友不是交一天。你这样分彼此，以后我就不敢高攀了。"看到了他的神态，刘不才赶忙堵住他的嘴。

"那，你总也要让我尽点心意才好。"

看样子是被说服了，刘不才赶忙趁热打铁，将胡雪岩意欲同马有才深交的想法讲了出来。交情到了，什么话都容易听进去了。

第三章　成为『红顶商人』

对于胡雪岩，小马早闻大名，他心里有疑问，便道："胡老板我不熟，不过你够朋友，有什么需要帮忙的，只管说。"

"这个，我想跟你们老太爷说一说。"刘不才边说，边从床底下拖出皮箱来，开了锁，取出一本《护书》，抽出一张公文，送到小马手里。并故作郑重地嘱咐："这件公事，千万不能说出去，一说出去，让长毛知道就不得了了。"继而又略显轻松地说："你带回去，请老太爷秘密收藏，有一天官军收复杭州，拿出公文来看，不但没有助逆反叛之罪，还有维持地方之功。"

这一说，小马稍稍有些明白："那么眼前呢？眼前做点啥？"

"眼前，当然该干什么干什么。"

"就是说脚踩两只船。"

"对！脚踏两只船，不过，现在这只船迟早要翻的，还是那只船要紧。"

"我明白了，回去我会向老太爷讲明白的。"

当前的局势，马有才心里也清楚，经刘不才的一番疏通，变得死心塌地了。他也知道他们父子的名声不好，必然得做一件惊世骇俗，大有功于乡邦的奇闻壮举，才能遮掩许多劣迹，令人刮目相看。现在有胡雪岩这条路子，他岂肯轻易放过。

果然，清军夺回杭州后，马有才父子因开城迎接藩司蒋益澧之功，小马混了个七品，并被派为善后局委员。马有才趁机进言，杭州的善后，非请胡雪岩回来主持不可。

蒋益澧深以为信，便派小马专程去了上海，把胡雪岩请回了杭州。胡雪岩到任三把火，第一把火解决了杭州人的吃饭问题，运了一万石米到杭州，自己没有从中获得丝毫的利润。接着，借自己道台的身份求见蒋益澧，严明了军纪，使城内的治安明显好转。第三，借自己阜康的牌子，另立一个钱庄，解决了官府的藩库困难。

蒋益澧对胡雪岩格外看重，一时间，阜康的名声和胡雪岩的名字，在杭州城内叫得更响了。

不久，胡雪岩决定去见左宗棠。几个月来的交往，使他觉得蒋益澧为人倒还憨厚，如果结交得深了，他便是第二个王有龄，将来言听计从，亲如手足，比伺候脾气大得出名的左宗棠痛快多了。可如今的形式不能不让他细细地想一想了，左宗棠对蒋益澧，不可能像当年何桂清对王有龄那样,有交情在先,提携唯恐不力。一省的巡抚毕竟是个非同小可的职务,如今已定为曾国荃,除非他有意如此安排,蒋益澧本身够格,而左宗棠又肯格外力保。看来浙江巡抚的大印,不会落在蒋益澧手里。

既然如此,唯有死心塌地去走左宗棠这条路子了。

半夜起身,黎明上路。十八里山路,走了三个时辰才到。

左宗棠的行辕,设在一处关帝庙里,可总督的派头不减。庙前摆着一顶绿呢大轿,照墙下有好几块米红的高脚牌,一块是兼署浙江巡抚,一块是"头品顶戴兵部尚书兼都察辽右都御史闽浙总督部堂",一块是"头品顶戴兵部尚抚",一块是"赏戴花翎",还有一块就不大光彩,也是左宗棠平生的恨事,科名只是"道光十二年壬辰科湖南乡试中第",不过一名举人。直往庙里看,两行带刀的亲兵,从大门口一直站到大殿关平、周仓的神像前,蓝顶子的武官有好几个。胡雪岩见此情景,不敢冒犯左宗棠的威风,牵马在旁,取出手本,拜托何都司代为递了进去。

隔了好久,才看见出来一个武巡捕,手里拿着胡雪岩的手本,明明已看到人,依然提起官腔问道:"哪位是杭州来的胡道台?"

胡雪岩点点头,也摆出官派,踱着步子,上前答道:"我就是。"

进了一个小院落,听差揭开门帘请入内,只见一个矮胖老头,正在窗前的一张方桌上挥毫如飞,听见脚步声,浑似不觉。胡雪岩等了一会儿,方请安道:"浙江候补道台胡光墉,参见大人。"

"哦,你就是胡光墉!"左宗棠这才停下笔来,一双眼睛颇具威严,光芒四射地将他从头望到底,"久仰大名了。"

话里有话,胡雪岩觉得无需谦虚,便说:"大人建了不世之功,特来为大人道喜。"

"你倒是得风气之先!怪不得王中丞在世之日,你有能员之名。"

话中带有讽刺,胡雪岩也无暇去细辩,目前的第一件事,是要能坐下来。左宗棠不会不懂官场规矩,文官见了督抚,官品再低,也应该有个座位。此刻他故意不说"请坐",明摆着是有意给人难堪。

只见胡雪岩撩起衣襟,又请一个安,同时说道:"不单为大人道喜,还要跟大人道谢。两浙生灵免遭涂炭,多亏大人您的解救。"

再暴的脾气,在这样连番多礼的情况下,也该有所转变。"不敢当!"他的语气虽还是淡淡的,有那不受奉承的意味,但终于以礼相待了,"贵道请坐!"

听差上了茶。胡雪岩欠一欠身,舒了一口气,心里在想:只要面子上不难看,话就好说了。

"这两年我在浙江,经常听人谈起贵道。"左宗棠面无笑容地说,"听说你很阔啊!"

"是!我不瞒大人,比起清苦的候补人员来,我算是很舒服的。"

他坦然承认,而不说舒服的原因,反倒像塞住了左宗棠的口。停了一下,左宗棠直截了当说:"我也接到好些禀帖,说你如何如何!人言不会凭空说的,我要仔细调查一下,如果情况属实,为了整饬吏治,我不能不严办!"

"如果真的是光墉有什么不法之事,大人请严办,光墉亦甘愿领罪。不过,自问还不敢为非作歹,也不敢营私舞弊。当年受王中丞知遇之恩,处事不避劳怨,得罪了人是很正常的。"

"是不是如你所说,仍待调查。至于你说受王中丞知遇之恩,为什么在杭州被困的紧要关头不知你到何处去了。"

"大人冤枉在下了。我先请教大人,当时杭州被困,王中丞苦苦撑持,眼中流的不是水,而是血,盼的是什么?"

"自然是援军。"

"是。"胡雪岩用低沉的声音说,"当时有李元度一军在衢山,千方百计想催他来,就是不到,只好作坚守的打算。请问大人,危城坚守靠什么?"

"自然是粮食。"

"不错,可是当时城中已严重缺米,甚至开始人吃人。这样子若不到外面去办米,根本不行。于是王中丞找到了我。"他忽然提高了声音说,"他是巡抚,守土有现责,到上海办米这件事,事关重大,他正是因为信任我,才找到我。而这事亦只有我能做,根本不容我不做。"

"嗯,嗯!"左宗棠连连点头,"后来呢?米办到了没有。"

"办是办到了。可是……"胡雪岩黯然低语,"无济于事!"

接着,他将如何办米来到了杭州城外的钱塘江中;如何想尽办法,打通粮道;如何望城一拜,痛哭而回;如何将那批米接济了苏州之事细陈了一遍。只是没有说如何在苏州城生病,几乎丧命。那样,似有表功的味道,说不定会画蛇添足了。

左宗棠听得很仔细，边听边点头，听他讲完了，说道："人家告你的那些话，我要查一查。果真像你说的那样，自然另当别论。"

胡雪岩从身上掏出一个红封袋来，呈上说："这是当初领了的两万两银子，如今面缴大人。"

左宗棠没有接，唤了粮台的管事，收了胡雪岩的银票，了却了一件公事。

胡雪岩又说话了："大人，我还要交差，当初奉令采办的米没能办到，就不算交差，对吧！"

"这……"左宗棠对他的话，不知所云，因而也无法作出表示。

"说实话，这一批米办不到，我对不起王中丞的在天之灵。现在，总算可以真正交差了。"

"你是说，你又办到了那一万石米到杭州？"左宗棠忙问道。

"对，这个护送我来的何都司可以作证。"

于是找了何都司来。左宗棠第一句便是："你知道有一万石米运到了杭州城吗？"

"回大帅的话，有的。"何都司手一指，"是胡大人从上海运来的。"

"好！你先下去吧！"左宗棠吩咐道，"请胡大人升炕！"

片刻间，礼数不同了，胡雪岩内心也更踏实了。

左宗棠还要担心粮钱的问题，胡雪岩赶忙补充道："大人不必操心了，这一万石米，完全由光墉报效。"

"报效？"宗棠怕自己听错了。

"是！光墉报效。"

"这，未免于你太不利了，老兄有什么企图，不妨实说。"

"毫无企图。第一，为了王中丞；第二，为了杭州；第三为了大人。"

"承情之重，"左宗棠拱手道，"我马上出奏，请朝廷褒奖。"

"大人的心意光墉心领了。只是，我报效这批米，绝不是为了朝廷褒奖。光墉是生意人，只会做事，不会做官。"

"好一个只会做事，不会做官！"这一句话碰到左宗棠的心坎上，拍着炕几，大声地说。不知不觉中，他已把胡雪岩视为知己了。

心情一好，便吩咐听差的准备酒菜，二人边喝边聊。胡雪岩的一张巧嘴，一会奉承，一会献策，很快取得了左宗棠的信任，对胡雪岩一口

一个雪岩兄。

酒过三巡后，左宗棠因为他杰出的办事能力和才能，委任他为杭州善后局总办，由他负责军饷的筹集和其他善后事务。

从此，胡雪岩在广东、浙江、江苏、福建的发展，便以左宗棠为后盾，为其出谋划策，筹措军饷，镇压太平军。当时左宗棠立意办洋务，以增实力，但钱财匮乏。胡雪岩即以精细的谋划，与洋商谈判，借得巨额资金，力助左宗棠西征并办洋务。从而开近代外债的先河。胡雪岩的作为，使他深得左宗棠器重并出奏保荐，遂蒙廷赏：赐二品顶戴，赏穿黄马褂，紫禁城骑马行走的殊荣。赫然成为晚清唯一戴红顶子的商人。

# 第四章
# 广施善行

经过一番努力和奔波，胡雪岩终于找到了左宗棠这座靠山，他决定再放开手脚大干一番。

眼下，他瞄准的生意行当便是开药行。

其实，胡雪岩要经营药行的想法由来已久。

胡雪岩的二房姨太太芙蓉有个叔叔刘不才，是个扶不直的篾片，人们都瞧不起他。而胡雪岩却力排众议认下了这门亲戚，收留了他。

他当时所以收留刘不才，除了觉得他并非不可救药，只要把一些毛病改了，是个可造之才外，还有一个不足为外人道的秘密。

刘不才有一剂祖传秘方，叫"诸葛行军散"，由特殊材料和工艺配制，对军队在行军打仗时发生的时疫十分有效。胡雪岩就是想借用这一祖传秘方的名声，把自己的药店开起来。

不过，当时由于忙于做茧丝生意，开设当铺，甚至贩运军火，事情千头万绪，开药店的事便一时搁下了。

这一次又重新生出这个想法，是由一件小事引起的。自从全家人从上海搬回杭州之后，胡雪岩的母亲胡老太太便有些身体不适。胃脘嘈杂灼热，冷酸腹胀，有时背部疼痛。这本是一般的胃病，没有什么大碍。但胡雪岩是个孝子，马上请了杭州最好的大夫来，经细心诊断，开了一帖药方。马上派人到杭州最有名的叶种德堂去配药。

不料药配回来之后，多少懂得药材的刘不才一看，有几味药已经过期变质，不能再用了。

胡雪岩知道以后，甚感生气，便让人去退换药材。但万没想到，叶种德堂态度极为恶劣，不仅坚决不退，还语含讽刺地说道："如果你们胡老爷不满意的话，让他自己开一家药铺不就行了吗？"

派去换药的人把话说给胡雪岩，胡雪岩听后勃然大怒，说道："实

在太可恨,这样的药店如何能救死扶伤,治病救人?我今天就开一家真正能救人疾苦的药店,让他们看看。"

因为有这件事,江湖上便流传起了胡雪岩"一怒建堂"的传说。

其实,胡雪岩并非在一怒之下,意气用事开了药店。对这一行当他已经酝酿了好多年,不过是碰上叶种德这件事,正好借引子发面罢了。

不管是何种生意,要做就一定要做好,这是胡雪岩历来的性格。既然要开药店,那就要开成第一流的。

首先,要打造一个金字招牌。经过反复思考,胡雪岩决定为自己的药店取名"庆余堂"。

说起来,这个名字还与南宋有名的奸臣秦桧有些关系。当年宋金开战,秦桧主张议和,向金称臣纳贡,他最大的罪恶是以"莫须有"的罪名,杀害了精忠报国的抗金名将岳飞。为了纪念岳飞,人们把他铸成双臂反剪,跪在岳飞墓前的铁像,遭受万世唾骂。

秦桧在北宋末年历任左司谏,御史中丞等官职;南宋绍兴年间(1131—1162),曾两任宰相,前后做了十九年朝廷枢臣。杀害岳飞虽然使他遗臭万年,但他却写得一手好字。当年,在他的府第落成时,他为府第取名"余庆堂",并亲自写成匾额。聪明的胡雪岩把秦桧的"余庆'两个字一颠倒,便成了自己的"庆余堂",而且匾牌上的字仍用秦桧的手迹。这除了是欣赏秦桧的书法外,也许还有打打"名人效应"的想法吧。因为秦桧在中国,真正是家喻户晓;而在杭州,那就更是老幼皆知了。

除了招牌之外,还一定要有一个好的位置和门面。胡雪岩常对伙计们说,"做好生意三件宝,人员门面信誉好。"就是说,店铺的门面、伙计的素质、货品的质量和老板的信誉都十分重要,缺一不可。

因此,胡雪岩十分重视药店的门面;他认为,有了好门面,才能做好生意。因为中国古代的商圣陶朱公范蠡便说过:"面,乃商之外形也,岂可丑之?"

为此,他对药店如何选择门面,定下了三条规矩"宜址、精修、巧陈",被人们称做"门面三绝"。

第一是"宜址",也就是要选择一块风水好又宜于生意开展的地址。

经过详细考察和一番慎重思考,胡雪岩决定把庆余堂建在吴山脚下的大井巷。

坐落在西湖以南的吴山,由云居、紫阳、蛾眉、七宝等十几个小山峰组成;它的西边,则是凤凰山、将台山和玉皇山。相传,春秋时吴国的南界在此,所以称做吴山;又因为山上有座城隍庙,因此又被人们叫做城隍山。

吴山因为历史悠久,山中名胜数不胜数。像春秋的伍子胥庙、晋朝的郭璞井、宋代的东岳庙、明朝的城隍庙等等。

在吴山嵯峨崚嶒的山岗上,除了郁郁葱葱的古柏苍松之外,还有十分有名的"十二生肖石"。是石灰岩经长期溶蚀,自然形成的。

再往上走,在吴山的顶峰,有一座其势如飞的双层重檐的江湖观亭,高达八米。登亭远眺,南面锦带蜿蜒的钱塘江和北面风光旖旎的西湖可尽收眼底。

另外,西湖十八景之一的"关山大观"也在此处。这一"观"就包含"吴山十景",即金地笙歌、瑶台万玉、紫阳秋月、三茅观湖、鹿过曲水、鹤步寒山、蛾眉月照、梧岗飞瀑、枫岭红叶、云居听松等。秀丽风景和悠久历史并存,使吴山成了游人喜爱的地方,一年四季都游客不断。

再者,号称"东南佛国"的杭州寺院遍地。每年立夏前一个月,全国各地尤其是杭嘉湖和苏南一带的善男信女们,都成群结队地涌入杭城。他们背着写有"朝山进香"的黄布香袋,到各个寺庙许愿还愿,烧香礼佛。这种规模宏大、年年必有的具有宗教色彩的大旅游,给杭州带来了巨大的商机。

许多人或在各处流动设摊,或在寺院门前定点设摊。什么胭脂、簪珥、牙尺、剪刀、木鱼、经卷、玩具、花篮、梳子、药物等商品应有尽有,随处可见。由于烧香拜佛者络绎不绝,便开成了集市,这就是所谓的"香市"。

吴山的"香市",在元朝时就已十分繁荣。元代诗人贡有初有一首《春日吴山绝句》,写道:

十八姑儿浅淡妆,
春衣初试柳芽黄。
三三五五东风里,
去上吴山答愿香。

这首诗写的，正是吴山的香市。而到了胡雪岩所处的清末，杭州规模最大、持续时间最长，最热闹的三大香市，就是吴山香市，钱塘门外的昭庄寺香市和岳王城以西七八里开外的天竺香市。

正是由于这些原因，做生意的人都对吴山情有独钟。而人们登吴山的必经之路，便是山脚下的大井巷。眼光独具的胡雪岩，自然不会放过这块风水宝地。

他情愿多花银子，在吴山脚下的石级路旁边买下了八亩地，在这里开设了一个较大规模的胡庆余堂国药店，作为他长期经营药行的基地。

第二是"精修"，在店堂的精装细修方面，胡雪岩独树一帜。

胡庆余堂开始由三进建筑组成，后改为两进，东西走向。头进是营业店堂，后进是制药工场，前店后场，产销结合，这种格局的组合十分有利于及时、准确、灵活地满足顾客的需要。夹弄和封火墙把两边隔开，每进设前后天井，左右有廊屋相连，形成了一个环形结构，处处皆通。既简洁实用，又气派非凡。

其实，胡雪岩在大井巷买下的八亩地，虽然地理位置上属最热闹的地方，但并非"风水宝地"。因为它的形状像只里高外低的畚箕。若是按土地原有的格局简单营造，从当时的"风水堪舆"学来说，这只畚箕有"泄财"之兆，不宜营建商号。就是从店铺的角度考虑，一个一目了然的畚箕开店堂，也会给人以浅显外露的印象。

为此，胡雪岩请来了苏、杭一带的六名建筑设计高手，为店堂的营造精心筹划，独辟蹊径。从而在我国古代建筑史上留下了一组不可多得的建筑群。

这个建筑群除了具备江南园林镏金描彩、大红漆柱、飞檐镂格、雕梁刻枋等等古朴典雅的共性外，还根据药店的特点，在店堂前筑起"神农式"的青砖高墙，然后经过一道弯弯曲曲的回廊，让顾客在买药之余流连忘返，生出种博大精深的观感。

这么一来，整个药店的形状宛如一只巨大的仙鹤，安详地栖居于吴山脚下。既象征着店铺生机长存，更寓含着药店将给人们带来健康、长寿和吉祥的深意。

药店四周的青砖封火墙高达十二米，长六十米。为了引人注目，胡雪岩请人在靠河坊街的一面墙上写了"胡庆余堂国药号"七个特大汉字（每个字二十平方米），显得格外惹眼。来来往往的行人，无不举目仰望，叹为观止。

药店的上檐是一排椿花灯状的垂莲柱，这在一般的建筑中很难找到。其坐西朝东的大门在大井巷内，青石为基，青砖角叠的门楼上镶嵌着"庆余堂"三个大字，金光闪闪。跨过门楼，"进内交易"的牌匾映入眼帘，四个镏金大字远看凸出，近看凹进，真正是匠心独运，自具一格。更让人感到奇特的是，入口长廊竟别出心裁地做成了一个船篷轩的样式。

如此豪华典雅而又独特的门面，不落俗套而又耐人寻味。自它落成以后，前来买药的顾客和所见过的人，无不有口皆碑，啧啧称叹。

第三是"巧陈"，也就是极尽巧妙地设计店堂的内部摆设。

如果说胡庆余堂是栖息在吴山脚下的一只仙鹤，那么，它的门庭就是鹤首，而过了门庭的长廊便是"鹤颈"。来客步入门庭之后，迎面便是一个八角石门洞，"高入云"三字雕在门洞的上端，左侧横墙上是"白蛇传"中白素贞盗仙草的图案。右面是三十六块银杏木精制的，黑地金字的丸散牌，挂满了长廊的石壁。什么外科六神丸，胡氏避瘟丹，安宫牛黄丸，十全大补丸，大补全鹿丸，小儿回春丸等等，木牌上写明药的功效。既给顾客以说明，又起到了装饰的作用。

穿过石洞门，长廊的末端有一个四角亭，檐上挂着精致的宫灯，梁上绘有神农尝百草、桐君老祖、白猿献寿以及李时珍、朱丹溪的故事。看到这些装饰画，人们禁不住思绪如飞，仿佛回到了古代，又似置身仙境；既慨叹中华医学文化的源远流长，又得到了一种美的享受。四角亭的下面，设有一圈红漆锃亮的"美人靠"，是为顾客们在此小憩所用的。而长廊的四周，全是奇花异草，碧树瑶草，景色十分幽雅。

穿过"鹤颈"长廊，往右拐是第二道门，两侧是一副对联，上书："野山高丽东西洋参；暹罗官燕毛角鹿茸。"上首是一方横匾，"药局"两个字赫然在目。

在胡雪岩那个时代，药业分为药店和药局两类。相比之下，药局的规模更大，直接从产地进货、批发的药行都包括在其中。

胡雪岩的生意面广，在钱庄、当铺、丝行等各个方面都有涉猎，药业自然可以实行产销一条龙的方式。因此，从一开始，他便毫不客气地挂出了"药局"的牌子，傲视整个江浙医药界。

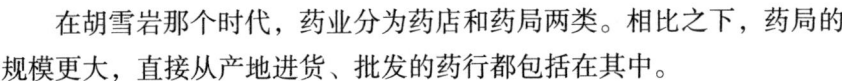

跨过"药局"门楼的青石门槛,便到营业大厅。此大厅坐北朝南,气派非凡。不仅宫灯高悬,雕梁画栋,玻璃顶棚透光明亮,而且厅堂的陈设更是令人目不暇接。

连接柱梁的"牛腿"上,精工雕刻着各种吉祥动物和古色古香的人物故事。红木柜台分立于大厅两侧,给人以庄严凝重之威;左侧为配方柜,右侧是成药柜。柜台后边是"百眼橱",摆着各色各形的瓷瓶。"百眼橱"的格斗里,贮满了各种药材饮片。

正中间的柜台名为"合和",挂着"饮和食德,俾寿而康"的青龙招牌。意思是在告诉人们,人要健康长寿,就要讲究饮食的合理适度;同时,为人也要和睦积德。然而,当时许多人看了这个招牌以后,便传言说胡雪岩有意要吞并了杭州城的老字号药店"许广和"与"叶种德"。究竟是真有其寓意还是因为巧合而牵强附会,就不得而知了。

"合和"柜台的两侧有两副对联,外面一副是"庆云在霄甘露被野,余粮访禹本草师农";里面的一幅是"益寿延年长生集庆,兼吸并蓄待用有余"。"庆余堂"的横匾正挂在当中。

两幅对联不仅笔法遒劲,出自名人手笔,而且巧妙地把"庆""余"二字嵌入一首一尾,成了千古传诵的不朽名联。

整个药店,东楼制药,西楼门市,东西二楼有通道相连。

在中国古代,按照规矩是不准生意人私设通道的。但是,胡雪岩此时已做了朝廷敕命的"红顶商人",成了晚清商界的"异数",才得以破此规矩,以生意人而设通道。

通道取名为"长生弄",中间高,两边低,像皇宫、官府的通道,以显示胡雪岩的地位和身份。

这便是胡雪岩开设的药店的"门面三绝"——"宜址""精修"和"巧陈"。由于有了这"三绝",才使胡庆余堂的门面极富文化品位,从一开始便与众不同,独领风骚。接下来,他的药行生意自然要顾客盈门,财源滚滚了。

在胡庆余堂的营业大厅里,挂着两块很特殊的巨匾。一块朝着顾客,写有"真不贰价"四个字;另一块则朝向柜台,是让伙计们随时看的,那上面是胡雪岩亲自书写的"戒欺"二字。为了告诫每一个店员,两个大字之外,旁边还有几行小字:"凡百贸易均著不得欺字,药业关系性命,尤为万不可欺。余存心济世,誓不以药品劣品戈取厚利。

唯愿诸君心余之心，采办务真，修制务精，不致欺予以欺世人。是则造福冥冥，为诸君之善为余谋也可，谓诸君之善自为谋也可。"

这段话，是胡庆余堂经营的宗旨，也是胡雪岩开办药店治病救人的基本想法。

因此，他一直对药品的质量严格把关，从不以药物的特别之处欺骗顾客。他一再对伙计们说："我们虽处乱世，但要以诚为信，万不可欺瞒顾客。你们一定要时刻牢记一句话，'修合虽无人见，存心自有天知。'"

胡庆余堂能有这样的经营宗旨，在那个时候实在难能可贵。

因为胡雪岩生活的年代，正是自给自足的自然经济向大机器生产的商品经济过渡的时代。人们的做法和观念都在发生着巨大变化。一方面，竞争思想冲破了封建制度的阻碍，商业活动逐渐被人们重视；另一方面，受商品经济利益所驱使，一些商家置道德于不顾，疯狂地追逐金钱，甚至以次充好，以假乱真，偷工减料，以赚黑心钱。

既然有假货，自然也就有假广告。许多奸商在报纸上刊登顾客感谢之类的东西，而且地址、笔迹、头像等样样不少。其实，这都是某地的商店自己写好感谢信寄往另一地，然后再在另一地托人寄回来；至于头像则是从照相馆中拾来的无人领取的底片制成的。还有的商人给自己挂光荣匾。而这其中，卖假药的尤甚，到处都是"上池神水""刀圭圣药"等溢美之词，那些题写者往往被注明是些知名人士。而这些知名人士自己却蒙在鼓里，根本不曾用过什么药。医药商假借他们的名望，而平民百姓们却常常不明其中奥妙而信以为真。

对于卖假药的医药骗子，胡雪岩向来恨之入骨。他觉得，其他商品卖假货，最多是谋财，而卖假药却是害命。做药品生意，是人命关天的大事，与别的买卖不同。一旦药品的质量出了问题，轻则耽误了病情，重则危及患者的性命。

因此，胡雪岩严格要求胡庆余堂的所有员工，一定要坚持以货真价实来取信于顾客。

药材的采购，一直都是派内行到产地去坐庄收购：人参、鹿茸、虎骨，全部来自产地关东；麝香、贝母、川莲，更是远赴云贵川收购；牛膝、生地、金银花，则是由淮河流域直接运回；党参、当归、黄芪则必赴山西。哪儿的物产，一定要到哪儿采购，其他地方的一律不要。而像

豆蔻、西洋参、犀角、木香等则要进口行家直接从外国订购。即使是药材辅料，要求也极为严格。本来浙江的橘皮很多，但胡雪岩却嫌它药性不够，宁可远赴广东采购，还只要三年以上"陈皮"；制"愈风酒"需要冰糖，必须去福建采购，烧酒则一定要绍兴的"三年陈"。如此等等，不一而足。

更主要的是对药品的加工。新药材没经过加工往往有毒，对人身体有害，所以要经过特殊的水制、火制、水火炮制等多种制法，去掉毒素，而又使药效不流失。在达到药用要求后，还需要对药的种类、剂量、质量等取舍搭配严格把关，半点马虎不得。

胡庆余堂对药品的加工，完全按照药方要求去做，切、磨、烘、炮、炒、浸，该怎么办就怎么办，决不含糊。如果有一个环节没有做好，这药就坚决扔掉，不能用了，决不以次充好。

胡氏避瘟丹是胡庆余堂的独家产品，能除秽气，解头晕胸闷、止腹泻腹痛。此药制成以后，首先在左宗棠的军队中使用，效果极好。遇到军中疫情蔓延，士兵们服用之后，几乎是药到病除，军中的病疫得到迅速控制。

胡氏避疽丹由七十四味药物制成，每味都坚持用上好的材料。其中有一味石龙子，民间称之为"四脚蛇"，即蜥蜴，本来十分平常，处处可见。但是，配制胡氏避瘟丹指定必须是"铜石龙子"，金背白肚，后背上一条黄线，还必须是杭州的灵隐、天竺、韬光一带所产。铜石龙子生性警觉，爬行极快，得来十分不易。

为了确保药味质量，胡庆余堂花钱雇用大批的人前去捕捉。后来，灵隐寺的和尚们知道是胡庆余堂入药用，是济世救人的义举，便全寺出动，每年都为他们义务捕捉。

胡雪岩一再告诫伙计们："修合虽无人见，存心自有天知。"还把它请名家写成对联，悬挂于堂前。这可不只是装潢门面的一句话，而是胡庆余堂每一个员工切切实实的行动。

对联中所说的"修"，是指加工炮制生药材；"合"，则是指组合药材，制成成药。当时叫成药的修合，传统秘方居多，外人是不能看的，自然十分神秘。人们看到的只是成品，其中所用材料的好与坏，只有极内行的人才能知道。所以有些奸商便以假乱真，以次充好，牟取暴利。

正当时，一些药店，自燕窝、糖精起，至牛髓粉、牛骨粉、亚支粉以及各种戒烟药皆作假,大赚昧心钱。

胡雪岩下决心力矫时弊,要求制药者讲究职业道德,一片诚心要经得起天地鉴察。

像多年生蓼科植物大黄,性寒味苦,能开积化滞,清火解毒,主治湿热便秘、胃脘胀痛、痢疾黄疸、淤血闭经、目赤口疮、肠痛腹痛等症,外敷还可治烫伤。大黄是常用药材,只用根状茎入药。因此,胡庆余堂的药工常把大量的时间都用于不厌其烦地细心剥去大黄表皮。此外,像苦杏仁要去其毒尖;麦冬芯性寒,要先去其芯;麻黄要去节,莲子要去芯,肉桂要去皮,五倍子要褪毛等等,他们都做得极其认真,一丝不苟。从而保证了该店药品在色香味和疗效上,都有其他药店的药品不可比拟之处。

胡庆余堂的大补全鹿丸,是由鹿身上的三十多种珍贵药材提炼而成的,而且只能用梅花雄鹿。为了保证质量,胡雪岩专门养了一批东北梅花鹿,地点设在杭州涌金门外的胶厂。

本来,大补全鹿丸虽然价格较贵,但销量极好。但有一段时间,突然生意萧条,这种药几乎滞销。

胡雪岩深感纳闷,忙派人四处打听。后来才明白,原来,这些日子杭州城突然传了一则谣言,说胡庆余堂的全鹿丸,并非真用鹿身上的药材,而是以驴代鹿,用的全是驴身上的玩意儿。

胡雪岩听说以后,不禁哑然失笑,他知道,这一定是那些把自己视为冤家对头的同行在使绊子。他对伙计们说道:"这可真正成了'指鹿为驴'的弥天大谎了。不过不要紧,假的就是假的,真金不怕火炼。我有办法让他们的谣言不攻自破。"

于是,他请人择了个好日子,大张旗鼓地宣传胡庆余堂这一天要制作全鹿丸。然后,让伙计们都穿上印有胡庆余堂字样的衣服,给梅花鹿披红挂彩,在杭州城大街小巷热热闹闹地游街半日,闹得杭州城里万人空巷。游街后又回到鹿园,在众目睽睽之下把鹿宰杀,取其有用之处送到药厂,让人们亲眼目睹胡庆余堂用的都是真材实料。

事后,"以驴代鹿"的谣言果然烟消云散了,全鹿丸的生意又开始红红火火。

不过,胡庆余堂有一种叫紫雪丹的成药,疗效一直不如想象中的好,卖得也自然就不如叶种德堂多。紫雪丹颜色为紫色,而形状像是霜

雪，因南宋时颁定的我国第一部成药制剂规则《太平惠和剂局方》中的一张方子而得名。此药有镇惊通窍的功能，叶种德堂在几十年以前便出售。病家都反映，胡庆余堂的紫雪丹效果不如叶种德堂。

药效不如人家的，这个事实得承认。但胡雪岩不肯服输，他要千方百计找出其中的原因。

他请教了许多当地的名医药师，进一步研制紫雪丹。后来，他突然想到，有一个老药王，原先在叶种德堂干过，现在供职于自己的胡庆余堂，便急忙去向他请教。

这个老药工快八十岁了，光药工就干了六十多年。他向胡雪岩透露，听祖辈人讲，要保药效，制作紫雪丹的最后一道工序，是要把铜铁锅换成金铲银锅煎熬。

胡雪岩按照老药工的说法，不惜工本，请来杭城最有名的金银巧匠，耗费黄金133克，白银1835克，铸成金铲银锅，用来制作紫雪丹。结果，果如老药工所言，疗效大增。

胡庆余堂力行"戒欺"，"采办务真，修制务精"的措施，制出了许多闻名于世的好药良药。像女科八珍丸、关东鹿茸、诸葛行军散、局方紫雪丹、十全大补丸、八宝红灵丹、八仙长寿丸、梅花多寐丸、外科六神丸、百益镇惊丹、胡氏避瘟丹、小儿回春丹、安宫牛黄丸、六味地黄丸、圣济大活络丹、太乙紫金锭、济生归脾丸、石斛夜光丸、纯阳正气丸等等。

胡庆余堂的名气越来越大，生意越来越红火，"雪记"的药品金字招牌已为人们广泛认可。杭州城方圆几十里内的医生，在为病人开了药方之后，都要求病人家属必须到胡庆余堂支取配药。

于是，胡庆余堂名声大噪。几年的工夫，便成了立足江浙、蜚声全国的第一流药店。

其实，乱世之中开药店是不赚钱的，原因也很简单。

原来乱世之中，常有瘟疫蔓延，兵匪交战，伤残无数，百姓流离失所，或水土不服，以致有病，风餐露宿，大病缠身，这些都需用药。然而乱世流离，又有谁身上带钱呢？所以造成医者不敢开门行医，因为开门必赔。

这些道理胡雪岩岂有不知？只是念及天下百姓的艰辛，纵然赔本，他也乐意。于是下令各地钱庄，另设医铺，有钱少收钱，无钱白看病、白送药。

而且胡雪岩还同湘军、绿营达成协议，军队只要出本钱，然后由他带人购买原材料，召集名医，配成金疮药之类，送到营中。曾国藩知道后，感叹道："胡光墉为国之忠，不下于我。"

平定太平天国之后，天下士子云集天府，进行科举考试。胡雪岩又派人送去各种药品、补品给这些士子。因为每年考试期间，许多士子由于连夜奔赴，或临阵磨枪，身心都极度疲乏，往往一下子就病倒了。胡雪岩此举，乃是有因而为，当然也受到了考官、士子们的一致称赞，并纷纷托人向胡雪岩致谢。

胡雪岩开店送药，送的只是"避瘟丹""诸葛行军散"之类的普及型成药，花费不多，却具有两大重要意义：对施予对象而言，不论是清廷官兵，或是逃难百姓，无论如何，总是得到免费药品，对健康有所帮助；就胡雪岩而言，经由送药于人，胡庆余堂的名声得以远扬传播，声名传开之后，就可以和清军粮台打交道，建立正式的官商通道，把药直接卖到军队里去。

连年战争使浙江满目疮痍，为收拾残局，左宗棠在入驻杭州后，选派员绅"设立赈抚局，收养难民，掩埋尸骸，并招商开市"。胡雪岩是左宗棠处理善后所倚重的人物，由他负责经理赈抚局事务。

胡雪岩负责经理赈抚局事务后，设立粥厂、难民局、善堂、义塾、医局，修复名胜寺院，整治崎岖不平的道路，立掩埋局，收殓城乡暴骸数十万具，分葬于岳王庙左里许及净慈寺右数十大冢。

胡雪岩还恢复因战乱而一度中止的"牛车"。牛车是因水沙而设的一种交通工具。从前，钱塘江水深沙少，船只几乎可以直达萧山西兴。后来，东岸江水涨漫，形成数里水沙，每当潮至，沙土没水，潮退后却又阻淤泥。贫穷妇女没钱雇轿，只好艰难地迈着小步在泥沙中跟跄而行，时常还有陷踝没顶之患。此时，胡雪岩恢复工捐设牛车，迎送旅客于潮沼之中，大大便利了百姓。

为了缓解战后财政危机，胡雪岩向官绅大户"劝捐"。如他曾向段光清劝捐十万两，段推三阻四，结果只捐一万两。

段光清的《镜湖自撰年谱》还举了绍兴富户张广川的例子，说胡雪岩指使在太平军攻陷绍兴时死去的署绍兴知府廖子成的侄子在湖南递禀，告发廖子成之死是因为张广川集乱民戕害所致。结果，京城来了谕

第四章　广施善行

旨，着浙江巡抚查问。行文传到在上海做生意的张广川处，吓得他托人求情，宁愿捐洋十万元，这才获免。段光清在文后叹道："胡光墉之遇事倾人，真可畏哉！"

张广川被罚捐是否冤枉，因旁无佐证而无从考释，然而当时为富不仁的富商豪绅确也不少。还在1862年（同治元年），左宗棠在一次上疏中就指责浙江富绅杨坊、俞斌、毛象贤等十数人"身拥厚赀，坐视邦族奇荒，并无拯恤之意，且有乘机贱置产业以自肥者。"胡雪岩罚捐，锋芒毕露，少不得要得罪这样一批人，幸得左宗棠明白其中难处。1864年（同治三年），胡雪岩具禀杭嘉湖捐务情形后，左宗棠对捐务有起色殊感欣慰，并在批札中写道："罚捐二字，亦须斟酌，如果情罪重大实无可原者，虽黄金十万，安能赎其一命乎！"这对不法富商无疑是当头棒喝，相信他们听了这样的话自个儿心中也会掂量，与其当罪犯，不如多捐钱财，大事化小、小事化了。

除了上述事务，入城后的胡雪岩仍代理藩库，各地解省银两非胡经手，省局不收。胡雪岩为什么要代理藩库？为的是要做牌子。阜康是金字招牌，固然不错，可是只有老杭州才晓得。那时他要吸收一批新的存户，非要另外想个号召的办法不可。代理藩库，就是最好的号召，浙江全省的公款，都信得过他，还有啥靠不住的？

牌子做出来了，生意自然源源而来。清军攻取浙江后，大小军官将掠得的财物，从数十两到十数万两不等，都存入胡雪岩的钱庄。胡雪岩借此从事贸易，设商号于各市镇，每年获利数倍。不过几年，家资已逾千万。

富而有德，乐善好施是历代良贾应有的道德风貌，古代就有："贪吝常歉，好与益多""慈能致福，暴足来殃"这类包含着辩证法的商谚。胡雪岩在饶有资财之后，也热心慈善事业，实在难得。

1871年（同治十年），直隶水灾，胡雪岩捐制棉衣一万五千件，并捐牛具、籽种、银一万两。由于天津一带积水成涝，籽种不全，胡又续捐足制钱一万串，以助泄水保籽种之需。

1877年（光绪三年），陕西干旱，饥民急需粮食抗饥。胡雪岩初拟捐银两万两、白米一万五千石装运到汉口再转运入陕，左宗棠考虑到路途遥远、转运艰难，要他改捐银两三万两，结果胡雪岩捐实银五万两解陕备赈。

此外，胡雪岩还曾捐输江苏沭阳县赈务制钱三万串；捐输山东赈银两万两、白米五千石、制钱三千一百串，劝捐棉衣三万件；捐山西、河南赈银各一万五千两。

以上仅是胡雪岩捐输赈灾的荦荦大端。据1878年（光绪四年）左宗棠上奏朝廷的《胡光墉请予恩泽篇》根据胡雪岩呈报捐赠各款，估计已达二十万两白银，这还不包括他捐运西征军的地道药材。

捐赈作为胡雪岩的一大功绩，成了左宗棠为他争取黄马褂的一个重大砝码。胡雪岩用财富赢得了善名，又以善名获取更多的财富，足令今人感佩，引以为鉴。

再说胡庆余堂的迅速崛起和兴旺发达，让杭州城的同行们深感吃惊和不安，其中最为惊惧和恐慌的便是叶种德堂。

叶种德堂建于嘉庆十三年（1808），地处望仙桥直街吉祥巷口，占地七亩多。最初是由曾任刑部官员、宁波人叶普山在离职后定居杭州而兴建的。规模巨大，资金雄厚，设备齐全，在道光、咸丰年间，生意十分兴隆，与许广和、碧苏斋这两大店齐名，且居三店之首，同业无人能比。

然而，自从胡庆余堂兴起之后，叶种德堂感到了一种空前的威胁，觉得真正的对手来了。

他们发现，胡庆余堂店规严格，立"戒欺"等规矩，制作精细，药材地道，服务周到，从而受到百姓们的信任，生意越来越好。

眼看着自己的客户越来越少，叶种德堂的老板心中十分着急。经过数日的苦思冥想，他决定同胡庆余堂打一场价格战。

他的药材全面降价：高丽参，胡庆余堂卖二钱银子，他卖一钱七；淮山药，胡庆余堂卖五厘钱，他们却只卖四厘……

在百姓们的购买力一定的情况下，价格高低往往与消费的增减成反比。价格越低，消费量自然越高。

一开始，叶种德堂的降价战起了很大的作用，生意开始兴旺起来。

看着顾客们被纷纷拉走，胡庆余堂的上上下下十分着急，许多伙计沉不住气了，都去找胡雪岩反映。

胡雪岩却显得很冷静，他对伙计们说道："依我看，压价售药只是权宜之计，药品的质量得不到保证。药效一差，时间长了，人们是不会买他们的账的。"

接着，他又给伙计讲了一个"真不贰价"的故事。

据民间传说，古代有一个叫韩康的人，一直靠采药和卖药为生。

本来，韩康的生意很好，后来市场上出现了卖假药的，先报虚价，然后再以低价卖给顾客。韩康的生意都被抢走了，简直要吃不上饭了。

可是，韩康卖的都是自己亲自采集的上等真货，他既不报虚价，也决不肯降价卖药，并自称他的药"真不贰价。"

时间一长，人们都明白了，因为他们买的是假药，虽然便宜，却不治病。而买韩康的药，服一两次就有了疗效。因此，人们宁愿多花钱，也要买他的真药。

最后，胡岩又对伙计们说道："我们胡庆余堂就应该做个现代的韩康，决不跟风降价。我不相信，这么多的老百姓，竟都是贪图小便宜的傻瓜。"

这样，胡庆余堂不管临时顾客多少，坚持不降价卖药。伙计们还在店外竖起了一块金光闪闪的大牌子，上面书有"真不贰价"四个大字。

与此同时，胡庆余堂尤其注重药材的质量，并确保给足分量。有的药店出售的人参含有水分，顾客们常常感到短斤缺两。而胡庆余堂的人参，都是经生灰吸水后的干参。卖出的人参，虽然店里少赚了不少，但这种参分量足，成色好，顾客买的货真价实，买回去以后放几天，吸水后干参还增重了。

如此经营下去，顾客们自然十分高兴，经过一次次的对比，胡庆余很快又重新赢得了人心。没过多久，不仅以前的顾客又重新回来了，而且生意更加兴旺。

而叶种德堂却吃了大亏，他们长时间地低价销售，以至于一赔再赔。而像好参这样的贵重药品不敢降价，次参却又效果不好，越卖越失掉人心。半年之后，他们不得不又恢复了原价。但这就像烙饼一样，等翻过来的时候已经糊了。

这个有着五六十年历史的老字号药店，终于被胡雪岩"真不贰价"的竞争策略所挟败，从此一蹶不振。

# 第五章

## 佐左宗棠西征

转眼已到了同治五年（1866）八月，五十五岁的闽浙总督左宗棠忽然接到朝廷的敕命，调任陕甘总督，准备率大军西征，也就是去攻剿回捻和收复新疆。

听到这个消息，胡雪岩暗暗吃惊。这些年，各方面的生意如此兴旺，除了自己的努力之外，更少不了左宗棠这个官场靠山的大力扶持。如今左帅要远征西北，不在自己身边，往后的生意恐怕就不会那么顺利了。

但转念一想，任何事情都有其双重性。左宗棠奉命西征，未必不是一件好事。

太平天国被镇压之后，朝廷论功行赏，满朝文武，满汉大员，功劳最大要数曾国藩，其次便是左宗棠了。这次西征若能大获全胜，凯旋归来后，论功劳将不再输于曾国藩。曾国藩年事已高，左帅却年富力强，以后朝廷就要靠他了，说不定能够封侯拜相。有这么大的一座靠山，自己的生意更会左右逢源，比以前好做得多。更何况，既然要打仗，衣食药品、军火生意又会多起来，利润也会出奇的丰厚，说不定，这又是自己的一大商机。

这样想着，胡雪岩不禁转忧为喜。现在的关键，是无论如何，要帮左宗棠西征成功。

其实，胡雪岩与左宗棠的关系是相互的，他已经成了左宗棠的重要心腹和股肱。左宗棠认为，胡雪岩不仅聪明过人，而且老于世故，人情圆熟，再加上有巨大的财富做后盾，这世上似乎没有他办不成的事。因此，他感到自己越来越离不开这个人了。

左宗棠连日来为西征绞尽脑汁，翻阅了历史上自秦汉以来。有关于西征的典籍，苦思冥想，深宵不寐，写成了一个筹划西征的谋略。这天，把胡雪岩专程请来，想听听胡雪岩对他的《西征用兵筹饷概略》的意见。

这个《概略》分为两个部分，第一部分先谈用兵；第二部分论述筹饷。在谈用兵中，首先谈到的是用兵必须"因地制宜"。左宗棠率领的兵士几年中转战江南，为平息太平军，兵员多来自两湖、三江、广东、福建，习惯江南的水土气候、饮食习惯。这一次西征，大西北与东南的地理、气候、风俗、习惯大相径庭。南方的军队，素以稻米为食。到了西北，第一不惯面食；东南温润四季如春，西北干燥风沙苦寒，必然不耐寒冷。因此，左宗棠在东南转战得力的将领部队，除两湖籍贯者外，多数都不能带到西北。

能带到西北的，统计数字表明，最多不过三千人。另外他预备派遣原来帮办福建军务，现已出奏保荐帮办陕甘军务的刘典回湖南，招募三千子弟兵，带到西北。这六千人，左宗棠用来当作亲兵。至于用来作战的大批兵勇，准备在陕甘、晋豫等地招募，要与"关中豪杰"共事业。

看到这里，胡雪岩不由得失声说道："大人，照你老人家的办法，要什么时候才能平得了西北之乱？"

左宗棠板着面孔，眯细着眼睛看着胡雪岩说"你这话，我不知何意？"

胡雪岩回答："我刚看完用兵一节，大人写得有理有据，实在令在下叹服。只不过西征将士，都要招募成军，岂是一朝一夕能够办成。招来的兵勇，不但要演练成军，还要真正打得硬仗，更是需要时日。如此一来，只怕要花一两年的功夫，才可以见功效吧？"

"岂止一两年？"左宗棠站起身来，倒背双手，慢慢踱到胡雪岩身后，笑道，"雪岩兄，我仔细想过，要经营西域，非十年之功不足矣！'壮士西征酬家国，不待白头莫论功。红妆空纬岁岁冷，悔叫夫婿觅远征'。"左宗棠吟咏着，眼望窗外，仿佛思绪已飞往万里关山。

"十年？要十年……"胡雪岩重复着，乍听起来真要吓一跳，可他相信左帅的筹划，他想起越王勾践兴兵伐吴不是用了"十年生聚，十年教训"吗？勾践用了二十年才取得成功，如今左帅说出十年，也可以说是深谋远虑了。由此，胡雪岩又想到另一件事，脱口说"那得——"没说出下文，自己又停住了。

胡雪岩虽住口没说下文，左宗棠也知道，他说的是要费多少饷银。

笑笑说道:"你不要急!我要在西北办屯垦,这是长治久安之计。就像办船厂一样,不能急功见利。可是一旦见了效,你就知道我的打算不错了。你往下看,我的第二部分《概略》。"

"是!"胡雪岩仔细将那份《概略》全部看完,将书稿放下,低着头沉思。

"你在想什么?"左宗棠问。

"我想得很远。"胡雪岩答说,"我也在想十年以后……"

"着!"左宗棠欣然击掌,"你的意思与我不谋而合。我们要好好打算,筹出十年的饷来。"

胡雪岩暂且不答,捡起《概略》再看,大致了解了左宗棠在西北用兵的计划。他要招兵、买马、练马队;又要造"两轮炮车";还要开设"屯田总局"——办屯垦要农具、要种子、要车马、要垫发未收成以前的一切粮食杂用。算起来这笔款子真正不在少数。

"大人,"胡雪岩问道,"练马队、造炮车,是致胜所必需,朝廷一定会准。办屯垦,朝廷恐怕会看作不是当务之急吧?"

"这,你可就不太懂了。"左宗棠说,"朝中到底不少读书人,以史为鉴的道理,他们岂能不懂。"

胡雪岩脸一红,知道自己念书不多,历史典籍也是知之甚少。于是,很诚恳地说:"是!我确实不大懂,请大人教导。"

左宗棠也不客气,为胡雪岩简单扼要地讲述历史上用兵西域、北疆的事例。自秦汉以来,凡征西域、北疆,皆在春初;到了秋初就收兵而还。因为第一,秋高马肥,外族先占了优势;其次就是严寒的天气,非中原的士兵所能适应。左宗棠又说"就是为了这些不便,汉武帝元朔初年征匈奴,几乎年年打胜仗,而年年要出师,斩草不能除根,成了个无穷之累。"左宗棠一番引经据典以后,转入正题,"如今平西北之乱,亦仿佛是这个道理。选拔两三万能打敢拼的队伍,春天出关,尽一个夏天追击敌人,一交秋天即班师回南,如当年卫青、霍去病用过的老办法,我也能够办得到。可是,西北之乱就此算平了吗?"

"自然没有平,雪岩明白了,有道是'野火烧不尽,春风吹又生'。只要花大功夫把那块地彻底翻过来,野草根子翻上来了,种子深埋在地下了,自然不会再生出来了。"

"一点不错!你这个比喻十分的恰当。"左宗棠欣慰地说,"只要你懂我的意思，我就放心了。你一定会把我所要的东西办妥当。"

左宗棠的称赞不是轻易可以出口的，这位自负的大帅，一般人不在他的眼里，胡雪岩当然知道。然而胡雪岩听了赞扬，也极感沉重，胡雪岩知道左宗棠的意思是要他负起筹饷的主要责任。这也是今天左宗棠找他来的主旨。他凝神细想了一会儿，觉得这件事太大了，而且情况十分复杂，必须先问个明白不可。遂对左宗棠问道："大人，将来要练多少营的队伍。"

"这很难说，要到了关外看情形再说。"左宗棠回答。

胡雪岩的第一个疑问，便成了难题。人数未定，月饷的数目就算不出来。他只能约略估计，以五万人算，每人粮饷、被服、武器以及营帐锅碗等等杂支，在五两银子以内开支，每月就要二十五万两。

于是他再问第二个问题："您是要带六千人出关？"

"是的，大概六千五百人。"左宗棠答说，"三千五百人由闽浙两省动身，另外三千人在湖南招募成军以后，直接出关。"

"行资呢？每人十两够不够？"

"我想，应该够了。"

"那就是六万五千两，而且眼前就要。"胡雪岩又问第三问，"大人预备练多少马队？"

"马队我还没有带过，营制也不甚了然。只有个初步打算，要练精骑三千。"

"那就至少要有三千匹马。"胡雪岩说，"买马要到张家口，那里是北方最大的马市，这笔买马的钱倒是现成的，我可以先垫出来。"

"怎么？你在张家口有钱？"左宗棠十分高兴地问。

"是的。"胡雪岩说，"我有十万银子在张家口，原来打算留着办皮货、办药材的，现在只好先挪来买马。"

"这倒好。"左宗棠满脸堆笑地说，"既然如此，我立刻就可以派员去采办了。"

"是！大人派定了人通知我，我再派人陪着一起去。"胡雪岩又问，"两轮炮车呢？要多少？"

"那当然是'韩信点兵，多多益善'了！塞外辽阔，除精骑驰骋以外，炮车轰击，一举而廓清之，最是攻打巢穴扫清道路的有力武器了！"

听这一说，胡雪岩顿时觉得心头沉重。因为他也常听说，有那些不恤民命的官军，常常拿炮口对准村落，乱轰一气。窝藏在其中的盗匪，固然非死即伤或逃，而遭受池鱼之殃的无辜百姓，更是不少。

左宗棠部所用的洋枪洋炮，多由胡雪岩在上海采办供应。推原论始，便是自己在无形中造了孽。为了胡雪岩的购办杀人利器，胡老太太不知道劝过他多少次。胡雪岩十分孝顺，家务巨细，母命是从。唯独遇到公事上头，只有暗中违背慈命。好在胡老太太心里也很明白，知道不是儿子不听话，实在是无可奈何。因此，只有尽力为他弥补"罪过"。平时烧香拜佛，不在话下，夏天施医施药施凉茶，冬天舍棉衣、散米票，其它修桥铺路，恤老怜贫的善举，只要求到她，无不慷慨应诺。

但是，尽管好事做了无其数，买鸟雀放生总抵偿不了人命。所以胡老太太一提起买军火，便会郁郁不乐。胡雪岩此时听左宗棠说得那么起劲，不由得便想起了老母的愁颜，因而默不作声。

"怎么？"左宗棠当然不解，"你是不是觉得我要造两轮炮车，有困难？"

"不是。我是在想，炮车要多少，每辆要多少银子，这笔预算打不出来。"

"那是以后的事。眼前只好算一个约数。我想最好能抽个二十万银子造炮车。"

"那么办屯田呢？请问大人，要筹多少银子？"

"这更难言了。"左宗棠说，"好在办屯田不是三年五载的事，而且负担总是越来越轻。我想有个五十万银子，前后周转着用，一定够了。"

"是的。"胡雪岩心里默算了一会，失声说道，"这样就不得了！不得了！"

"怎么？"

"我算给大人听，"胡雪岩屈指数着，"行资六万，买马连鞍辔之类，算它一百二十两银子一匹，三千匹就是三十六万。造炮车二十万。办屯田先筹一半，二十五万。粮饷以五万人计，每人每月五两，总共就是二十五万，一年三百万。合计三百八十七万两，这是头一年要筹的饷。"

这一算，左宗棠也愣住了。要筹三百八十七万两"的饷"，谈何容易？就算先筹一半，也得一百七八十万，实在不是一笔小数目了。

"而且我想，西北运输不便，凡事都要往宽处去算。这笔饷非先筹

第五章 佐左宗棠西征

好带去不可！大人，这不比福州到上海，坐海轮两天功夫就可以到，遇有紧急之时，我如何接济得上？西北万里之外，冰天雪地之中，那时大人乏粮缺食，呼应不灵，岂不是急死了也没用？"

"说的好！说的是！我也是这个意思。雪岩，这笔饷，非先筹划出来不可。筹不足一年，至少也要半年之内不会有问题。更不能稍有不继。"

"只要有了确实可靠的'的饷'（也叫'甘饷'，这是各省必须按期上缴的钱粮），再有个排前补后，我无论如何是要效劳的。"

接着，胡雪岩又分析西征军饷，必须筹划至细的缘故。把应该拿到的放在第二步，把能拿到的、必须拿到的放在一起统计一下，能拿到多少，还差多少？剩下的上哪去拿？心中有个谱，再去努力。

在别的省份，一时青黄不接，有厘税可以提拨，有钱粮可以划提，或者有关税可以暂时周转，再不济还有邻省可以通融。大西北就不同了，地瘠民贫，山高路远，万一接济不上，连个暂借、腾挪的地方也没有。邻省则只有山西近一些，可做有限的接济，而且要穿过吕梁、太行山脉，只有马帮可以通过，交通十分不便。现银提解，往往也需要个把月的工夫。所以万一青黄不接，饥卒哗变，必成不可收拾之势。

胡雪岩的这个看法，也在左宗棠深思熟虑的预见之中。因而完全同意胡雪岩的主张，应该先筹好分文不短，一天不延的"的饷"。

谈到这一层上头，左宗棠便很得意于自己的先见了。如果不是撺走了他的"亲家"郭嵩焘，便顶多只有福建、浙江两个地盘，而如今却有富庶的广东在内。要筹的饷，自然先从这三省算起。

三省之中，又必先从福建开始。福建本来每月协济左宗棠带来的浙军军饷四万两，闽海关每月协济一万两。从肃清太平军以来，协浙的四万两，改为协济甘肃，现在自是顺理成章归左宗棠了。至于海关的一万两，已改为接济船厂经费。此事是他所首创，不能出尔反尔，这一万两只得放弃。

其次是浙江。当杨岳斌接任陕甘总督，负西征全责时，曾国藩曾经代为出面筹饷，派定浙江每月协解两万。上年十月间左宗棠带兵到广东，"就食于粤"的计划既已实现，在胡雪岩的侧面催促之下，不得不信守减除浙江负担的诺言。在浙江等于每月多了十四万银子，马谷山是很顾大局的人，自请增拨甘饷三万两，每月共计五万银子。

"浙江总算对得起我。马谷山为人亦很漂亮,每月五万银子协饷,实在不能算少了。不过,"左宗棠停了一下说,"有两笔款子,在浙江本来是要支出的,我拿过来并不增加浙江的负担,你看如何?"

"这要看原来是给什么地方。"

"一笔是答应支持船厂的造船经费,每月一万两。现在设厂造船,全由福建关税、厘金提拔,这一万两不妨改为甘饷。"

这是变相增加福建负担的办法。胡雪岩心里好笑,左宗棠的算盘,有时比市侩还精,但只要不累浙江,他没有不赞成之理。因而点点头说:"这一层,我想马中丞决不会反对。"

"另一笔协济曾相的马队,也是一万两。照我想,也该归我。雪岩,你想想其中的道理。"

"曾相从前自己定过,江苏协济甘饷,每月三万。听说每月解不足。大人是不是想拿浙江的这一万两,划抵江苏应解的甘饷?"

"是呀!算起来于曾无损,为什么不能划账?"

就事论事,何得谓之"与曾无损"?胡雪岩本想劝他,犯不上为这一万两银子,惹得曾国藩心中不快。转念又想,若是这样开口一劝,左宗棠又一定大骂曾国藩,正事便无法谈得下去。因而将到口边的话又缩了回去。

这下来就要算广东的接济了。广东的甘饷,本来只定一万。造船经费也是一万,仿照浙江的例子协甘,共是两万。左宗棠意思,希望增加一倍,与福建一样,每月四万。

"这一定办得到的。"胡雪岩说,"蒋中丞是大人一手提拔,于公于私,都应该尽心。事不宜迟,大人马上就要写信给他。"

"这倒无所谓,反正蒋芗泉(蒋益澧)不能不买我的面子,现在就可以打入预算之内。"

"福建四万、浙江七万、广东四万、另加江海关三万,目前可收的确数是十八万,一年就需两百一十六万。差得很多。"

"当然还有。户部所议,应该协甘饷的省份,还有七省。江西、湖北、河南三省,等我这次出关路过的时候,当面跟他们接头;江苏、河南、四川、山东四省的甘饷,只有到了陕西再说。我想,通扯计算,一年两百四十万银子,无论如何是有的。"

"那,我就替大人先筹一半。"胡雪岩若无其事地说。

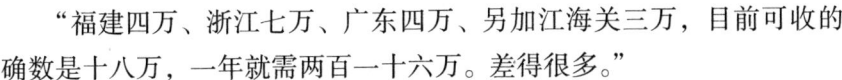

"一半?"左宗棠怕是自己没有听清楚,特意钉一句,"一半就是一百二十万银子。"

"是,一百二十万。"胡雪岩说,"我替大人筹好了带走。"

"这,"左宗棠竟不知怎么说才好了,"你哪里去筹这么一笔巨数?"

"我有办法。当然,这个办法,要大人批准。等我筹划好了,再跟大人面禀。"

左宗棠不便再追着问。他虽有些将信将疑,却是信多于疑。再想到胡雪岩所作的承诺,无一不曾实现,也就释然了。

"大人什么时候动身,什么时候出关?"

"我想十一月初动身,沿途跟各省督抚谈公事,走得慢些,总要年底才能到京。"

"到京?"胡雪岩不解地问,"上谕不是关照,直接出关?"

"这哪里是上头的意思?无非有些人挟天子以令诸侯。他们怕我进京找麻烦,我偏要去讨他们的厌。动身之前,奏请陛见。想来两宫太后决不至于拦我。"左宗棠停了一下又说,"至于出关的日期,现在还不能预定。最早也得在明年春天。"

"那还有三四个月的功夫。大人出关以前,这一百二十万一定可以筹足。至于眼前要用,二三十万银子,我还调度得动。"

"那太好了!雪岩,我希望你早早筹划停当,好让我放心。"

不用左宗棠说,胡雪岩也希望早早能够定局。无奈自己心里所打的一个主意,虽有八成把握,到底银子不曾到手。俗语说的"煮熟了的鸭子飞掉了",自是言过其实,但凡事一涉银钱,即有成议,到最后一刻变卦,也是常有的事。一百二十万两银子不是个小数目,西征大业成败和左宗棠封爵以后能不能入阁拜相的关键都系于此,关系真个不轻。倘或功败垂成,如何交代……

胡雪岩想着这一些,自己深深失悔,何以会忘却"满饭好吃,满话难说"之戒?如今既不能打退堂鼓,就得全力以赴加紧进行。

所苦的是眼前还脱不得身,因为造船厂那一边,大至船厂计划,小至个人生活,都要找他接洽。而左宗棠,对洋人疑信参半。而且有些话怕一出口,洋人耿直,当场驳回,未免有伤他的身份与威望,因而亦少不了像胡雪岩这样一个从中曲折转达之人。

左思右想,一时竟无以对答,坐在那里发起愣。这是左宗棠从未见过的样子，不免诧异，却又不好问。主宾二人，默然相对，使得侍立堂下的亲兵戈什哈亦惊愕不止。因为平日总见左宗棠与胡雪岩见了面，谈笑风生，滔滔不绝，为何此时对坐发呆？

于是，戈什哈上前问道："可是留胡大人在这里便饭？"

这下使胡雪岩惊醒了："不，不，多谢！"他首先辞谢，"我还要到码头去送客。"

"送什么人？"左宗棠问。

"福州税务司布浪。"

"喔，他到上海去。"

"是的。"胡雪岩答说，"是驻上海的法国总领事找他谈公事。"

"谈什么公事？"左宗棠问道，"莫非与船厂有关？"

胡雪岩灵机一动，点点头答说："也许。"

"那可得当心。"左宗棠说，"洋人花样多。起先越过他们总领事，直接回国接头，领事当然不高兴。而此刻一切合同，又非领事画押不可，恐怕他会阻挠。"

"大人深谋远虑，见得很是。我看——"胡雪岩故意踌躇着，"办不到的事。算了！"

"怎么？"左宗棠问，"什么事办不到？"

"我想最好还是自己走一趟，盯住布浪。只是这里不容我分身。"

左宗棠沉吟了一会儿，摸着颏下胡须说道："这里真是也离不开你，要去，也要速去速回。"

听左宗棠这样说，胡雪岩马上应答，"是！"他忽然又有了个想法，既然走出去了，可不能把话说满。和外国人办事，能不能办成还不一定，所以说，"我遵大人吩咐，速去速回。如果布浪谈的公事与轮船无关，不过三五天工夫，就可以回福州。如果有关，需要谈判解决，那就得多费些时日。"

"好！"左宗棠说，"你就请吧！我还有好些大事，跟你商量。尤其是那一百二十万两银子，一天没有着落，我一天心中不安。"

胡雪岩这一次不敢再说满答满应的话了，只答应尽快赶回。至于在福州，深恐事生周折，斡旋无人，以致决裂。而左宗棠却劝他不必过虑，同时拍胸担保，必定好言相劝，善为抚慰。如果有什么意见不能相合之处，自会暂且搁下，等胡雪岩回到福州以后再说。

得到左宗棠的意见，胡雪岩这才放下心来。回到寓所，赶紧收拾行装，赶到码头，与洋商布浪会合，同坐一条船，直航上海。

胡雪岩到上海的第一件事，就是找古应春密谈。

古应春凭着超群的才干，近年来又有了新的发展，已经是英国汇丰银行在中国的买办了，按英文译成汉语，叫做"康白度"。在银行中是华籍职员的首脑，名义上只是管理账目及处理一切杂务，其实凡与中国人的一切事宜，大至交接官场，小至雇用苦力，无不惟买办是问。而中国人到外国银行有业务接洽，更非找买办不可。因此，古应春在汇丰银行权力很大。他又能干而勤快，很得洋东信任，言听计从。胡雪岩近年来和洋商打交道，全凭古应春从中斡旋。可以说，胡雪岩能混迹十里洋场，得力于古应春。这次，左宗棠将千斤重担交给胡雪岩，胡雪岩在来上海的船上，反复考虑自己的想法，认为可行。所以，一到上海，首先要找古应春。

二人见了面，胡雪岩马上开口说"我要请几家外国银行的'档手'（说了算的人）吃饭。你倒替我开个单子看！"

"雪岩兄，什么事如此着急，让我连口气也没喘匀乎，是不是为船厂的事？"古应春笑着问他。

"不是！我要跟他们借钱。"胡雪岩说。

平时胡雪岩向外国银行借钱，十万二十万的银子，只凭胡雪岩一句话，古应春马上就可以借到。如今胡雪岩特意要请洋人吃饭，可见得数目不小。古应春想了一下，拿出一本同治四年的上海洋商银行名簿，翻到"银行"这一栏问道："是不是十家都请？"说着把名簿递给胡雪岩。

胡雪岩接过一看，这十家外国银行是：

阿加剌银行、利中银行、利商银行、汇泉银行、麦加利银行、汇隆银行、有利银行、法兰西银行、汇丰银行、丽如银行。

胡雪岩要请外国银行这一件事，使得古应春有点踌躇了。它们虽通称外国银行，而国籍不同。尤其英法两国，一向勾心斗角，各自扩张势力，如今为了左宗棠设厂造船，更加不和。如果请在一起，彼此猜忌，不肯开诚布公相见，岂不是白费功夫？

于是古应春问："分开来请如何？"

"当然可以。"胡雪岩说。

"不过，雪岩兄，"古应春又有了新想法，"照我看，只请有用的好了。一次弄妥当了，其余的就不必理了。"

"那么，你说，哪些是有用的呢？"胡雪岩问。

古应春提笔在手，毫不考虑地在麦加利、有利和汇丰三家银行上面一钩。

这也在胡雪岩意料之中。因为汇丰银行古应春是必不会少的，既有汇丰，便有麦加利与有利两家。因为这两家是英国银行，与汇丰的渊源较深。

要说汇丰银行并非纯粹英国银行。它原名"香港上海银行有限公司"，同治三年总行创设于香港，资本定为港币五百万元，由英国的怡和洋行、仁记洋行、美国的旗昌洋行以及德国、中东的商人投资，华商亦有股份加入，古应春即是其中之一。因此渊源，得以充任上海分行的买办。

香港上海银行的上海分行，较总行迟一年成立，派住的总经理名叫麦林，是英国人。与古应春是旧识，熟知古应春干练可靠，且又是本行的股东，便请他古应春出任汇丰买办。古应春接任后第一个建议是"正名"。香港上海银行的名称，照英文原名直译，固无错误，但照中国的习惯，开店不管大小，总要取个吉利的名字。用地名，而且用两个地名作为银行的名称，令人有莫名其妙之感。如果"香港上海银行"之下，再赘以"上海分行"四字，更觉不伦不类，文理不协，难望成为一块"金字招牌"。

麦林从善如流，接纳了古应春的意见，依照中国"讨口彩"的习俗，取名香港上海汇丰银行，简称汇丰银行或"汇丰"，无论南北口音，喊起来都很响亮。尤其是南方口音，把汇丰喊成"辉宏"也很光大。不比麦加利银行的"麦加"二字，在上海人口中便成了"没哈"，"没啥"北方人认为很不吉利。

古应春的第二个建议是，股东的国籍不同，彼此立场不同，就会闹意见分歧，形成相互掣肘，无法展开事业的局面。为了展布局面。所以主张以英国为主体，逐渐收买他国股份，同时联络友行，厚集势力，相互支持。已经为麦林所欣然接纳。

汇丰所联络的两家友行，当然是英国银行，也就是麦加利与有利两家银行。有利创设于咸丰四年，是上海资格最老的外国银行。它是英国的海外银行之一，总行设在伦敦，在印度孟买和上海的都是它的分行。

再说麦加利银行，本来是英王发布敕令，特许在印度、澳洲、上海设立分行的股份有限公司。总行设在伦敦，咸丰七年在上海开设分行，广东人称它为"喳打银行"，喳打是英文"特许"一词的音译。可是上海人却嫌喳打二字拗口，索性以它第一任总经理麦加利为名，叫它麦加利银行。

麦加利银行完全是为了便利英商在印度、澳洲、上海的贸易而设，所以跟胡雪岩在阜康钱庄的同行关系以外，还有"销洋庄"生意上的往来。

"这三家银行当然有用。"胡雪岩踌躇说，"只怕还不够。"

"还不够？"古应春这时才发觉，谈了半天，胡雪岩到底要借多少银子？借银子干什么？到底是怎么回事？还没有弄明白，只凭彼此相知既久，默契已深，猜测着谈论，毕竟是件可笑的事。因而扼要问道："雪岩兄，你倒是要借多少银子？"

"至少一百二十万。"

"啊？这么多呀？这是银行从来没有贷放过的一笔大数目！"古应春又问，"是替谁借？是左大人？"

"当然！"

"造轮船？"

"不是！西征的军饷。"

即令是通晓中外，见多识广的古应春，也不由得愣住了。"向外国人借了钱来打仗？似乎没有听说过。"他很坦率地说，"雪岩兄，这件事恐怕难！"

"我也知道难。不难我还来找你商量？不过一定要办成功。"胡雪岩一点也不客气。

古应春不再劝阻了。胡雪岩从不畏难，徒劝无效。他知道自己唯一所能采取的态度，便是不问成败利钝，尽力帮胡雪岩去克服困难。

于是他问："雪岩兄，你总想好了一个章程，如何借，如何还，出多少利息，定多少期限。且先说出来，看看行得通行不通？"

"借一百二十万，利息不妨稍微高些。期限一年，前半年只行息，下半年按月还本，分六期偿还。"胡雪岩说。

"到时候拿什么来还？"古应春问。

"各省的西征协饷。"胡雪岩屈指算道,"福建四万、广东四万、浙江七万,这就是十五万,只差五万了。江海关打它三万的主意,还差两万,无论如何好想法子。"

"雪岩兄,你打的如意算盘。各省协饷是靠不住的!万一拖欠呢?"古应春不无担忧地说。

"我阜康钱庄担保。"胡雪岩颇有孤注一掷的架势。

"不然!"古应春大摇其头,"犯不着这么做。而且洋人做事,讲究直截了当。如果说到阜康担保的话,洋人一定会说,'钱借给你阜康钱庄好了。只要你提供担保,我们不管你的用途。'那一来,雪岩兄,你不但风险担得太大,而且也太招摇。不妥,不妥!"

胡雪岩想想果然不妥,他是个很能服从他认为对的人,胡雪岩深深点头,"外国银行的规矩,外国人的脾气,你比我精通得多。你看,是怎么个办法?"他说,"只要事情办通,什么条件我都接受。"

古应春说:"洋人办事跟我们有点不同。我们是讲信义通商,只凭一句话就算数,不大去想后果。洋人呢,也讲信义,更讲法理,而且有点'小人之心',不算好,先算坏。拿借钱来说,首先想到的就是,对方将来还不还得起?如果还不起又怎么办?这两点,雪岩兄,你先要盘算妥当,不然还是不开口的好。"

胡雪岩说:"我明白了。第一,一定还得起,因为各省的协饷,规定了数目,自然要奏明朝廷。西征大事,哪一省敢违逆不解,贻误战机,那就是杀头的罪名。第二,福建、广东、浙江三省,都是左大人安排的人在那里,一定买账。这三省就有十五万,四份有其三,只差一份还用担心吗?不必担心。"

"好,这话我可以跟洋人说,担保呢?"

"阜康既然不适合担保,那就只有请左大人自己出面了。"

"左大人只能出面来借,不能作保人。"

"这就难了!"胡雪岩灵机一动,"请协饷的各省督抚作保。先出印票,到期向各省藩司衙门收兑。这样总可以吧?"

"不见得!不过总是一个说法。"古应春又说,"照我看,各省督抚也未见得肯这么办?"

"这一层你不必担心,左大人自然做得到。他最擅长'挟天子以令诸侯'。"

第五章 佐左宗棠西征

"好的。只要有把握，就可以谈了。"古应春说，"我想，请吃饭不妨摆在后面。我先拿汇丰的大板约出来跟您见个面，怎么样？"

"大板"是"大老板"的简称，洋行的华籍职员，都是这样称他们的"洋东"。汇丰的"大板"麦林，胡雪岩也曾会过，人很精明，但如上海人所说的很"上路"，凡事只要在理路上，总可以谈得成功。所以胡雪岩欣然表示同意，不过还有些话要交代明白。

"老古，"他说，"我的情形本来瞒不过你，这两年你在汇丰做事，对我这边的情形有些不太清楚了。我如今是个'空心大老倌'，场面扯得太大，而且有苦难言。福建这面，现银接济跟买军火的垫款，通共亏欠我二三十万。浙江这面，代理藩库的账，到现在还没有结算清楚。有些账不好报销，也不好争，因为碍着左大人的面子。善后局的垫款，更是只好摆在那里再说。这样东扯一笔，西扯一笔，算在一起，又是二三十万，总共有五十万银子的账压在左大人那里，你说，让我怎么吃得消？"

"有这么多压账在左宗棠的手上？"古应春大吃一惊，"转眼开春，丝茶两市都要热闹，先得大把银子垫下去。那时候，我的雪岩兄啊，阜康倘或周转不灵，可要出大毛病了？"

"岂止是出毛病？简直就是要命！"胡雪岩紧接着又说，"我自己当然知道，说起出毛病的话，年内有件事倘若弄不好，就要显原形。我是分发福建的道员，本不该管浙西的盐务，不过浙江总算闽浙总督管辖，勉强说得过去。如今我改归陕甘总督差遣了，将来必是长驻上海，办西北军火粮饷的转运。浙西盐务，非交卸不可。要交卸呢，扯了十几万的亏空，怎好不归清？"

古应春皱紧眉头，他真替老朋友着急呀："这就是说，要尽快筹集到十几万才能过去今年。"

"和你只能实话实说，还不只是这一处，其它还有。等到过了年，阜康总要五十万银子才周转得过来。如果这笔借款成功，分批汇解，我可以先用一用。一到明年夏天，丝茶两市结束，货款源源而来，我就活络了。"

古应春松了口气。"好！"他毅然决然地说，"我一定想法子，把老兄这笔借款弄成功。"

"有你，一定可以成功。应春兄，我还有点体己话说给你听。第一，这件事要做得秘密，千万漏不得一点风声。不然，京里的'都老爷'（督察院）奏上一本，坏事有余。我告诉你吧，这个做法连左大人自己都还不知道——"。

此言一出，古应春大为诧异："那么，"他忧虑地说，"等到谈成功了，如果左大人说'不行'，那不是笑话！"

胡雪岩说："你放心！决不会闹笑话，我有十足的把握，他会照我的话做。"

"那好！再说第二件吧？"古应春问。

"第二件，更是只能当你一个人说，我想托名洋商。其实，有人愿意放款，也不妨搭些份头，多赚几个利息。"

古应春说："这要看情形，如今还言之过早。"

"只要你心里有数就是。"胡雪岩说，"左大人的功名，我的事业，都寄托在这笔借款上了。"

为了保密，古应春把麦林约在新成立的"德国总会"与胡雪岩见面，一坐下来便开门见山地直入正题。麦林相当深沉，听完究竟，未置可否，先发出一连串的询问。

"贵国朝廷对此事的意见如何？"

"平定西北之乱，在我朝视为头等大事。"胡雪岩通过古应春的翻译答说，"能够由带兵大臣自己筹措到足够的军费，朝廷当然全力支持。"

"据我所知，贵国的带兵大臣，各有势力范围。左爵爷的势力范围，似乎只有陕西甘肃两省，那是最贫瘠的地方。"

"不然。"胡雪岩不肯承认地盘之说，"朝廷的威信，及于所有行省。只要朝廷同意这笔借款，以及由各省分摊归还的办法，令出必行，请你不必顾虑。"

"那么，这笔借款，为什么不请你们的政府出面来借？"

"左爵爷出面，即是代表中国政府。"胡雪岩说，"一切交涉，要讲对等的地位。如果由中国政府出面，应该向你们的'财经部'商谈，不应该是我们在这里计议。"

麦林深深点头，但紧接着又问："左爵爷代表中国政府，而你代表左爵爷，那就等于你代表中国政府。是这样吗？"

这话很难回答。因为此事正在发动之初，甚至连左宗棠都还不知道

有此借款办法,更谈不到朝廷授权。如果以讹传讹,胡雪岩便是窃冒名义,招摇辱国,罪名不轻。但如不敢承认,便就失去凭据,根本谈不下去了。

想了一会,胡雪岩只得含含糊糊地答道:"谈得成功,我是代表中国政府;谈不成功,我只代表我自己。"

麦林笑了一下,然后说:"胡先生的词令很精彩,也很玄妙,可是也很实在。好的,这一次我就把你当成中国政府的代表看待。这笔借款,原则上我可以同意。不过,我必须声明,在我们的谈判未曾有结论以前,你们不可以跟任何另一家银行去谈。"

"可以,我愿意信任你。"胡雪岩说,"不过我们应该规定一个谈判的限期。同时我也有一个要求,在谈判没有结果以前,你必须保守秘密。"

麦林说:"那是彼此都应该接受的约束。至于限期,很难定规,因为细节的商谈,往往需要长时间的磋商。"

"好!我们现在就谈细节。"胡雪岩马上说。

这等于已确定麦林是作了借款的承诺,连古应春都笑了。"真比不了你胡雪岩,"他说,"我看交涉是你自己办得好,我只管传译。麦林很精明,也只有精明的人才能让他佩服。"

于是即时展开了秘密而冗长的谈判。前后三天,反复商议,几于废寝忘食。麦林原来就佩服精明的人,此时更为胡雪岩的旺盛精力所感动,更为胡雪岩的过人的敏捷思维所压倒,终于达成了协议。

这一协议并未订成草约,也未写下笔录,但彼此保证,口头协定,也具有道义上的约束力量,决无翻悔。商定的办法与条件是:

第一,借款总数一百二十万两,由汇丰银行组成财团承贷。

第二,月息一分,付款先扣。

第三,各海关每月有常数收入,各税务司多为洋人。因此,借款笔据,应由各海关出印票,并由各省督抚加印,到期向各海关兑取。

第四,自同治六年七月起,每月拨本二十万两,借期七年。

至于印票必出自海关,是麦林坚决的主张。因为他虽相信胡雪岩与左宗棠,却不相信有关各省的督抚,到时候印票如废纸,无可奈何。而海关由洋人担任税务司,一经承诺,没有理由不守信用。

这在胡雪岩却是个难题,因为除江海关每月协解三万两,可以协商上海道先出印票以外，其余各海关并无协饷之责，就不见得肯出印票。想来想去只有一个办法，就是奏明朝廷，每月由各省藩司负责将应解甘饷，解交本省海关归垫。

幸好协饷各省都有海关，每月闽粤两海关各代借二十四万两，浙海关代借四十二万两，加上江海关本身应解的十八万两，共计一百零八万两，所缺只有十二万。胡雪岩建议左宗棠要求湖北每月协饷两万，由江汉关出十二万两的印票，合成一百二十万整数。

经过胡雪岩的巧妙斡旋，这笔大借款还是做成功了。这是中国借外债的开始。而左宗棠的功业，以及胡雪岩个人的事业，亦因此而有了一个新的开始。

这里还有一个胡雪岩招安海盗帮助左宗棠西征的故事。据说在宁波附近的乡下，有一个百年历史的杨家村，全村的人都是同一族，所以血脉观念很重。所有的族人均以姓杨为荣，还有着非常浓厚的家族观。当时的族长杨贵青，年届四旬，年富力强，为人忠诚厚道，性情温和，待人宽容，办事公正，精明能干，治族有方，使整个杨氏家族和睦相处，衣食无虞，深受族人们的拥戴。

就在杨家村的邻近，有一户郑姓大财主，他家境殷实，妻妾成群，生有五个儿子。这五个儿子，个个生得剽悍凶暴，横行霸道，恣意欺凌地方百姓。郑氏家族一向和杨氏家族水火不容，只是慑于杨氏家族在当地的势力和影响，所以虽然和杨家村利害冲突十分强烈、矛盾重重，但一直也不敢轻举妄动。

不过，自从郑家的隔房远亲荣升宁波知府后，郑家的气焰日益嚣张，完全不把杨氏家族放在眼里。郑家五子，经常到杨家村显威称霸，抢夺人财，开渠放水，占有杨族的土地。

是可忍，孰不可忍，郑家的恣意胡为终于激起了杨族的愤怒，在族长杨贵青的带领之下，杨氏家族来到郑家，和他们当面评理。但是郑家自恃在官场有势力，对杨族的抗议不理不睬，反而耍起无赖。结果，郑、杨两家各不相让，闹得不可开交，最后还诉诸县衙。可是知县大人知道郑氏兄弟的后台是自己的顶头上司知府大人，处处予以维护，反判杨贵青无理取闹，当场责打杨贵青一百大棍。

一向爱族如家的杨贵青，没想到今日不仅没有替杨族讨回公道，反而令杨族蒙受如此屈辱，实在感到又气又恼。受了棍责后，杨贵青被族

人抬回了家,由于急火攻心,当夜即喷血而亡。

杨贵青的死使杨氏家族的声威立即变得萎靡不振,郑氏兄弟看了,气焰更是嚣张,更加肆无忌惮地欺凌杨家族人。在郑氏兄弟的淫威之下,杨氏家族从此开始了忍气吞声的日子。

英年早逝的杨贵青留下妻子和一个年纪尚幼的儿子,孤儿寡母因骤然失去了家庭支柱,家境顿时陷入了无以为继的困境。杨氏家族含泪埋葬杨贵青族长,虽然众人义愤填膺,却无人敢出面报仇,只好含愤忍辱默认了郑氏兄弟的强横无理。

在族人的帮助和母亲含辛茹苦的照顾下,杨贵青的儿子杨清泉逐渐长大成人。在得知父亲是被郑氏兄弟所害后,他怀恨在心,立志为父亲报仇。

春去秋来,这一年的大年除夕,张灯结彩的郑家一片喜气洋洋。举家欢聚一堂,推杯把盏,全家老幼十分欢喜。当他们喝下欢庆来年五谷丰收的家酿黄酒后,忽然感觉头昏目眩,全部扑倒在地,口鼻流血,当场暴死。郑家上下三十余口人,无一幸免。

郑家在一夕之间全部丧命的消息,很快就传到了官府那里。官府十分震惊,立刻派人前往验尸,当场判定郑家全族乃中毒而亡。

因为杨郑两家的仇隙,官府便怀疑是杨氏族人所为,于是立刻派兵至杨家村捉拿凶犯。当官兵赶到杨家村时,只见院墙上歪歪扭扭地写了一行大字"郑氏家族罪孽深重,死有余辜,下毒者杨清泉!"

当地知县碍于郑家亲戚的压力,急令发文缉拿杨清泉,可是杨清泉早已消失无踪了。

郑氏灭门案虽然在宁波传得满城皆知,但是由于凶犯毫无踪影,加上郑氏远亲忙于官务,倦于出面敦促,此事便不了了之。

杨清泉的复仇壮举,为杨家村出了一口恶气。众人无不拍手叫好,深深佩服他敢作敢当的勇气,并视之为杨氏家族的骄傲。

光阴荏苒,岁月如梭,就在郑氏灭门案发生后的第三年,浙江宁波外海出现了一群骁勇善战的海盗,首领正是当年下毒报仇的杨清泉。他正值青壮,血气方刚,有勇有谋,深受部下的拥戴。宁波附近的江湖人士纷纷投奔到杨清泉麾下。一时之间,杨清泉率领的海盗群声势大振,成为当地赫赫有名的海盗队伍。

这群以海为生的海盗,在杨清泉的带领下专门和官兵作对,抢劫官船，掠夺富户，然后接济贫困。虽然令官府大为头痛，却深受当地百姓的拥护。

五月本是收购蚕丝的旺季，胡雪岩趁势收购一批新丝准备运往上海丝行，大赚一笔。可是当货船驶出码头后不久，便遭到杨清泉的海盗袭击，连货带船，都被抢走。胡雪岩知道后，十分惋惜，尽管在旺季遭到抢劫，造成的损失惨重；但更令人担忧的是，现在航路不畅，东南各省为左宗棠西征前筹集的协饷，都要走这条海运之路集中到上海，然后通过胡雪岩还给英国汇丰银行借贷之款。前面已说过，为饷左帅西征，提前筹款，胡雪岩向洋行借贷，之后由各省协饷还贷。要是出了问题，胡雪岩不但前功尽弃，还会有生命之危。胡雪岩为此寝食不安，却又无计可施。

于是，胡雪岩立刻派眼线去宁波杨家村探听。终于，皇天不负有心人，胡雪岩很快就得知，杨清泉的母亲住在海边的一间小屋里，杨清泉还经常到那里探望她。得到这个消息后，胡雪岩信心倍增，他已经感觉到计划快要实现了。

因为杨清泉的母亲将是促成这件事情的关键，胡雪岩特地吩咐下人准备一份厚礼，然后亲自前去探望。为了不引起别人的注意，胡雪岩换上一身便服，打扮成一位商人。

过了几天，胡雪岩来到杨家村远郊的一处海滩。海滩上荒无人烟，海边白浪滔天，惊涛拍岸，在巨大的崖石下，有几户渔民栖身的简陋矮棚。如果不是有人带路，一般人大概很难知道，在这种荒凉的海边竟然还有如此的藏身之地。

沿着湿漉漉的沙滩走了一会儿，胡雪岩到了杨老夫人所住的屋棚。这里距离海岸只有几公尺，一出家门即可涉水出海，如果有紧急情况，只要乘一艘小舢板就可以出海躲避，看来杨清泉早已有所准备。胡雪岩由此推测，杨清泉一定是一个百依百顺的孝子，他选择这种地方安顿母亲，可以说是费尽苦心。他想到母亲年事已高，不宜在海上长期颠沛流离，而这里母子相见既方便，同时也可以应付突变的情况。

当胡雪岩走近屋棚时，几位渔民立时上前阻挡他。胡雪岩灵机一动，谎称自己和杨贵青是故交，特地前来看望老朋友的遗孀，他从怀里掏出几两碎银子，分给那几位渔民。渔民们见胡雪岩慈眉善目，一身商人打扮，才勉强同意放行。

在那几位渔民的引导下,胡雪岩走进了杨老夫人的屋棚。这屋棚里异常简陋,一张小床上躺着一位年事已高的老太婆,满脸病容,沉疴不起,胡雪岩知道她就是杨清泉的母亲。

神色自若的胡雪岩快步走上前,拱手作揖说:"杨大嫂在上,请受小弟一拜。"

卧病在床的杨母早已老眼昏花,她侧身仔细端详了胡雪岩一番,连连摇头说:"先生,你是谁?我怎么不认识你?"

胡雪岩连忙说:"杨大嫂,你或许不记得我了。杨大哥在世时,曾和小弟有八拜之交,由于小弟生意忙,长年奔波在外,今听闻杨大哥不幸去世,大嫂寡居在此,小弟专程前来拜望大嫂,并准备一份薄礼,以谢小弟对大嫂照顾不周之罪,还请大嫂笑纳!"随行的仆从立刻将礼物送上前,全都是布匹、粮食、果品等生活必需品,胡雪岩还递上一张五百两的银票。

杨母见胡雪岩送这么重的礼,局促不安地推辞:"先生送的礼物太贵重了,受之有愧,先生还是把礼物带回去吧。要是让知府知道了,恐怕会连累先生的。"

胡雪岩上前扶着杨母说:"大嫂,杨大哥已死,照顾大嫂是小弟的责任。可惜小弟一直忙于生意,无暇照顾大嫂,小弟真是心中有愧呀!"

瘦弱的杨母靠墙坐定后,见胡雪岩慈眉善目,衣冠整洁,言谈得体,待人和气,便和胡雪岩话起家常。她一个妇道人家,哪知道丈夫生前交了什么样的朋友,她看着胡雪岩,想起死去的丈夫,不禁感叹:"要是知道清泉他爹还有先生这样讲义气的朋友,清泉也不会走到今天这种地步了。"说完伤感不已,流下两行眼泪。

胡雪岩连忙安慰杨母:"大嫂,清泉的事我已经听说了,他也是为了替父亲报仇,才毒杀郑氏满门,怎么说清泉也算是一个顶天立地的男子汉。他的前程远大,日后必成大器,杨大哥在天之灵也应该得到安慰了。"

听到胡雪岩的话,杨母说:"先生尽说些安慰我的话,哎!清泉现在沦为海盗,打家劫舍,整天和官兵作对。东躲西藏,保全性命都来不及,哪里谈得上什么前程?"

胡雪岩一时之间不知该说什么,他沉吟片刻后说:"请大嫂放心,如果清泉能迷途知返,浪子回头,应该会有安身立命的机会,只是怕贤侄不肯……"

听胡雪岩这么一讲，杨母喜出望外，她抹去眼泪说："如果真的有，希望先生能指点他一条生路，杨家对先生感激不尽！"说完，杨母竟哭出声来。杨母一向是忠厚之人，自己的儿子沦落到这种地步，身为母亲，怎么能不心痛呢！

这时，胡雪岩见时机成熟，于是将早已筹划好的主意全都说出来。他希望杨清泉金盆洗手，向官兵投诚归降，改走正道。他可以保证杨清泉及其部属的生命安全，并为他在军中谋求一职。

一听到投诚归降，杨母的心里又害怕了起来，她连忙摇头："使不得！清泉杀了太多人，官府正在悬赏捉拿他，怎么可能饶他不死？"

胡雪岩见杨母仍心存疑虑，连忙说："大嫂，我可以用自身性命担保。只要清泉向官府诚意归降，绝对可保平安无事！"

杨母睁大双眼，将胡雪岩仔仔细细地打量了一番，然后忐忑不安地说："能保证我儿不死者，绝非等闲之辈，先生莫非是官府派来的说客？"

胡雪岩于是坦白地说："大嫂，实不相瞒，小弟在外经商多年，也累积了一些钱财，曾经捐官候补道台，和浙江巡抚的私情甚笃。只要杨贤侄诚心归服，我愿意在巡抚大人面前说情，担保贤侄的性命无虞。"

杨母听了长舒一口气说："先生气度不凡，果然大有来历，既然你已经知道我的住处，现在就可以派兵带我去见官领赏，只求大人不要伤害我儿！"

"大嫂误会了！"胡雪岩连忙辩解，"小弟虽然是候补道台，为的只是能在商场上图个方便，从未想过执印做官。再者，小弟在商场打混多年，向来以诚待人，广结天下好汉，绝不会做落井下石的事，让江湖弟兄们耻笑。小弟今日来规劝清泉贤侄投诚归降，绝对是一片诚心，希望贤侄走上正道，绝无私心，上天可以为我作证。如果杨贤侄肯听我的话，投诚归降，必定能逢凶化吉，平安一世。"

见胡雪岩说得如此真切，杨母才放下心中的疑虑，答应引见胡雪岩和杨清泉谈谈。胡雪岩十分高兴，和杨母闲聊几句后，便起身告辞离去。

过了几天，杨母托人传话给胡雪岩：杨清泉答应在海上和胡雪岩面谈。胡雪岩得知消息后，满心欢喜，赶紧去见左宗棠。

听了胡雪岩的叙述，左宗棠说："既是海盗，我派人去剿也就是了，你何必要亲自出面，去冒风险。"

胡雪岩摇摇头，坚决地说："左大人，雪岩这次去，会以仁义之心对杨清泉晓之以理、动之以情，我想他不会不降的！"他走到窗前，望着苍茫的大海说："我只请求左大人能够招安杨清泉，化干戈为玉帛，我自己可保安然无恙。"

他转过身，向左宗棠说明此行的利害关系：既可以不费一兵一卒，安抚海盗，又能使协饷之路畅通无阻。而且，帮杨母了却宿怨凤愿，助杨清泉走上正道，意义更是重大。

见胡雪岩如此坚决，左宗棠也无话可说："既然雪岩非去安抚，那我就答应招安杨清泉。"

望着胡雪岩渐渐远去的背影，左宗棠又唤来参将黄橙申，让他带五百兵士到海边接应胡雪岩。

依照杨清泉的指示，胡雪岩搭上早已安排好的海船。他站在船头，迎着凛冽海风，心情异常的平静，想到自己在江湖行走多年，阅人无数，但是和海盗打交道，这倒是头一遭。不过他相信，再大的事情，只要有一个"义"字，就可以化解。虽然海盗无帮无派，作恶多端，但他们也是人，一定也讲"义"。话虽如此，胡雪岩心里也明白此行并非那么简单，一定困难重重，到时就要看自己如何随机应变了。

船在海上漂荡了两日，平安无事，眼看就要到达杨清泉的藏身之地时，突然刮起台风。大海卷起滔天巨浪，海船随波逐流，剧烈地摇荡着。坐了两天的船，胡雪岩已经非常疲惫，再经过这么一折腾，顿时觉得天昏地旋，眼前一片漆黑。他趴在船边，不停地呕吐，等精神稍稍恢复后，胡雪岩心里一惊，想到自己曾经过无数大风大浪，虽终能化险为夷，但这次恐怕厄运难逃，要葬身汪洋了。幸好风浪渐渐转小，海船终于平安驶进一处无名小岛。岸上的两个人走过来将瘫软无力的胡雪岩扶上岸，然后带他来到一处宽敞干燥的山洞。

胡雪岩走进山洞，只见里面烛光摇曳，光线昏暗，洞里早就已经摆好一桌丰盛的酒席，桌旁坐着一个人，显然已等候多时。胡雪岩心想：他一定就是杨清泉。他仔细地打量杨清泉，只见他面容白净，身体瘦弱，根本就不像是杀人越货的海盗头目，胡雪岩不禁暗自讶异。他做梦也没想到，这位瘦弱的年轻人，就是毒死郑家满门、入海为盗、令官兵闻风丧胆,久剿不平的杨清泉。真是人不可貌相,海水不可斗量。

杨清泉很有礼貌地站起身,向胡雪岩致敬,并邀请胡雪岩入席,以晚辈礼节相待,几位小头目也奉命前来作陪。

胡雪岩知道现在是关键时刻,不能有半点马虎。于是他强自打起精神,镇定自若,沉着应对。

杨清泉十分客气地替胡雪岩斟上一杯酒,然后语气和顺地说:"滴水之恩当涌泉相报,叔父不忘和家父的交情,馈赠家母厚礼;小侄感激不尽,特地设宴相报。但是小侄有话在先,今日只叙友情,不谈别的,否则,休怪小侄翻脸无情!"

胡雪岩没想到杨清泉竟先把话讲明,他所谓的"别的",显然就是指招安这件事,杨母想必已经将招安的事向杨清泉提过了,只是他并无心投诚,谋求正当的前程。胡雪岩心里一沉,看来此行恐怕是凶多吉少,眼下也只好见机行事了。

果然,杨清泉只一个劲儿地谈论风花雪月,赌运弈经,胡雪岩也只好笑脸相迎,酒席上不时笑语欢声,显得一团和气。可是在座的人都知道,台面下大家其实都心事重重。看起来文弱的杨清泉酒量极大,喝起酒来十分豪爽,频频举杯敬酒。胡雪岩不好意思拒绝,只好一杯接着一杯,但是数杯黄汤下肚后,他便觉得头昏目眩,四肢无力。胡雪岩没想到自己在商场交际多年,号称酒仙,今日竟不敌眼前这位年轻人,大概是因为刚才晕船,身体不适的缘故。他不停地告诫自己,一定要保持清醒,如果喝醉了,那可就误了招安大事,此行就白来了。

可是杨清泉依旧喝个不停,胡雪岩担心这样会误了大事,于是试探性地问:"贤侄,你和弟兄们在海上这么多年,日子一定过得很苦吧?"

杨清泉把脸一沉,冷冷地提醒胡雪岩:"叔父恐怕是喝醉了,忘记小侄有言在先?"

胡雪岩望着杨清泉冷冰冰的面容,赶紧吞下到了嘴边的话。

这时,一名听差走进洞内,来到杨清泉的身边,附耳窃窃私语,一会儿,杨清泉高声叫道:"正好,老子今天需要人助酒兴,快将他押上来!"洞内响起一阵回声,胡雪岩在一旁静观事情的发展。

只见几名身材剽悍的海盗,将一名官兵押了进来。原来,杨清泉的弟兄刚刚袭击了一艘官府运输船,捉住这名水师兵。那名官兵身穿号衣,被五花大绑,浑身湿漉漉的,一直在发抖。胡雪岩猜想,他一定是

在跳海逃走时,被海盗捉住的。

见到官兵,杨清泉血红的醉眼顿时发出咄咄逼人的目光,他冷笑了一声:"你今天落在我手里,只怪你运气不佳,明年的今天就是你的忌日!来人啊,把他的心肝给我掏出来炒了下酒!"

席上的一位小头目立刻从腰间抽出一把锋利的牛耳尖刀,上前准备挖出那名水师兵的心肝。

看到这种情形,胡雪岩鼓足了勇气,上前阻止:"兄弟,不要杀他,有话慢慢说。"

杨清泉面露凶光,用冰冷的眼神盯着胡雪岩说:"难道叔父同情这名官兵?"

胡雪岩指着那名官兵说:"他只是一名小兵,想必也是穷苦人家出身,投军是为了讨碗饭吃。如果你杀了他,只会在阎王殿前又添一笔命债,罪孽深重呀!"

杨清泉厉声说道:"我杨清泉自从入海以来,所杀的官兵难以数计,今天再添一个又何妨,官府能把我怎么样?"

"做人要留后路,杀人太多,人神共愤。贤侄难道愿意在海上漂泊终生,不想谋个前程出路?"胡雪岩趁机劝导。

一听到这句话,杨清泉顿时满脸怒气:"莫非你是官府派来的说客,想劝我缴械投降?"这时,只听见"喳"一声,杨清泉将手中的酒杯捏得粉碎。

胡雪岩见话说到这个份上,索性横下心,向杨清泉说明自己的来意:"实不相瞒,我是以一片至诚之心,来为贤侄和弟兄们着想的。所谓识时务者为俊杰,清泉贤侄如果就此罢手,投效朝廷,谋一份官差,来日驰骋沙场,报效国家,亦不失为封妻荫子的光明大道,贤侄觉得如何?"

胡雪岩话还没讲完,杨清泉一脚踢翻酒席,怒声大骂:"我早就知道你居心叵测,心怀歹意,想引诱我入圈套。今天一不做二不休,就连你也一块儿剁了!"

杨清泉话刚说完,几个弟兄便奔上前,将胡雪岩绑起来,用尖刀对准他的胸膛,准备动手挖心。

胡雪岩面无惧色,叹了一口气说:"我胡某已享尽荣华富贵,死不足惜!只是这么多的弟兄又失去了一个改过自新的机会!"说完,闭上双眼,等着受死。

杨清泉根本不管胡雪岩的话,他大声呵斥:"少啰嗦,为官作宦的人哪个不是欺压百姓,作恶多端?杀掉一个,便为百姓出一口气,我今天正是替天行道,杀之有理!"

正当杨清泉准备下令动手时,洞外忽然传来一声:"谁敢动手?"

杨清泉一怔,循声望去,只见杨母跌跌撞撞地走了进来。他大吃一惊,赶紧上前扶住她:"母亲,您不是病了吗?怎么跑到这里来了?"

杨母紧紧拉住儿子的手,热泪盈眶地说:"儿啊,母亲能够到这里来看你,多亏这位先生为我延请名医,治好了娘的病。我们报恩都来不及了,你竟然要杀救命恩人!这会遭天谴的!"

望着白发苍苍的母亲,杨清泉不知如何是好。杨母放开了儿子的手,上前亲自替胡雪岩松绑,连声赔罪:"先生受惊了,都怪清泉不孝,做事粗心,不留后路,希望胡先生原谅!"

胡雪岩解去身上的绳索,对杨母说:"大嫂,这只是一场误会,小弟不会放在心上的,贤侄只是一时未明事理。"话虽如此,胡雪岩想到刚才的情景仍心有余悸。当他闭上双眼时,真的以为就此命丧黄泉,没想到事情峰回路转,急起直下。

杨母紧紧拉着杨清泉的手,含泪劝他听胡雪岩的话,改邪归正,结束海盗生涯。杨清泉十分孝顺,不敢违抗母亲,而母亲的话也让他明白,胡雪岩并非诱其投降官府,而是以一颗真诚坦然的仁义之心,来开导自己归正。一时之间他对胡雪岩充满了信任,心里的顾虑也逐渐消失,于是答应胡雪岩投诚归降。此时,胡雪岩终于实现了自己的计划,虽然历尽海上惊险,仍倍感安慰。

在胡雪岩的安排下,杨清泉带领弟兄向左宗棠投诚归降。左宗棠将杨清泉安排在浙江巡抚衙门,当了一名捕快,专门捕捉为非作歹的坏人。后又随左帅西征,立了不少军功,算是为国家的统一做了一点贡献。当然,这里也凝结着胡雪岩的功劳。

# 第六章
# 末日悲歌

中国有句古话叫"福兮，祸之所伏"。胡雪岩在借洋款帮助左宗棠平定西域、走向个人事业新高峰的同时，也为自己预设了一个凄惨的结局……

前文述及，左宗棠西征军队粮饷不足，胡雪岩为左宗棠借了一百二十万两的洋债。这笔洋债借还都用现银。当时胡雪岩呈报的借款条件中借期七年，月息1分2厘5，可是，办手续时出了问题。

原来，这么大一笔款子，汇丰要请英国政府和中国政府打交道，以作保证。照例这保证由总理各国事务衙门照会英国公使，再由英国公使转知汇丰银行。这样做的好处是，一旦汇丰收不回借款，可以由英政府直接向清政府提出交涉。可报到总理衙门的汇丰银行的条件中写明的是"月息1分"，这和胡雪岩报左宗棠转奏朝廷的"月息1分2厘5"就出现了明显的出入，朝廷当然要追查。当追查到左宗棠这里时被他顶住了，左宗棠说："这笔借银是以英镑为据，再折成现银，而英镑牌价时有起伏波动，多出'2厘5'的利息，完全是为了应付后面可能的牌价变动。这一是为了维护大清朝的信誉，二也是为了不能让经手人在中间吃了大亏。"随后左宗棠更在奏折中把胡雪岩大大夸奖了一番，说什么他前后奔波、劳苦功高。又一再禀明，这次之所以有这样的误会，完全是因为上一次在奏禀时胡雪岩和自己一时疏忽，没有及时说明的缘故。朝廷看在左宗棠的面子上也就不了了之了。

这当然是左宗棠舍着面子替胡雪岩硬顶下来的。左宗棠当然也明白胡雪岩在里面做了手脚。只是因为胡雪岩的交情摆在那里，也因为难得胡雪岩这样的人才替自己办理后勤的粮饷。但有了这一次，他对胡雪岩毕竟有了一些隔阂、芥蒂。

其实这件事胡雪岩也有自己的苦衷。一方面有见利心动的因素，另一方面是那汇丰银行的经理格林在中间也索要好处，不能不给。再者，当时胡雪岩经济上不宽裕，钱庄、丝业都需要经济支持，所以不得已才出此下策，谁知事机不密，露了出来，让胡雪岩好不懊悔。只是事已到此，无法挽回，所以总觉得对不起左宗棠，只能竭尽全力地为左宗棠做事，以求弥补。到了光绪七年，当左宗棠为筹措援越抗法军饷再借洋款四百万两，并且因为唯恐朝中出面阻挠，而把风险压在胡雪岩身上时，胡雪岩毫不犹豫地应承下来。

左宗棠也决非有意要把风险压在胡雪岩身上。实在是因为他急于贷款，又认为单凭今后各省协理筹饷的银子，也应该足以应付这笔洋债。所以他才大包大揽地禀明朝廷：还款现银可以由上海转运局经手交还，如果到时候上海交不上银子来，汇丰可以向户部如期兑取。这样一来，事实上就和胡雪岩自己借钱差不多。因为一旦各省的关票到不了上海，或者中间随便哪个环节出了点问题，汇丰拿不到银子，只好去找户部，而户部将拿胡雪岩是问了。

原来的时候，胡雪岩有很多现银，倒是不太害怕。可如今形势不同了，因为购进生丝压了近千万两银子，胡雪岩又答应不取药号一分银子，况且药号因为长年赊药，也不会有多少现银。那么只剩下阜康钱庄一块"金字招牌"了。

事实上，悲剧正是从阜康钱庄开始的。

胡雪岩阜康钱庄的总经理叫宓本常，是个很有头脑的经营好手。胡雪岩用人讲究"用人不疑，疑人不用"。所以将阜康钱庄全国的分号大权都交到了他的手里。

宓本常无疑是聪明人，但正因为他是聪明人，所以他也就难免有聪明人常有的想法：不甘久居人下。特别是看到胡雪岩的风光之后，这就注定了他不会安分守己，也注定了胡雪岩的失败。

胡雪岩发现宓本常做手脚是在一个极偶然的情形之下。这天上午，胡雪岩心血来潮，突然一个人来到一空茶楼里喝茶，不知他是想回味当年在杭州信和钱庄当小伙计的岁月还是想一个人清静一下，总之他一改往日前呼后拥的排场，孤身一人去喝茶。他毕竟是有身份的人，所以还是选了一个雅间，这样他就可以一边品着茶香，一边想着心事，不会再有什么人来打扰他。但他却没想到，这里也不是世外桃源，旁边雅座里面几个人的说话声吸引了他的注意力。

第六章　末日悲歌

"哎，你们听说没有，最近吴淞口外面又出事了？"

从声音判断应该是个中年以上的男人，而且语气中可以听出有些官气。以胡雪岩阅人之丰，他知道这个人应该是个在官府里有点职位的人。

"是不是口外面的外国人又打起来了？"

"是呀！听说那些外国人的大炮可比八旗军的红衣大炮还厉害呢！"

这又是几个闲客在发问。先前说话的那位清了清嗓子才道："外国人倒是没打起来，不过这件事可也挺有意思的。"

这个人可能是官府里的差使干久了，官腔十足，说话总是慢条斯理，有意吊人胃口，以显示他的重要。显然他的目的达到了，不单是他的茶友纷纷让他说出来是什么事，就是胡雪岩对他的话也产生了兴趣：什么事会比外国人打起来还有意思？

因为人声嘈杂，开始胡雪岩只听他说到"南北货"之类的话，这使他更有兴趣了。那是因为所谓"南北货"，就是把南方的货运往北方，再把北方的货运到南方。这样南北穿梭，赚取中间的差价。在商场中，"南北货"向来以高风险、高利润著称。但是，这种生意却没有人敢轻易涉足。因为南北货积压资金太多，如果没有极度雄厚的资金做后盾是不行的；另外由于路途遥远，不可测的情况太多，风险太大了。胡雪岩想要听的，正是想知道是谁有这个胆识有这种财力敢冒这种风险。

隔壁的那一堆人显然也有同样的疑问，可是这个始作俑者却不急于解答，而且不紧不慢地讲起书来。讲了半天，胡雪岩才知道：有三艘做南北货的船昨天下午在吴淞口外遇到风暴沉没了。

胡雪岩不由心里一惊：三艘！这足以证明这个做南北货生意的人实力不容小觑。让胡雪岩纳闷的是，自己在沪杭之间这么久，全国的大商家又有几个不认识的？为什么竟从来没听说过有什么人这时候做这个生意。难道是京里秘密采办的船队？胡雪岩百思不得其解，只好凝神敛息地接着听那位仁兄讲。此时他正起劲地讲述着三艘船上的珍奇货物，什么东北千年人参王、尺长梅花鹿茸……真是如数家珍，历历在目，听得胡雪岩也暗自咋舌：这位老板实力当真了得，将来要是真在上海现身，免不了还要加几分小心；或者，干脆可以两人合起来，就更可以得心应手了。

正当胡雪岩胡思乱想的时候，那边雅座里又有人叫道："老李，你别拿话蒙人了,你骗得了别人,我和你一块喝茶也四五年了,你还能骗得了我?我问你,你说有那么三条船沉在吴淞口外,也就罢了,你怎么可能连人家船上的东西都知道得那么清楚?莫非是你自己游过去看了?还是你是这三艘船南北货的主人呢?啊?哈……"

经他这么一说,其余的茶客也觉得有道理,都觉得这位老兄是在吹牛而已,所以都跟着一起笑了起来,甚至还能听到他们笑得拍桌子把茶碗震得叮当作响。胡雪岩心里也轻松不少,原来只不过是几个茶客穷极无聊,在一起插科打诨,寻开心罢了。

等那边的人笑够了,胡雪岩才听到刚才"讲故事"的老李那急切分辩的声音。在茶楼里聊天,找着新闻以资助兴是很好的事,可最怕别人不信。现在,胡雪岩仿佛能透过木头隔板看到老李面红耳赤、口沫四溅的神情。

"你们不要不信,我说的句句都是真话,是我今天早上在衙门当值时知道的消息,事主的口述还是我笔录的呢。"

这一下,屋里没人说话了。半天,冒出一个声音来:"船都沉了,还录什么?"

但立刻就被另一个声音顶了回去:"要不怎么说你大黑就没见识呢!你以为那么简单?'沉就沉了',不录在衙门里,将来那些东西万一捞回来一件两件,算是你的还是算我的?"

于是满屋子的人都议论纷纷,有人叹息货主命不好,有人说这货主人怕是得罪了海龙王,等等不一而足。只有那老李颇为得意:"呸,说给你们听,你们还不信,我什么时候骗过你们?"

先前反驳老李的那个声音似乎看不惯他的得意劲,又顶他一句:"你不要谎话越编越大,要是真有这事,你倒是说说这沉船的事主究竟是谁?"

这一问真把老李问住了,因为这毕竟是衙门里的事,不该随便说的。所以他支吾了半天,说不出一句话来。

"看见了吧,还不是骗人的?"那人一说,别的人也跟着起哄。

"好!"那老李的声音由于又羞又恼,听起来有点走调了,"怪只怪我多嘴,就算是我胡说八道还不行吗?"说完就一声也不肯出了。人真的很怪,你越是赌咒发愿说是真的,别人偏不相信。而你一旦故意说的假的,他倒反而认为是真的了。这些人也是这样,见老李这么一说倒相

第六章 末日悲歌

信他说的是真有其事了，一齐聚拢过来，你一句我一句地打听，胡雪岩也忍不住放下杯子，全神贯注地听那边的动静。

那个反驳的人其实用的不过是"激将法"，想套出事主是谁，一看不成，就又用了"苦肉计"。先说了自己一大堆的不是，又可怜巴巴地对那老李说道："老兄，刚才是我们的不是，看在多年一起喝茶的份上，你就告诉我们吧！你放心，从你嘴里出来，就烂在我们肚子里，绝不会让你为难！可你要是不讲出来，这块心病压在肚子里，可是要憋死人的。"

周围的人也一起跟着央求，那老李见面子挣回来了，也不好意思不讲。只是还不放心，又叮嘱了一句："好，我告诉你们，可是不许外传。"

茶客们自然满口答应，俗话说的真是贴切——"隔墙有耳"，胡雪岩正在隔壁听得津津有味呢。

老李开口说道："这三艘船南北货的货主叫张连顺。"

"张连顺？"

"谁叫张连顺？"

"你听说过吗？"

"没有……"

那边雅间里又是一片嘤嘤嗡嗡的声音，显然，大家对这个答案都不满意，有几个人又开始怀疑这消息是真的还是假的了。胡雪岩也失去了兴趣，听够了这帮无聊的茶客的闹剧，准备到别处走走了。

"也好，就让你们明白明白！"

胡雪岩刚要起身结账，听见那边老李把桌子一拍，说道："这个张连顺其实不过是个幌子，真正的大老板，是张连顺的表哥……"

那边一片声地追问着表哥是谁，胡雪岩不由得又重新坐好。

老李故意又清了清嗓子，然后一字一眼地说道："这个张连顺的表哥就是——阜康钱庄的总经理宓本常。"

胡雪岩一听，差点儿从椅子上栽下来。那边雅座里自然也是一石激起千层浪，议论纷纷。不过胡雪岩再也顾不得听下去了，他全部的心思就是：宓本常欺骗了自己，他做了手脚，现在必须马上赶到阜康，找到宓本常，查一查出入账目。

对老李的话，胡雪岩还将信将疑，不过如果那三船南北货真是宓本常的话，那他的资本只能来自一个地方，那就是自己的阜康钱庄。因为胡雪岩简直再清楚不过了——以宓本常可能调动的财力而言，如果全用他自己的钱，他连半船南北货也搞不来。

胡雪岩有些头晕了，他勉强站起身来，叫进来一个伙计：

"这三两银子是茶钱，剩下的归你。还有，告诉台上，就是隔壁的茶钱我也一起付了。"

走出茶楼，胡雪岩有些头重脚轻，不过他还是支撑着来到了阜康钱庄。他还从来没有像今天这样不愿意，甚至是怕进自己的钱庄。因为他已经预感到这里有他不愿看到的现实。

其实，即使宓本常真的挪用了阜康的银子，胡雪岩也不会太难于接受，因为这差不多也是人之常情，更何况他对下面的人一向比较宽松。真正让胡雪岩受不了的还是他看错了人。这一点他无论如何不能原谅自己。而二十多年的实际遭遇证明，看准一个人，比几十万两银子可能还要重要得多。宓本常是自己最相信的人中的一个，自己目前的处境他也是少数知情者之一。但就是在这种时候，他做出了这样的事，胡雪岩不能不伤心。

虽然内心翻江倒海，但胡雪岩看到宓本常时还是一如既往，谈笑风生。不过，胡雪岩却注意到今天宓本常的脸色不大好看。如果没有刚在茶楼听到的消息，胡雪岩可能不会觉得什么，但现在，胡雪岩很自然地把宓本常的脸色同昨天沉掉的三条船联系起来。

"本常，近来阜康的账目怎么样啊？"胡雪岩故意装得漫不经心地问了一声，不过他还是敏锐地注意到宓本常的眼珠非同寻常地飞快地动了一下。胡雪岩的心终于沉下去了，他知道不幸被自己猜中了。

宓本常很自然地从后面捧出阜康收支的账簿，放到胡雪岩的面前说道："请大先生过目。"

胡雪岩点点头，很随意地在账簿间翻动着，他根本就没打算要在账上查出什么来。要是那样，宓本常也太蠢了，宓本常是蠢人吗？胡雪岩是钱庄的伙计出身的，也是从钱庄起家的，对钱庄里的一切他太了解了。他知道宓本常挪用的现银，只要在支取地薄子上填上被储户提走就可以了。等钱赚回来，再把挪用的款子神不知鬼不觉地送回库里，宓本常要做的只是补贴挪款期间这笔银子的利息而已。但这些和所赚的钱相比，几乎是不值一提的。

第六章　末日悲歌

账上虽然找不出什么毛病，可胡雪岩还是大致掌握了宓本常挪用阜康库银的情况。宓本常以储户提存名义挪出去的库银，目前为止还有七十几万两。照胡雪岩的估计，那三艘船上面的货物，大概就有六十万两，而这六十万两是名副其实的打水漂了。

胡雪岩不打算去查库银，因为他实在不想看见那些银子被挪用一空之后的情形。现在真正使宓本常骑虎难下的是现银；而胡雪岩担心的，也正是阜康库中现银不足，一旦碰到大宗提款，会不会影响到阜康的信誉。

以宓本常的聪明，胡雪岩之所以要到阜康查账，他不会不知道原因。两个人都彼此心照不宣而已。胡雪岩唯一感到安慰的是宓本常到现在还没有对他做银根吃紧的表示——照胡雪岩的想法，受人之托，忠人之事，宓本常既然是他阜康的总经理，挪用库款也就罢了，总不至于眼看着阜康要倒台面，连个警告也不发吧？

当然，被挪用的款子绝不是胡雪岩账面上依稀看出的七十几万两，肯定会更多，至于会多出多少，胡雪岩不敢去想了。他知道他的那些敌人等的就是这个机会，他们知道吗？如果知道了呢？他现在不想处置宓本常，处置又能如何呢？走了一个宓本常，不知还会有多少个赵、钱、孙、李的"本常"出来。不处置，宓本常还会有所警醒，但愿这一次的难关过后他应该能将功补过吧！胡雪岩很客气地告辞了宓本常，出了阜康，迷迷糊糊地回到了他在上海的别府里，把自己锁在房里，他不许任何人打扰他，他要好好冷静一下，思考一下对策。

敌人不会等你想好了对策再来进攻的，他们等这个机会太久了，他们不会放过，更不会给你喘息的机会。当胡雪岩听到古应春叫门走出书房的时候，古应春告诉了他一个他最怕听到的消息——今天下午，阜康挤兑了。

只有亲自做过钱庄的人才能真正明白"挤兑"这两个字的分量：钱庄肯定要把储户存在柜上的钱贷出去生钱，或者再放贷，或者用这笔钱再去做买卖，否则存款的利息从哪来呢，钱又如何赚呢？

所以只要稍微想一想，就会明白，钱庄的银库里存的银子肯定要比账上的少，而且要少很多。正因为如此，钱庄最怕的就是"挤兑"，也就是所有的储户都拿着存单来兑现钱。其实又哪里用得着所有的储户都来，只要一半的存单要求兑现，就足够让钱庄倒台了。

阜康虽然是金字招牌，但今时不同往日，肯定经不起这一"挤"。

这一点，胡雪岩和古应春再清楚不过了。

胡雪岩的商业王国现在就好比是多米诺骨牌，胡雪岩想不到的是第一块倒下的骨牌竟然是自己起家的阜康钱庄。

事情的经过是这样的。

就在胡雪岩从阜康离开不到一个时辰的时候，阜康来了一个提银子的人。

伙计接过那人递上来的银票一看，上面写明是三万两现银，这可不是个小数目。伙计不敢自作主张，赶紧到后面把宓本常请了出来。

宓本常心里正烦得厉害：胡雪岩查账，多半是对自己起了疑心，但胡雪岩对自己打算怎么处理，宓本常还不清楚，但他看出了胡雪岩没打算赶尽杀绝，心里不禁暗自感激。自己刚翻在海里的那三艘船货物让宓本常忿恨，为什么自己那么倒霉，又害怕自己为阜康引来大祸，因为现在阜康银库的情形远比胡雪岩想象中的更严重。宓本常不是不想告诉胡雪岩，他是害怕，也是愧疚，他只想挺过这一关，以后再用实际行动来回报胡雪岩，但当他接过伙计送进来的那张三万两的银票的时候，直觉告诉他，他可能没有机会了，这可能是个布好的局，他甚至猜想自己的那三船货翻到海里也是这局中的一部分而已。

事情已经容不得他再想下去了，到目前为止，他还是阜康钱庄的总经理，他必须把担子挑起来。

宓本常从里面出来的时候，柜台外面到街上，已经站了不少的人，都在下面交头接耳，窃窃私语；一看宓本常出来了，所有眼睛一起转向宓本常。

宓本常清了清嗓子，一脸笑容地说道："是哪位先生要提银子？"

"是我。"柜台边上一个人朗声答道。

宓本常有一个一般人都没有的本事，那就是过目不忘，只要见过一面的人，他都会记住。当他第一眼见到这个人的时候他就知道这个人自己肯定见过。他略一回忆就已经想起来了，这个人曾经和盛宣怀一起来拜访过胡雪岩，想到这，他的心更沉了。他知道盛宣怀，更知道他和李鸿章的关系，当然也知道李鸿章和胡雪岩的关系。他又往那群人一扫竟又发现有几个人似曾相识。

戏既然到了这样的局面，宓本常也只能咬紧牙关唱下去了。

"是三万两银子都兑吗？"

"不错。"

"这您又是何苦呢?钱存在阜康,又不会少,还能生利息,摆在家里,反而招贼;而且三万两银子也不好搬运,不如我开成联号的小额银票,您也好带,也好用。"

宓本常一边说,一边用心观察看他的反应。

"这不劳费心。还是快兑银子吧,我还有别的事要办。"

"这个……"

"怎么!"提款人眉毛一立,脸转向街上,"这么拖拖拉拉,推三阻四的,是不是没有银子可兑啊?"

外面的人群立刻一阵骚动。

宓本常感到脸上热辣辣的,有无数的眼睛都在盯着自己做决定。宓本常知道,这种时候自己任何的一点拖延,都等于在向别人宣告,阜康现在确实无现银可兑了。真要那样,阜康立刻就会面临挤兑的危险。

"兑银。"

宓本常轻轻说出的这两个字,立刻像一阵轻风,把躁动的人的心抚平了。

等三万两现银装到外面的车上,看热闹的人群行将散去的时候,突然从外面又走进一个人来,扬扬手里的银票:

"老板,兑现银!"

宓本常接过一看,又是三万两!

人群大哗。

……

不到两个时辰,阜康上起了排门。

排门外,是许多手持银票等待兑银的市民、小生意人、小官吏。把这些人都煽动起来挤兑,宓本常知道,大势已去,大火难灭了。

这些人一直在排门外拍打叫骂到太阳落山,看看实在没有开门的希望,这才恨恨地离开了。而"阜康现银不足,被挤兑关门"的消息像长了翅膀一样,已传遍了整个上海。

等到古应春大着胆子把这前前后后的事情都告诉胡雪岩时,胡雪岩几乎一句话也说不出来了。

过了很久,古应春才看到胡雪岩眼里闪过了丝怪异的光彩,他几乎是咬着牙对古应春说:"无论如何,明天要把局面收拾起来!"

第二天一大早,离阜康开门还有一个时辰,排门外已经有不少人等着兑银子了。

阜康里面,胡雪岩正和古应春、宓本常几个人紧张地商议着对策。

"大先生,这排门不能开!"

宓本常急切地说。

"排门不开,等于我胡雪岩承认没有银子,那样一来,就真是彻底垮了!"

"可是……"

"撑!说什么也得撑住!把江浙各地银号的现银都给我送到上海来!这里有人和我捣乱,只要我们能支持着把他们压下去,提出去的银子很快还会再存回来……应春,我不是交待你打电报到各地阜康去催款了吗?"

"大先生,各地的电报说……"

"说什么?"

"在阜康的钱庄,都发生了挤兑。"

胡雪岩两眼一黑,险些从椅子上跌下来。

"大先生!"

几只手同时扶住胡雪岩,摩打捶揉了,好半天胡雪岩才缓过神来。

"大先生,不如到上海道邵友濂那里想点办法,或者还可以由官府出面弹压一下局面,或者调一些……"

宓本常说得很快,局面弄到这一步,于他有很大的责任。但此刻阜康有被砸牌的危险,他也顾不上想胡雪岩会如何处理他了,只一心想着如何把阜康保住。

胡雪岩苦笑一声,从怀里掏出一封短信,交经宓本常:"你自己看吧。"

宓本常打开一看,正是邵友濂今天凌晨写给胡雪岩的信:

光墉兄台鉴:

各省关票协筹不到,前议归还洋款五十万事,还望兄速筹措。

为盼!

即颂大安!

邵友濂再拜

第六章 末日悲歌

"邵友濂倒是很客气。"胡雪岩苦笑着说。"应春,你以前让我提防他和盛宣怀几个,是我当了耳旁风,才有今日之事啊!"

"对,我的伙计认出来,昨天来挤兑大额现银的,正是盛宣怀的人!"宓本常突然想起来,愤愤地说。

"事已至此,也没什么好讲,是我们被人家拿住了七寸,腾挪无计,才有此败!"胡雪岩幽幽地说。

"大先生为什么不去求求左大人?"古应春突然抓住了一线希望。

在场的人全都眼前一亮。胡雪岩也在刹那间脸放红光,但立刻又黯淡下去。

"远水解不了近渴,况且左大人数次筹款,都是由我经手。我手里空了,难道左大人那里能有?"

"可是左大人至少可以警告一下邵友濂他们……"宓本常插了一句。

"在商言商,左大人是官自然只有言官。而官场里的事,阳奉阴违者多矣,总不能指望左大人拉着邵筱村去开海关的库银吧!"

古应春沉默多时,终于忍不住说话了:"大先生,我看,事已至此,不如赶快出手那些丝茧才是正经。至少,手头可以松劲一些,让我们有个缓身之机。"

"对!"宓本常接过话头,"大先生那批丝至少有九百万两银子,倒出手来,不就活了吗?

"只怕有人趁火打劫,价钱被杀到不足实价的三成……"古应春阴沉着脸说。

"只能卖到三百万或者更少"宓本常无论怎样也不愿相信这样的事实。

"只怕还要低。"古应春低声地说。

宓本常看了看胡雪岩,从胡雪岩的沉默看来,古应春无疑是对的。

"而且,我也不甘心。"胡雪岩突然冒出一句话来,"如果是在外国,碰到我这种事情,国家一定会出面把我的丝收掉,而不会听凭洋人压我的价。可是现在,我是替国家在和洋人斗,到头来,却落得竹篮打水一场空。我只恨我没有输在洋人手里,却是输在自己人的窝里斗的下面!"

一席话说得全场默然,谁也不知道该怎么接胡雪岩的这番话,大家都能低头不语。对于前程，在此时的阜康，没有一个人有些许的把握。

所有人的眼睛都看定了胡雪岩：往常，每当危急时刻，胡雪岩总是能化险为夷，有他在，大家就可以永远放心大胆地去干自己想干的事。可是现在，胡雪岩和他们一起沉默不语，静静地忍受着外面山呼海啸般的敲打排门声，咒骂声。

两个伙计神色慌张地从前面跑进来。

胡雪岩静静地看了他们一眼，两个伙计立刻变得镇定了许多。

"有什么事，都不要慌；将来，你们自己出去独当一面的时候，尤其要记住这一点。如果遇到事情，你们自己都撑不起来，就不要指望别人会帮你渡过难关了。"

这话像是对两个伙计说的，又何尝不是对自己说的？不过，古应春在旁边听起来，却总有一种大限将至，托付后事的味道在里面，心里不由得如同打翻了五味瓶。

"大先生，外面，再不下排门，那些人可能就要冲进来了！"

"有这么严重？"

"有，比这还厉害。"

胡雪岩环顾四周，眼睛分别在每个人的脸上停留片刻，似乎是在向每个人征询着什么。然后，仰望着屋顶的梁柱，长叹一声。

"难道，胡雪岩的阜康真的已经到了这步田地——信誉扫地，只能由着人家堵着门口骂娘，打排门了？"

没有人能回答这个问题，每个人心里都在想着这么一个问题：从大江南北万人瞩目的活财神，到今天被人堵在阜康门里面，不过是一天之间的事。

这简直和做梦一样……

半晌，两个伙计才怯怯地问："大先生，外面……怎么办？"

胡雪岩一摆手，头向后一仰。

"不下排门，告诉外面，阜康歇业。"

……

隆冬季节终于来临，飒飒的刺骨寒风，肆无忌惮地扫荡着一切，往日枝繁叶茂的大树只剩下光秃秃的可怜树干。街上的行人稀少，即便在万般无奈下于街头行走的人，也都是弯腰缩颈、行色匆匆。裹挟着雨雪的寒风凶猛地直向那些窗户的缝隙里钻，吓得屋里的人匆忙用纸封住缝

第六章 末日悲歌

隙。屋檐下正期待着主人施舍的饥饿老狗也只好无奈地蜷缩着羸弱的身躯，躲进了柴堆。

在这个异常寒冷的冬季，杭州城赫赫有名的大商人胡雪岩由于与洋人斗法，耗费巨资囤积了大量生丝，结果千万钱庄的底金耗空。持阜康钱庄银票的人蜂拥而至，纷纷要求兑现，在两三天时间里，胡雪岩开的钱庄全部倒闭，而造成骨牌似的连锁反应，胡雪岩开的药房、绸铺、当铺等，也全都关门歇业，声称资不抵债，宣告破产。胡雪岩这尊昔日不可一世的"财神爷"倒了，倒得既悲壮又凄凉。

一位年迈的乞丐还在寒风中充满希望地向前走，他看到胡雪岩，急不可待地伸出了早已冻青、瘦如鸡骨的手，深陷的眼窝里迸发出一道热切的期望。胡雪岩掏出了一两纹银，放入乞丐的手中。

看着那一锭雪白的纹银，乞丐激动得双手不停地颤抖，他望着胡雪岩"扑通"一声跪倒在地，伏在胡雪岩的脚前重重地磕了三个响头。

胡雪岩将乞丐扶了起来，道："快去找个避风的地方吧。"说完，他继续往前走去。

一阵大风袭来，胡雪岩也不禁一个趔趄。他身边的树叶，被风卷着向远处飘散了……

胡雪岩终于倒了。

堂堂的"红顶商人"怎么说垮就垮了呢？

胡雪岩垮得快，不过是几天的工夫，垮台的直接导火线是资金周转不灵，钱庄遭到挤兑。此风愈演愈烈，到后来生丝生意、公济典当、胡庆余堂都受牵连，统统关门歇业了事。造成悲剧的原因十分复杂。但其中一个重要原因是后台消融，政治敌手摧残所致。

胡雪岩一生纵横商场，与官场人物相交甚密。通过官商后台，打下一片江山。他先以王有龄为靠山，后以左宗棠为靠山，一步步走向事业的辉煌。左宗棠平太平天国，平捻军，平西北之乱，一步步攀上巅峰。胡雪岩也跟着左宗棠一步步创造着事业的辉煌。左宗棠平定西疆之后，凯旋回朝，因其功而拜相，入主军机处，一时权倾朝野。同时，他又保举胡雪岩，朝廷亦赐予胡雪岩二品顶戴，赏黄马褂。胡雪岩名利双收，风光无限。

然而，胡雪岩的生意之所以能够遍布大江南北，兼及海外，全赖官场势力庇护；然而其失败却也源于官场的倾轧。

自从湘军统帅曾国藩消灭太平军后,朝廷中汉人大臣地位日益显要。曾国藩、左宗棠、李鸿章三人手握重权,在朝廷中举足轻重。曾国藩明白功高忌主,解散湘军,悄然引退。而此时李鸿章的淮军却羽翼渐丰,成了朝廷中新的焦点;左宗棠原为曾国藩的幕僚,后脱颖而出,曾率十万大军平定西疆之乱,为国人称道。

俗话说:一山难容二虎。曾国藩在世之日,左宗棠、李鸿章还各自收敛,相安无事。曾国藩一死,李鸿章与左宗棠开始分道扬镳,互相排挤对方。

李鸿章,字少荃,1823 年(清道光三年)2 月 15 日生于安徽合肥东乡大兴集一个官僚地主家庭。父文安于 1838 年中道光朝进士,授刑部主事,后迁郎中。李鸿章之母李氏,为合肥处士李腾霄之女,十九岁与文安结婚,生六子二女。李鸿章在兄弟间排行第二,长兄翰章,三弟鹤章,四弟蕴章,五弟凤章,六弟昭庆。

李鸿章青少年时代,正是中国社会发生急剧变动之时。1840 年英国用鸦片和大炮打开了中国封闭的大门,古老的中国封建社会开始向半殖民地半封建社会过渡。他在这个时候唯一的意念,是追随其父走科举成名之路。1842 年,即《南京条约》签订的那一年,李鸿章满二十虚岁,学业渐成,作《二十自述》诗一首:"蹉跎往事付东流,弹指光阴二十秋。青眼时邀名士赏,赤心聊为故人酬。胸中自命真千古,世外浮沉抵一沤。久愧蓬莱仙岛客,簪花多在少年头。"可见这时他是以头戴簪花的状元自诩的。其时,李鸿章之父文安正供职京师,居刑部郎中。1843 年,李鸿章奉父命往侍,又作入都诗一首,其中有"遍交海内知名士,去访京师有道人","倘无驷马高车日,誓不重回故里中"之句。这些诗句,都反映了他对求取功名的渴望。1844 年,应乡试,中举人。

1845 年春,李鸿章参加京师会试,未中。那时曾国藩为翰林院侍讲学士,与李鸿章之父文安为同科进士(旧称为"同年"),彼此友善。文安即命李鸿章投到曾国藩门下受业,讲求义理经世之学。义理经世之学与完全脱离实际的"乾嘉汉学"不同,它主张读书,要"通于天道人事,志于经世匡时",提倡关心时事和勇于探索现实的精神。这门学问是在清朝统治由盛转衰的情况下,封建统治者为了挽救政治和经济危机,于道光年间重新兴起的。曾国藩潜心研讨多年,并以此"劝诫后进",李鸿章受业门下,获益匪浅。曾国藩对李鸿章亦十分器重,谓其

· 115 ·

"才可大用"。1847年春,李鸿章再次参加京师会试,三场中试后,参加殿试。殿试题目为:"孟子曰:予岂好辩哉,予不得已也。"李鸿章述:"孟子战国中一人而已。今当举世披靡之会,使皆以缄默鸣高,则挽回气运之大权,其将谁属耶!大贤者出不徒辩一身,期其自尽,而当于千载寄其退思以觉民也。"答卷以圣人为榜样,批评那些处在颓世的文人学士,皆抱着明哲保身,以缄默不说话而自命清高的错误态度;指出应像圣人那样,为挽回颓世之"气运",不计较个人得失,要敢于辩论,敢于抒发自己的思想,以启发世人之觉悟。5月,中进士,授翰林院庶吉士。1850年,李鸿章升翰院编修。1851年(清咸丰元年),授武英殿纂修、国史馆协修。1852年,朝廷大考翰林院詹事府人员,李鸿章以编修身份与试、考列二等,赏文绮。

当上令人仰望的翰林院编修以后,李鸿章踌躇满志,意气风发,展望未来,前程似锦。他本想设法接近皇帝,攀附权贵,沿着传统的升官之路走下去,怎奈"生于末世运偏消",一场突发的社会震荡使他不得不以儒生而充军旅。

1851年1月以洪秀全为首的农民群众,在广西桂平紫荆山麓金田村树旗造反,建号太平天国,军曰太平军。只经过两年多的战斗,便从广西一隅跃进到长江流域,定都南京,建立了一个与清朝封建政权相对峙的农民政权,并开始北伐与西征。

当时清朝的达官贵人和主要支柱绿营兵腐朽不堪,文武以避贼为固然,士卒以逃死为长策。正当地主阶级现有当权势力无力挽救危局之际,一股新的反革命势力却从地主阶级中浮现出来。有些政治地位不高的汉族地主士绅"同仇奋义",举办团练,协助清军镇压群众,屡建奇功。面对这种严酷现实,咸丰一面用高官厚禄和严刑峻法来制止文官武将和绿营兵的溃逃,驱使他们继续为清王朝卖命;一面努力争取汉族地主豪绅的支持,动员他们凭借自己在本乡本地的封建的政治、经济和宗族势力,"结寨团练","搜查土匪",配合清军镇压太平军,并为此而在南北众多省份任命了一大批在籍官僚为督办团练大臣。

此时的李鸿章被清廷大臣吕贤基推荐回安徽原籍办团练。

安徽也同江南其他某些阶级斗争激烈的省区一样,地主士绅纷纷举办团练,站到反对农民斗争的最前线。其中凶悍著名的有:桐城马三俊,庐江吴廷香、吴长庆(字筱轩,世袭云骑尉出身)父子,合肥张树声（字振轩，廪生）和张树珊（字海珂）兄弟、周盛波（字海舲）和周盛传（字薪如）兄弟、刘铭传（字省三）、潘鼎新（字琴轩，举人）、解光亮、李鹤章等人。据说"庐郡团练整齐"，同远在京师的李文安有着密切关系。

抵达庐州的李鸿章，面对这样内外交讧的局面，内心的震动是可想而知的。他虽然血气方刚，有意大显身手、力挽狂澜，但怎奈自己无权、无兵、无饷，又系儒生从戎，对军事一窍不通。因而展望前途，忧心忡忡。他先入周天爵幕。

李鸿章随同周天爵主要参与了两次较大的绞杀捻军的战役。一次是镇压定远陆遐龄起义。定远为九省通衢，捻军活跃地区。陆遐龄（约1803—1853）是定远县荒陂桥旗杆村（现属长丰县沛河乡）人，为地主家庭出身的武秀才，因受到某个案件株连被关押在安庆监狱。1853年2月太平军首克安庆，把他从监狱中拯救出来，并派他返回定远组织群众起兵响应。约在3月上旬，陆在家乡造反，竖立"随天大王百战百胜等旗"，聚众万余，打击土豪，抗击清军。据时人记载，定远知县督兵进犯，"两战两败"；而城内团练，更"事同儿戏"，甚至公然乘机渔利，"有用竹枪一支，开支公项八百文者"。是时，合肥夏村夏金书联络陆遐龄"约期大举"，南北呼应。李鹤章闻讯，立即率领团练百余人前往围捕，杀害金书父子，解散千余，"增立东北乡团防"，堵塞了陆遐龄南下的通路。接着李鸿章、李鹤章督团随同周天爵在定远荒陂桥、寿州东乡等地击败陆遐龄起义军。4月中旬周天爵诱捕并杀害了陆遐龄父子。周天爵奏奖李鹤章六品衔。

另一次是镇压多达四千余人、活跃于颍州、蒙城、亳州交界地区的陈学曾、纪黑壮起义。正当北伐军挺进豫皖边界之际，胡以晃等统率的西征军又长驱入皖。

11月14日下桐城县。29日攻占舒城，斩刑部主事朱麟棋。团练大臣吕贤基和通判徐启山投水自杀。李鸿章与总兵恒兴逃回庐州。

当李鸿章率练勇在淮南转战之际，曾国藩正在湖南编练湘军（当时称为湘勇）。曾国藩奉旨督办团练之初，即以团练不足以"办贼"，而绿营兵又不可用，决心"改弦更张"，创建一支新的军队——湘军，同太平军作战。他创建湘军完全是针对绿营兵之"不可用"而来。因此，他编练湘军，决心摈弃绿营兵之积弊，仿照明代戚继光编练戚家军之

第六章 末日悲歌

"束伍成法",实行封建乡土结合,建立严格的个人隶属关系。大小将领主要用湖南人,彼此或是同乡,或是同学,或是门生,或是亲族,都由各种封建关系把他们纠集在一起。士兵也都招募湖南人,最多的是曾国藩的老家湘乡人。整个湘军营制,大帅选用统将,统将自置营官,营官自拣哨官,哨官自行挑选什长、士兵。每个营只服从营官一人,各军只服从统将一人。各军各营彼此独立,互不相统属,全军只服从曾国藩一人,不受其他任何节制。当时曾国藩准备将编练的湘军与江忠源原有之楚勇合成一军,计划于第二年夹江东下,同太平军作战。不久,得知江忠源升任皖抚,随即致书江忠源,向他推荐李鸿章:"李少荃(鸿章)编修,大有用之才,阁下若有征战之事,可携之同往。"与此同时,又致函李鸿章,将绿营兵之不可用,以及他在湖南编练湘军的做法和意图,告诉了李鸿章。要求他也能按照湘军精神,"束以戚氏之法,精练淮勇",待"明年楚勇过境",即与楚勇合为一军,"以为四省(湖南、湖北、江西、安徽)联防之计",并告之江忠源现开府皖省,"求贤孔殷",请李鸿章助一臂之力。

由于曾国藩的荐引,李鸿章自舒城逃回庐州后,即应新任皖抚江忠源之请,在庐州西北三十里的岗子集,召集从舒城溃退的练勇六百余人,协守庐州。12月12日,胡以晃、曾天养部太平军进围庐州。江忠源因城内兵单,连忙征调六安镇总兵音德布、寿春镇总兵玉山、已革按察使张印塘等部清军,分别自六安、巢县、东关赴援。咸丰帝也急命江南大营向荣速派和春北上,并严催已革陕甘总督舒兴阿部清军速援庐州。12月18日,太平军大败清军于拱辰门外,阵斩玉山。张印塘收集残部退往店埠(今肥东县)。1854年1月6日,在围城紧急之际,李鸿章驰赴正阳关舒兴阿军营乞援,愿率所部练勇,自备口粮,随同舒军解庐州之围。12日,舒军抵庐州外围,扎营岗子集;旋即派马队进至西城外,遥见太平军,不战自溃。14日,庐州即被太平军攻陷,江忠源投水塘死。江忠源之死,李鸿章在精神上受到很大打击,此后又投到新任皖抚福济门下。

庐州失守,江忠源自杀,清廷以漕运总督福济为安徽巡抚。李鸿章即率所部练勇投到福济门下。同年2月,李鸿章之父文安亦奉旨回乡办理团练,与李鸿章一起,同受福济节制。李氏父子皆进士出身,在本乡颇有声望,经李文安招抚编练,李部团练势力逐渐扩大。庐州团练本有官团与民团之分。官团多兴于东乡，民团多兴于西乡。李鸿章所部练勇为东乡官团，其部下有李胜、张桂芬、张遇春、张志邦等人。西乡民团有大潜山下刘铭传、周公山下张树声、张树珊兄弟及紫蓬山下周盛波、周盛传兄弟，号称三山团练，十分剽悍好战。文安回籍后，为了扩大自身势力，即将西乡民团张树声"如襄戎幕"，并通过他联络刘铭传及周氏兄弟。此外，庐江团首潘鼎新曾先后以李鸿章父子为师，彼此关系甚密，而潘鼎新与庐江另一团首吴长庆又为世交，李氏父子通过潘鼎新与吴长庆亦有联系。因此，李鸿章与其父文安在淮南各团首中很有些号召力，而这些团首也就成为后来李鸿章创建淮军的基本班底。

1854年冬，福济督军久攻庐州不下，李鸿章建议：欲攻庐州，应先取含山、巢县，断太平军之接济。福济采纳其议，于1855年2月1日，命其率所部练勇会同千总莫青山、佐领辑顺攻占含山，败太平军。李鸿章以功赏知府衔，换花翎，由是以知兵闻名。含山既下，李鸿章与其父又随同副都统忠泰进攻巢县。由于太平军力守，久攻不下；文安在军中暴病身亡，李鸿章离军奔丧。7月26日，太平军万余人对忠泰营进行反攻，忠泰部清军全军覆没，李鸿章因不在军中得以身免。不久，李鸿章又回军中效力。11月10日，随福济、和春等围攻庐州，由他联络监生鲁云鹏、绅士王南金等人在城内纠众千余人为内应，清军遂得以夺占庐州，奉旨交军机处记名，以道府用。1856年10月下旬，又随福济等攻陷巢县，进占无为、和州等地，赏按察使衔。李鸿章在福济幕中，因福济实不知兵，多从李鸿章之议，由是遭众妒忌，颇不得志，同年底便离军，服丧守庐。朝廷以李鸿章迭次镇压太平军出力，交军机处记名，以道员补用。至此，李鸿章结束了办理团练生涯。

1859年1月，李鸿章终于由一个"失意政客"一跃成为湘系首脑曾国藩的幕宾，从此他的宦海生涯又翻开了新的一页。曾李结合牵线搭桥的是李瀚章，他于1849年以拔贡朝考出曾氏门下，1853年署湖南善化知县。治军衡阳的曾国藩檄调来营，襄办粮台，遇有战阵，亦督队指挥。曾国藩称赞他"内方正而外圆通，办事结实周详，甚属得力。"1857年1月湘军粮台裁撤，归并江西省局，瀚章回籍为其父守制，安徽巡抚福济奏留办理团防捐务。1858年曾国藩札调瀚章赴江西总理粮台报销，瀚章遂奉母同往。曾国藩十分器重瀚章，而瀚章也把曾国藩倚为靠山。瀚章既经常向曾国藩通报鸿章在皖情况，有时甚至将其弟家书转呈曾国藩过目；又时时向鸿章介绍曾国藩的宦海浮沉和吹捧其道德学问。瀚章在其弟与曾国藩之间起着沟通情感、增进了解的作用。时值鸿章到南昌看望老母，曾国藩便乘机通过瀚章邀请鸿章前来会晤。1858年12月曾国藩函告友人说："筱泉家被贼焚劫，挈眷至南昌，日内亦即来营，少泉亦约来此一叙。"曾国藩与李鸿章早就结下了师生之谊，曾国藩称誉弟子为"伟器"，李鸿章敬佩其师如"神圣"。他俩既有相似的追求：扑灭太平天国烈火、维护清朝统治以期封侯荫子、光宗耀祖；又有相互利用之必要，曾国藩希望借助李鸿章之才以成"大业"，李鸿章企图依靠曾国藩援引以立功名。因而他俩一拍即合。曾国藩把李鸿章留在幕府，"初掌书记，继司批稿奏稿"。李鸿章素有才气，善于握管行文，批阅公文、起草书牍、奏折甚为得体，深受曾的赏识。曾国藩赞扬说："少苍天资于公牍最相近，所拟奏咨函批，皆有大过人处。将来建树非凡，或竟青出于蓝，亦未可知。"李鸿章也竭力吹捧其师："从前历佐诸帅，茫无指归；至此如识南针，获益匪浅。"曾国藩对李鸿章精心训导，尽力雕琢，陶冶其志气，培养其才能。曾国藩日常起居颇有规律而富有生趣，每天早起查营，黎明请幕僚一起吃饭。鸿章落拓不羁，贪睡懒散，对于这样严格的生活习惯很不适应，深以为苦。一天，他谎称头疼，卧床不起。曾国藩知道他耍滑装病，大动肝火，接二连三地派人催他起床吃饭，说"必待幕僚到齐乃食"。他见势不妙，披衣"踉跄而往"。曾国藩在吃饭时一言不发，饭后却严肃教训说："少荃，既入我幕，我有言相告，此处所尚，唯一诚字而已。"说完拂袖而去，鸿章"为之悚然"。曾国藩因素知李鸿章"才气不羁，故欲折之使就范也。"这里既有纪律的约束，又有道德的说教，李鸿章深感"受益不尽"，从而逐渐养成了"每日起居饮食均有常度"的习惯，并获得不少"学问经济有益实用"的东西。

6月早已移驻抚州的曾国藩，鉴于太平军猛攻景德镇，担心湘军张运兰部不支，急派曾国荃率部往援，并命李鸿章同往。曾国荃（字沅浦）是曾国藩胞弟，所部为曾国藩嫡系。李鸿章心高气盛，希望独统一军，不愿寄人篱下，心情郁郁，有意他去。曾国藩赏识李鸿章之才而不满其虚骄之气，于是一面借用尚方宝剑阻其去路，疏留说：李鸿章"久历戎行，文武兼备，堪以留营襄办"；一面对其晓之以理，诱之以利，说"阁下闳才远志，自是匡济令器"，"倘为四方诸侯按图求索，不南之粤,则东之吴,北之齐豫耳。"李鸿章既不敢抗旨,又感戴其师"荐援"之恩,因而决计前往。

1860年初,清廷基于"上下夹攻,南北合击"太平天国的战略决策,命令江南大营和湘军分别围困天京和"进攻安庆,分捣桐城"。太平军为了摆脱两面作战的不利局面,采取了先救天京、后保安庆的方针。是年5月李秀成、陈玉成联军一举击溃江南大营,随即挥军东指,挺进苏杭。江南北大营本来是咸丰与曾国藩矛盾的产物。咸丰既要依靠曾国藩对抗太平军,又不肯给他以军政实权。咸丰的计划是湘军出力,江南北大营收功。江南北大营的相继覆灭,使咸丰的如意算盘彻底落空。咸丰不得不全力依靠曾国藩来支撑危局,于6月初给他兵部尚书衔、署理两江总督的军政实权。8月实授两江总督。此间,曾国藩曾奏保李鸿章为两淮盐运使,黄翼升为淮扬镇总兵,筹办淮扬水师。清廷却只任命黄翼升为淮扬镇总兵,没有授予李鸿章两淮盐运使一职。李鸿章吃了一记闷棍,抑郁寡欢,暗自嗟叹,只得继续留在曾氏幕中。

正当李鸿章出任两淮盐运使的美梦破灭之际,太平军对上游的湘军发动了声势浩大的钳形攻势。分兵南北两路,沿江西上,"合取湖北",会师武汉,以救安庆。这次攻势确实打中了曾国藩的要害。当时曾国藩把湘军主力集结在安庆及其周围地区,以武汉为中心的湖北防务非常空虚。然而湖北却是湘军的战略基地,武汉尤为全局根本。太平军"合取湖北",把战火引向敌人后方,避敌主力,打其虚弱,攻其必救,既可解安庆之围,又能歼灭湘军主力。曾国藩胆战心惊,立即采取应变之策。他针对太平军西征的战略意图,决意不撤皖围之兵以援鄂,反而督军猛攻安庆,企图迫使太平军尽快地从上游回顾下游,并进行决战。他把所谓旋转乾坤的赌注,全押在安庆围点打援上面了。南路西征太平军路经皖南时,曾经攻占宁国、徽州等地,并"环绕祁门作大围包抄之势",致使坐困祁门的曾国藩"日在惊涛骇浪之中"。这时曾国藩除了遭致太平军的环攻外,还遇到北上"勤王"和祁门内讧两个棘手的问题。1856年英法联军发动侵华战争,即第二次鸦片战争。1860年9月英法联军攻占天津,直逼北京城下。咸丰在逃往热河途中,命令曾国藩速派湘军悍将鲍超带兵北援。曾国藩一时举棋不定,因为北援事关"勤王",无可推诿,但又想留下鲍超所部对抗太平军。他召集文武参佐讨论对策,要求每人提出一种方案,结果多数人主张派兵入卫,只有李鸿章力排众议，说"夷氛已迫，人卫实属空言，三国连衡，不过金帛议和，断无他变"，而"楚军关天下安危，举措得失，切宜慎重"，主张"按兵请旨，且无稍动。"李鸿章认为英法联军已逼近北京，"人卫实属空言"，英法联军之役必将以"金帛议和"而告终。危及大清社稷的不是英法联军，而是造反的太平军。湘军"关天下安危"，应把刀锋对准太平军。至于北援，应"按兵请旨"，静待时局之变。曾国藩深受启发，一面上疏冠冕堂皇地表示："鲍超人地生疏，断不能至，请于胡（林翼）、曾（国藩）二人酌派一人进京护卫根本"；一面在实际行动上采取拖延观变战术。结果不出所料，11月便接到"和议"已成、毋庸北援的廷寄。这表明李鸿章、曾国藩和整个清朝封建统治者在阶级利益和民族利益发生矛盾时，坚持对外妥协、对内镇压的方针，乃是其阶级本性所使然。

　　李鸿章虽然协助曾国藩渡过了北上"勤王"的难关，但却促进了祁门内讧。曾国藩早就指出："徽畏外寇，祁忧内讧。"李鸿章对曾国藩驻守祁门一举，向来持有异议。随着太平军环攻不已，祁门形势日益艰险，湘军上下要求曾国藩移师的呼声高涨起来。李鸿章认为"不如及早移军，庶几进退裕如"，曾氏不从。李鸿章再三陈说，曾国藩气愤地声称："诸君如胆怯，可各散去。"李鸿章主要着眼于军事，断言祁门为"绝地"，不宜久留。当然，"胆怯"也确是他劝说曾氏"及早移军"的动因之一。曾国藩并非不懂祁门在战略全局上对湘军毫无特别重要意义，他之所以驻守祁门，主要是做给令其督军径赴苏常的咸丰看的一种姿态。因而"誓死守"，"诸将皆谏弗听"。一波未平，一波又起。曾、李又因李元度问题发生争执。李元度（字次青）是曾国藩"辛苦久从之将"，曾国藩在靖港、九江和樟树镇败绩后的艰难岁月中，曾经得到李元度的有力支持。曾国藩自称与李元度的"情谊之厚始终不渝"。李元度擅长文学而不知兵，只因曾国藩私情荐举，才升任徽宁池太广道，领兵驻防徽州。当太平军李侍贤部来攻时，李元度违反曾国藩坚壁自守的指令，出城接仗，一触即溃，徽州易手。李元度徘徊浙赣边境，经久不归，后来虽然回到祁门，但不久又私自离去。曾国藩悔恨交加，决定具疏劾之，以申军纪。曾国藩此举，本来无可厚非，但文武参佐却群起反对，指责他忘恩负义。李鸿章"乃率一幕人往争"，声称"果必奏劾，门生不敢拟稿"。曾国藩说："我自属稿"。李鸿章表示："若此则门生亦将告辞,不能留侍矣。"曾国藩生气地说:"听君之便。"10月25日曾国藩在日记中写道:"日内因徽州之败,深恶次青,而又见同人多不明大义,不达事理,抑郁不平,遂不能作一事。"从曾国藩手书日记原稿看,曾国藩在"而"与"又见"之间,圈掉"少荃"两字,他的原意可能要写"少荃不明大义,不达事理"。其实,曾氏对李鸿章的批评是切中要害的。曾国藩坚持己见,终于将李元度弹劾去职。李鸿章鉴于自己意见被拒和祁门奇险万状形势,便愤然辞幕,离开祁门,打算返回南昌哥哥家中。据说李鸿章途次曾走访胡林翼,说明辞幕原委,胡氏语重心长地劝道:"君必贵,然愿勿离涤生,君非涤生曷以进身?"李鸿章剖露心迹说:"吾始以公为豪杰之士,不待人而兴者,今乃知非也。"李鸿章此时此地借故他往,使曾国藩极为恼怒,并得出了"此君难与共患难"的结论。胡林翼写信劝说曾国藩:"李某终有以自见,不若引之前进,犹足以张吾军。"曾国藩经过冷静思考,认为胡林翼的看法很有道理,便于1861年3、4月间写信给李鸿章,请他出任南昌城守事宜,以抗拒南路西征太平军。李鸿章也未割断与曾国藩的联系,直接写信劝说或请胡林翼代劝曾国藩从祁门"及早移军","先清江西内地"。曾国藩敦促李鸿章出山,意在为自己罗致建功立业的助手。李鸿章环顾左右,也确信当今可资"因依"而"赖以立功名"者只有曾国藩,因此捐弃前嫌,于7月13日赶至东流,重新投身曾幕。曾国藩"特加青睐,于政治军务悉心训诰,曲尽其熏陶之能事。"

上海自鸦片战争之后,成为五口通商口岸之一,地位日渐重要。1858年清政府即改以两江总督办理各国通商事宜,上海遂成为全国通商与外交的重心。1860年清军江南大营崩溃,太平军乘势东下苏(州)、常(州),苏南各地殷商富户纷纷避难上海,外国租界更成为栖居之所。同年7月太平军第一次进攻上海期间,正值英法联军发动第二次鸦片战争进犯京师之际,栖居上海的官绅十分惶恐不安。由于苏松太道吴煦请外国侵略者帮助守城,才使太平军未能进占上海。第二次鸦片战争结束之后,中外反动势力勾结起来共同镇压太平军,清政府为保住长江下游财富之区,遂有所谓"借师助剿"之议。但是以曾国藩为代表的地方实力派,出于对西方列强的防范心理和争夺地盘的欲望,对"借师助剿"始终未表赞同。上海孤立已久,望援甚切,适逢湘军攻占安庆,军威远播,曾国藩总督两江,又有保卫地方之责,于是上海官绅乃有赴安庆乞师之议。1861年11月6日，先有金匮知县华翼纶等到安庆乞师。18日，又有户部主事钱鼎铭等正式代表上海官绅持书抵安庆，谒见曾国藩，并晤李鸿章。座中钱鼎铭等痛哭流涕，极言上海有饷无兵，望上游之兵早赴江东救援。为此，曾国藩与李鸿章连日讨论援沪办法。初拟令曾国荃所部湘军赴援，李鸿章偕黄翼升淮扬水师驻镇江，控制全局。但曾国藩欲令其弟曾国荃进攻金陵夺取首功，故援救下游的任务遂以李鸿章承当。计议已定，曾国藩即命李鸿章尽速募勇淮南，以为东征之资，并保举他为江苏巡抚、左宗棠为浙江巡抚，为进军苏、浙积极作准备。

李鸿章既奉招募淮勇之命，便积极同淮南各地团练头目进行联络：一是通过其父文安旧部张树声联络合肥西乡民团头目刘铭传及周盛波、周盛传兄弟；二是通过其门生潘鼎新联络庐江官团头目吴长庆等；三是派人联络其在合肥办团练时的旧部张桂芬、张志邦、李胜、吴毓芬等；四是令其弟李鹤章、李昭庆回乡利用乡族关系募集亲兵。1862年（同治元年）2月初，即有张树声、刘铭传、潘鼎新、吴长庆之树、铭、鼎、庆四营团练武装开到安庆进行编练。此外还有张遇春的"春字营"亦加入训练（张遇春系李鸿章旧部，1860年应李鸿章之召去祁门，归入湘军，是时曾国藩即将春字营拨归李鸿章）。2月中旬，曾国藩又将两江总督亲兵营韩正国部湘军两营以及曾国荃部程学启"开字营"两营（程学启，皖北人，系太平军叛将）拨给了李鸿章。2月22日，在安庆城北正式成军，号称淮军；曾国藩为厘定营制饷章，悉仿湘军章程。当天，李鸿章即移驻军营。不久，又有从湖南新招募的由滕嗣林、滕嗣武统带的"林字营"两营以及由陈飞熊、马先槐分别统带的"熊字营""垣字营"各一营开到安庆，奉曾国藩之命也加入了淮军序列。总计，淮军安庆建军共有十三营营六千五百人。

淮军仓促成军，同湘军相较，显然有不同的特点。湘军创建之初，兵将均出自湖南，将领皆儒生，士兵尽农夫，并标榜以捍卫封建之道为最高宗旨。而淮军组成分子，既有团练武装，又有太平军降众，更有湘军整营加入，可谓"兼收并蓄"，杂凑而成。

1868年3月10日，李鸿章抵直隶景州，所统各部淮军也相继进至冀中前线，加上先已到达的各省"勤王"部队不下十万之众。3月中旬，西捻军为了摆脱各路清军的包围，由冀中南返。行至饶阳，遭清军袭击,邱远才、张禹爵两员大将同时牺牲,士气受到很大影响。张宗禹率军继续南走,渡滹沱河入河南,拟入晋东南,以甩开清军。但淮军接踵而至,堵住西进之路。西捻军在清化镇稍事休整后,立即折而东行,出延津平原,于4月17日由山东东昌府李海务渡过运河,进到直鲁边界地区就食。

是时,清廷以西捻军进入山东,命李鸿章总统山东前敌各军。4月下旬,西捻军出德州,经沧州,进逼天津,旋即返回山东。清廷因捻军曾逼近天津,京师受到威胁,将李鸿章、左宗棠降二级留任,并限期一个月消灭西捻军。5月21日,李鸿章与左宗棠会于德州桑园,议定"就地圈围"之策。其军事部署是:在北面,掘开沧州以南的捷地坝,引运河水入减河,命崇厚洋枪队和淮军潘鼎新部防守,阻扼西捻军北上;在西面,于张秋一带引黄河水入运河,命淮军、东军、皖军分段驻守;在南面,封锁黄河各渡口,将船只一律调至南岸,由山东地方官带队把守;在东面,严禁渔船下海,防止西捻军渡海他走。此外,调战斗力较强的湘淮军为"游击之师",进入包围圈内跟踪追击。5月下旬至6月中旬,西捻军在清军包围圈内,忽而北上,忽而南下,几次抢渡运河均遭失败。但李、左二人也因一个月的限期已到,受到"交部议处"的惩戒。李鸿章为了尽快地消灭西捻军,又决定"乘黄河伏汛,缩地圈扎",即以运河为外围,以马颊河为里围,将西捻军压缩在马颊河以南、徒骇河以北的狭长地带,并在圈内实行坚壁清野,使西捻军无所就食。这一来,西捻军的处境更加困难,士气日益低落,以至接连发生投降事件。7月中下旬,西捻军与跟踪追击的湘淮军数次接战,连遭惨败,张宗禹也中弹受伤。8月上旬,张宗禹率余部突围至德州桑园、二屯、老君堂等处抢渡运河,均未成功。复北上直隶盐山,又为清军所阻。转趋山东高唐、博平,适逢黄河、运河、徒骇河河水交涨,处境更难。8月15日,由博平走东昌,退往平广平镇。16日,在向东北方向转移途中,与湘淮军主力刘铭传、郭松林、潘鼎新等部遭遇,经过激战,西捻军数千将士全部牺牲,张宗禹仅带二十八骑突围而出,走到徒骇河边,"穿秫水,不知所终"。西捻军覆灭,清廷开复李鸿章迭次降革处分,并赏加太子太保衔,以湖广总督协办大学士。

捻军被镇压之后,李鸿章赴湖广总督任,自带武毅军、盛军马步炮队进驻湖北。1870年初,诏命督办贵州军务,镇压苗民起义。正准备

启行，复以甘肃回民起义军入陕，清廷因左宗棠远在平凉不及兼顾，又改命援陕。7月，率军进驻西安，又值天津教案发生，法、英等国出兵舰集津沽示威，命即移师天津密筹防卫。8月29日，行抵直隶境，接朝旨调任直隶总督，会同曾国藩办理教案善后。事毕，曾国藩回任两江，李鸿章接直隶总督任。11月，兼任北洋通商事务大臣。1872年授武英殿大学士，仍留总督任。1874年发生日本侵台事件，淮军大部调驻直隶、山东、江苏，成为京畿和沿海陆防主要的常备武装力量。李鸿章则成为清廷倚为畿疆门户、恃若长城的军政重臣。

两人私情倒没有什么争执，争执的焦点在于国防政策。李鸿章认为西方各国对中国虎视眈眈，于是大力建设北洋水师。一帮大臣也附和李鸿章的主张，称中国必须要加强海军建设。

而左宗棠因有天山平乱和西北平回的经历，因此认为中国的安危，在于稳定内陆，防备俄罗斯入侵，故提出陆防论。朝廷中也有一帮大臣支持他的主张。

两人谁也说服不了谁，各行其是。左宗棠发展陆军，李鸿章发展海军，各取一端，各自相安。虽有嫌隙，但为大局出发，也只是内心有怨，不至于怒目相向。

如果李鸿章任直隶总督兼北洋大臣，而左宗棠仍留在朝廷，胡雪岩倒也平安。偏偏左宗棠好夸夸其谈，加之他那"蒸不熟，煮不烂"的脾气得罪了朝中的不少大臣，连恭王和慈禧都不喜欢他，只好把他外放江苏，任两江总督兼南洋大臣。北洋大臣因为地近京师，又是"总理各国事务衙门"的当然成员，自然比南洋大臣更易发挥。加上李鸿章手腕圆融，紧握多项资源，更拉大了北洋与南洋的差距。甚至，李鸿章在南洋大臣的地盘上，都布置了北洋系的自己人。例如，整个两江总督辖区里最繁华的上海地区，其地方官上海道邵小椿，就是李鸿章的心腹。另外，整个东南沿海地区的电信事业，都掌握在北洋大将盛宣怀手里。

李鸿章打算把上海建设成为海军基地，进而控制南洋海防，成为中国的"海军王"。左宗棠也特别看重上海，尤其上海还有著名的江南制造局，为中国南方最大的兵工厂与机器制造机构。左宗棠在军机处待了一段时间，也发觉中国海防空虚，虽然极力主张陆防，但事关国家安全，也不得不要求加强海防。加之李鸿章手握北洋水师，权势如日中天，令左宗棠耿耿于怀，他也想在海防上加强自己的势力，扩大影响，正在这时，朝廷又调左宗棠为两江总督，治理东南半壁河山的政务。于是左宗棠亲自到上海视察，从原湘军水师中招募人马，创办船政，制造新式军舰。南方海防，在左宗棠领导下正如火如荼地开展着。

邵小椿等人，在南洋当官，表面上当然得听南洋大臣的。可是，背地里，这帮人却成了北洋坐探，不但把左宗棠的一举一动，详细回报李鸿章，对左宗棠还阳奉阴违，公事上处处掣肘，扯左宗棠后腿。

左宗棠也染指海防，欲从中夺食，这叫李鸿章如何忍得住。李鸿章下决心与左宗棠斗一斗。李鸿章知道左宗棠今日权满东南，虽有个人才华，却也依靠胡雪岩为他筹划。欲倒左宗棠，必先剁其左右手胡雪岩。胡雪岩就这样被推上了政治斗争的浪尖。

就在此时，法国入侵越南，越南是中国的邻邦，法国此举是"项庄舞剑，意在沛公"，想以越南为跳板，向中国西南扩张自己的势力。朝廷许多大臣要求朝廷出军帮助越南抗法，左宗棠也同意此计划。但李鸿章则以越南不是中国的属国，而且朝廷连年征战，民生痛苦，与法国贸然交战，会得罪许多西方国家，而且胜负难料，因而主张议和。这更加深了李鸿章和左宗棠的矛盾。

左宗棠虽然主张出兵助越南抗法，但是却无钱粮。于是他要求胡雪岩出面再借洋款四百万两，于是，就出现了前文描述的挤兑风波……

局面走到这一步，只有政府能救他。可是，"木秀于林，风必摧之；行出于众，人必非之"，胡雪岩树大招风，一则早遭人忌；二则朝廷中李鸿章等北洋系大员又倾力推波助澜，说胡雪岩涉嫌欺诈；三则各地主顾纷纷上书，状告胡雪岩；四则左宗棠虽极力保胡雪岩，然而左宗棠平时目空一切，得罪的人太多，朝中大臣不买他的账。于是，朝廷下旨查封胡雪岩家产，并除去胡雪岩的二品官衔及顶戴。不可一世的胡氏王朝就这样烟消云散了。

事后看来，如果左宗棠与李鸿章和平共处，或者左宗棠压倒李鸿章，不论是战是和，总之不被李鸿章压倒，胡雪岩就不会垮台。

晚清，特殊的社会环境使得商业不得不依赖于政治。政治上的斗争往往使得商业发展历经波折。如果不依靠官场，不可能有大的发展；而靠得太近，却又成为官场斗争中的牺牲品。

光绪十一年（1885）七月二十七日，左宗棠病逝于福建皇华馆。胡雪岩遭到巨大的打击，同时也失去了最后的庇护。

十二月，左宗棠的尸骨未寒，反对左宗棠的李鸿章一派，又开始蠢蠢欲动，意图将左宗棠的势力彻底打扫干净。在他们的策动下，清廷追查胡雪岩在购买军火、代借洋债中克扣公款、收取"回扣"之事，下旨将胡雪岩原籍及各省财产，查封抵债，欲进一步置他于死地。

没等圣旨传到杭州，胡雪岩已经在忧惧中死去。

他死后，灵柩就停放在堂中，一时也没有人来安葬。听到死讯，第一个赶来的，是一个法名叫做靖安的尼姑，她在胡雪岩的灵柩前拜了几拜，便飘然远去。后来，人们传说，她就是胡雪岩曾经结拜的干妹妹——赛牡丹。

浙江巡抚刘秉璋接到朝廷查封的旨意后，当即密札杭州知府吴世荣督同仁和、钱塘两县令前去胡家查看，这时候胡雪岩已经死了。只见灵柩停放在堂屋，仅有桌椅箱橱等普通木器。银钱细软贵重之物，都已经荡然无存。一询问才知道，就连停放灵柩的屋子，也是租来的。而当初耗资数百万的胡庆余堂和价值数十万的元宝街胡宅早已易主，落到了清协办大学士文煜手中。

# 第七章
# 胡雪岩智慧解析

## 凡事要有长远规划

　　长远的规划，是一个人的事业得以长远发展的"秘方"。无论是谁，要想把自己的事业做大、做强，都要做好长远的规划。因为，一个人只有为自己做好了长远的规划，才知道自己在做什么，下一步该怎样做，向着怎样的方向发展，才会让自己永远有路可走。而不至于今天做一件事情，明天又做另一件事情，后天再做一件事情；或者做着做着就偏离了自己原来的的道路和方向。

　　凡事都先做好长远的规划，才不会让自己走着走着迷了路。

　　经商也是一样，有长远规划的商人，总是能在不偏离自己原来道路的基础上为自己发现新的机遇，找到接近自己目标的方法。虽然有时候，有些事情看起来跟自己的目标没有多大关系，但实际上却也是为自己的目标服务的。例如，胡雪岩全力以赴帮助自己的靠山做事，其实也是在为他自己的经济实力和商业地位增加筹码。

　　胡雪岩人生中的一次重要机遇是左宗棠西征，这段时间也是胡雪岩与左宗棠交往的辉煌时期。西征使胡雪岩得以帮助左宗棠办理洋务，并为左宗棠的军队提供军需。但这件事本身存在着一定的风险，一旦左宗棠西征失败，胡雪岩就会血本无归。然而，胡雪岩却极具预见性和胆略，为自己做好了充分的准备，决定放手一搏。因为，这件事情的成败，不仅关系到左宗棠的仕途，也关系到胡雪岩自己的命运，他的生意跟左宗棠的仕途是紧紧联系在一起的。

　　作为平叛战乱的统帅，左宗棠的主要精力必然要放在指挥前线作战杀敌等方面，后勤方面的事情自然要托付给自己得力的亲信。这个人非胡雪岩莫属，他既有谋略，又有胆识，最重要的是对左宗棠忠心耿耿。

胡雪岩为帮助左宗棠筹集西征的粮饷，曾几度代表清政府向洋人借款。他不辞辛苦地为了这些事情到处奔波，虽然他也知道风险很大，但也是经过深思熟虑的。他要通过这些事情巩固左宗棠在朝廷中的地位和势力，进而巩固自己的商业地位和势力。另外，这些事情也不是白干的，当然是能得到很大的利润，提高他自己的经济实力。胡雪岩也确实从中牟利不少。

不仅如此，胡雪岩的长远规划还体现在帮助左宗棠办理其他洋务事业上。

在晚清的政治舞台上出现了三位大名鼎鼎的人物——曾国藩、左宗棠和李鸿章。这三位汉族大臣在振兴洋务方面都很有建树，是朝廷的股肱之臣。

曾国藩在同太平天国的战争中，购买了大量西方军火，为当时最为强大的湘军武装增强了力量。外国的先进武器和军事技术在这场战争中，起到了巨大的作用，也影响了这些朝廷大臣的思维。

在太平天国运动的后期，就兴起了"洋务运动"，也就是朝廷内的一些中兴大臣开始在行动上服从大趋势，他们派出人员到西方去学习先进技术，以图改变中国贫穷落后的面貌。当然，他们身为朝廷命官，是不可能亲自同外国人打交道的，他们希望通过一些中间力量来帮助他们践行主张。

胡雪岩就是这样一个人，他的命运与晚清三大重臣之一的左宗棠联系最为紧密，两个人休戚与共。甚至可以说，左宗棠晚年的"军功章"中也有胡雪岩的一半。

在道光末年，左宗棠就读过魏源著的《海国图志》，这本书里介绍了世界历史、地理、宗教和科技等，令人神往。他对魏源"师夷之长技以制夷"的主张特别推崇。在以后的仕途生涯中，左宗棠又了解到西方弃虚务实、制作精妙，就更加迫切地希望把魏源的主张付诸实践。他曾呼吁："中土智慧岂逊西人，如果留心仿造，自然愈推愈精……竟十年以后，彼人所恃以傲我者，我亦有以应之矣。"透露出了他学习西方、自强御侮的强烈愿望。

在当时的中国，办洋务是非常之举，是新生事物，急需精通洋务的人才。左宗棠就又要倚重帮助他镇压太平军、与洋人有来往而又办事精干的胡雪岩了。

胡雪岩帮助左宗棠创办的洋务事业，主要有福州船政局、甘肃织呢总局、开凿泾河等。

福州船政局是1866年（同治五年）创办的，比李鸿章在上海办的江南造船所还早一年，是中国第一家新式造船企业，也是当时中国最大的船舶修造厂。虽然与外国相比，在造船技术上还有很大的不足，但它开了我国学习西方的风气，是中国近代工业的代表。

甘肃织呢总局比李鸿章的上海机器织布局还要早，是我国第一个机制国货工厂，也是洋务运动中最早的一家官办轻工企业。

1877年（光绪三年），西北大旱，左宗棠用以工代赈的办法开挖泾河。他曾听人说外国有开河的机器，就叫上海采办转运委员胡雪岩去访求。胡雪岩向德国购买了一套，并雇用了几名德国技师。1880年（光绪六年）的秋天，把机器和人一起运到泾源工地，先开了一条长达两百里的正渠。

由于渠底布满了坚硬的石头，靠人力施工有很大的难度。为了把渠道加宽、挖深，也为了使工程进展更加迅速，德国技师建议再买一台开石机器。于是，胡雪岩又受左宗棠委托，添购开石机。尽管机器买来后的施工情况因史料没有记载而不得知，但胡雪岩帮助左宗棠引进西洋新式机器，在经济落后的西北开河凿渠，算得上是一个创举。

左宗棠所办的洋务事业在抵御外国侵略者，平定西北叛乱，开发大西北等方面都发挥了积极的作用。这其中有着胡雪岩非常大的功劳。左宗棠在给胡雪岩的一封信中谈到船政局的事时曾经称赞"阁下创议之功伟矣"。

由于在举办洋务新政上态度一致，左宗棠与胡雪岩经常有书信往来，交流思想。如左宗棠在给胡雪岩的另一封信中说过："中国枪炮日新月异，泰西诸帮断难挟其长以傲我耳。"

但作为一个商人，胡雪岩自然不可能只是左宗棠的一个跑腿。他在帮助左宗棠做这些公事的时候，也有他自己的打算，他不仅从来没有忘记过自己的利益，而且规划得更长远。

左宗棠在请奏朝廷开设福州船政局时就曾说过：引进外国机器，开办造船厂，是破天荒的事，机器好坏也难以辨识。所以托人购觅时，要"宽给其值，但求其良"。这个"宽给其值"就是要给经办人一定的利润空间，让他有得赚。胡雪岩在经办洋务中到底拿了多少"好处"，虽

然史料没有记载，也无从推算，但他公私兼营，使自己的私囊在这个时候迅速"饱"起来却是不争的事实，这让他的经济实力增强了不少。同时，也靠着为左宗棠办事，作为他的得力干将，胡雪岩的生意、名誉也都得到了迅速的发展。

胡雪岩就是凭借着自己的胆略和见识，时刻不忘为自己做好长远的规划，在帮助靠山得到他想要的东西时，也得到了自己想要的东西。并不失时机地抓住成功的机会，名利双收，丰富了自己的人生，走向了事业的辉煌。

可见，要想更大程度地让自己发展壮大，就要不计较当前的一些蝇头小利，把眼光放长远，凡事都为自己做好长远的规划。

## 敢于做出大决策

做生意，不能缩手缩脚，要敢于做出大决策，这是因为大决策才能换得大利润。胡雪岩做生意最忌讳坐井观天。

胡雪岩想到投资典当业，自然与他对于那个时代五行八作的生意行当的了解有关。战乱频繁、饥荒不断的年代，居于城市之中的人，不要说那些日入日食的穷家小户，即使稍稍有些积蓄的人家，也会不时陷于困窘之中，急难之时，常要借典当以度急难，以致典当业遍布所有市镇商埠。据《旧京琐记》记载：清同、光年间仅京城就有"质铺（当铺）凡百余家"。以胡雪岩眼界的开阔，他不会看不到这是一个大有可为的行当。事实上，胡雪岩早就动过开当铺的念头。不过，真正促使胡雪岩要把典当业当作一项事业来做并付诸实施的直接原因，是他与朱福年的几番交谈。

朱福年是庞二在上海丝行的"档手"，胡雪岩在联合庞二销洋庄过程中收服了他。这朱福年原籍徽州。中国历史上，典当业的管家，即旧时被称作"朝奉"的，几乎都是徽州人，朱福年的一个叔叔就是朝奉，他自然熟悉典当业。胡雪岩从朱福年那里知道了许多有关典当业的运作方式、行规等知识，还知道了典当业其实是一个很让人羡慕的行当。比如朱福年就叹息不知道自己当年没有入典当业而吃了丝行的饭，是不是一种失策，因为"吃典当饭"的确与众不同，是三百六十行中最舒服的一行。

与朱福年的交谈坚定了胡雪岩投资典当业的想法,他让朱福年替自己留心典当业方面的人才,而自己一回杭州,就在杭州城里开设了自己的第一家当铺——"公济典"。其后不几年,他的当铺发展到二十三家,开设范围涉及杭州、江苏、湖北、湖南等华中、华东大部分省份。

胡雪岩开办典当业,当然决不是因为"吃典当饭"舒服。以胡雪岩说出来的理由是"钱庄是有钱人的当铺,当铺是穷人的钱庄",他开当铺是为了方便穷人的急难。事实上,话是这样说,天下哪有不赚钱的典当?算算账就可以知道,胡雪岩的当铺,即使真的并不全为赚钱,也绝对有不小的进项。

当铺的资本称为"架本",按惯例不用银数而以钱数计算。一千文准银一两,一万千文即相当一万两银子。一般的典当业,架本少则五万千文,大则可至二十万千文。胡雪岩开在各地的当铺,规模当然有大有小。平均以十万千文计算,二十三家当铺仅架本就达二十三万两银子;而如果以"架货"折价,架本至少也要加一倍。这样,胡雪岩的二十三家当铺,架本至少也是四十五万。四十五万架本以一月周转一次,生息一分计算,一个月就可以净赚四万五千两银子,一年就有五十四万。而当铺架本周转一次,绝对不止于一分息的利润。就连古应春在算了这笔账之后也对胡雪岩说:"小爷叔叫我别样生意都不必做,光是经营这23家典当好了。"而胡雪岩自己也清楚地知道,他能将典当业经营好了,就可以立于不败之地。

如此算来,典当业其实也是胡雪岩为自己找到一条新的、能够赚钱的投资渠道。难怪那位眼光极高的七姑奶奶会由衷地赞叹胡雪岩的眼光"才真叫眼光"。不必多说,像胡雪岩这样,确实是真正生意人的"大手笔"。

生意人的眼光不能只盯在自己做着的那一门那一行上。仅仅盯着自己做着的那一门那一行,即使你看得再远,也只能发展那一门一行,终归要受到限制。因为你能够看到的那块天地本身就那么大,所谓坐井观天,眼界也就有限了。

## 眼光要远,运作要大

生意人的眼光,除了要看得准之外,还要看得远。胡雪岩说,一个生意人的眼光"看得到一省,就能做一省的生意;看得到天下,就能做

天下的生意;看得到外国,就能做外国的生意",这话有道理。

胡雪岩的生丝生意还没有上市,就看到用代理湖州公库的银子易货到杭州,脱手变为"藩库"的前途,就可谓看得远。湖州的公款本来就要解往省城杭州,交付"藩库"。先垫支一下,买丝到杭州变现之后再交付"藩库"并不为过。如此一来,死款变成了活钱,先就能用它做本周转一道,何乐不为?

事实上,胡雪岩还有看得更远的——在生丝生意还没有开始的时候,他就想到了和洋人做生意,销"洋庄"。所谓销"洋庄",也就是和洋人做生意,组织生丝出口。晚清开埠之后,中国与欧美及日本的贸易以江南丝、茶为大宗,而随着十七、十八世纪西方纺织工业的飞速发展,生丝需求量更是日益增大,经由上海外销的江南丝、绸,又在整个上海"洋庄"贸易中占有举足轻重的地位。同、光年间仅江苏镇江就以丝、绸"行销于北省及欧、美、日本者,岁入数百万"。

胡雪岩要销"洋庄"的念头,是因为销"洋庄",上万两的丝囤积起来,等价钱好了卖给洋人,自然是更有赚头。不过,销"洋庄"需要的本钱也大。洋鬼子也不是傻瓜,表面上不说你的要价高,跟你虚与周旋,暗地里再去寻找门路,总有那些吃本太重急于脱手求现的人,肯杀价出售自己的货。这样,弄不好与洋人的生意没做成,自己的货反而售不出去。销"洋庄"确实要担上几分风险。

不过,胡雪岩想到的却是另一个方面。在他想来,做生意就怕心不齐。如果这些专与洋人做丝生意的"广行""洋庄"能像茧行收茧一样,同行公议,就是一个价,愿意就愿意,不愿意就拉倒,洋人也就不服帖也得服帖了。对于那些本钱不足,因周转不灵而急于脱货求现的商行,也有办法。第一,可以出价收购,同样的价格,你要卖给洋人,不如卖给我。第二,对方如果不接受收购,则可以约定不卖给洋人。我这里有钱庄做后盾,可以让你用货物做抵押,贷款救急。洋人就范,货物出脱之后再还。洋庄丝价卖得好,能多赚钱谁不乐意!假如在这样的条件下还有人要把自己的货杀价卖给洋人,那就一定是暗地里收受了洋人的好处,吃里扒外,自贬身价,可以鼓励同行跟他断绝往来。如此一来,这样的人在同业中也就没有了立足之地了。

胡雪岩的这一构想可谓有远见、有气魄,他后来生意的发展证明,他的这一构想也确实是见地不凡且行之有效。生丝生意开始之初,胡雪岩来往于杭州、湖州、上海之间，在联合同业、控制市场、垄断价格上绞尽脑汁精心筹划，与外商买办斗智周旋，终于按他的构想做成了第一笔洋庄生意，赚下了十八万银子的利润。而事实上，他通过这笔生意，一方面与丝商巨头庞二结成可靠的生意伙伴关系，在蚕丝行业建立起自己的地位；另一方面，通过这笔生意，他和外商取得了联系，也积累了与他们打交道的经验，为他后来驰骋十里洋场打下了基础。而这些实在不是那十八万的"赚头"所能比拟的。

事实上，胡雪岩的生丝生意，经过数年运作，后来成为他仅次于钱庄、典当的重要商务领域，而且一直是以外贸为主。

## 认真去钻研你不懂的事情

胡雪岩读书的时候非常认真，老师所讲的道理他有听不懂的，一定会请教父亲。后来他当学徒的时候，对任何不懂的也都很认真，把每一个细节都摸得很清楚。所以后来当了老板，他也很清楚下属的对错疏失，因为这些都是他自己实践得来的，而不是靠师父教会的。

现在很多年轻人受到等价更换价值观的影响，总觉得给得多，就多做一点；给得少，一定少做一点。其实这是对自己很不利的想法。

在金华火腿行掌柜的支持下，胡雪岩到了杭州，如愿以偿地成为了一名钱庄的学徒，开始了他往后几十年的钱庄生涯。这家钱庄就是杭州阜康钱庄，老板姓于，也就是给了他人生第一桶金的人。胡雪岩会如此幸运，可见他有他的福分，而这些福分也是他自己累积起来的。

当一个人希望有某种机会，而这种机会在自己的努力下，很幸运地落到了自己头上的时候，他当然会格外地珍惜，格外地认真，格外卖力地去表现。胡雪岩就是这样，因此他的老板对他也是格外器重和栽培。这样一来，他自然会发展得很顺利。

对于钱庄而言，门户安全至关重要，为了防盗防贼，打烊以后都是大门紧闭，任何人不准从正门进出。胡雪岩从金华到了杭州已经是晚上，所以他第一次到阜康钱庄是从后门进去的。安睡一夜，第二天一早被带去见了老板，问过一些情况之后，便被指定在金库里当学徒。

胡雪岩从进入钱庄的那一夜起，整整两个月的时间未踏出店门半步。因为按照钱庄的规矩，学徒进门要先练习"坐功"，就是整日待在

金库里面，练习算银票、包银元、串铜钱。白天不准出门，晚上住在店中，同样不许外出。坐功的考验期是一个月，如果一个月内遵守规矩闭门不出，而且表现不错，就算合格。如果在第一个月便出了差错，可以再考验一个月。若是仍有违规的行为，就会被彻底辞退。当时金库里同胡雪岩一起的一共有三个学徒，年龄都差不多，稍大的一个刚满师，在金库里指导他们工作，大家叫他师兄。胡雪岩人缘很好，没几天便与大家混得很熟了。

一个十九岁的少年，初次来到风光明媚、景色如画的杭州，相信他心中的第一个愿望，应该是抽空去看看西湖的景色。但胡雪岩认为好不容易找到自己想做的工作，就要一切遵守规矩。他想起母亲的教诲，要认真，要用心，要勤劳，要努力，更要听老板的话；他也想起已经去世的父亲读过书却没有机会，自己读书不多，却有这么好的机会，当然要格外珍惜才是。所以一个月过去了，他始终没有离开钱庄，工作不但熟练而且准确，没有发生任何差错。

## 做事不要挑肥拣瘦

要了解一个人，通过什么方法最可靠？最好的办法就是实际考验一下。所以我们要记住，人要经得起考验；再加上两个字，人要经得起"严格"的考验，才能够出人头地。

胡雪岩在钱庄当学徒始终和在大阜、金华的时候一模一样，如果说有不同，就是他对学徒的分内之事更加勤快了。每天早早起床，先替老板端洗脸水倒尿壶，扫地抹桌买早点。开店营业之后，有客户来办业务，他总立在一旁，见机做事，从来不用吩咐。

胡雪岩如果刚来的时候很勤快，时间一长就慢慢把那些事情推给别人，老板就会疑虑：这样的人以后还会变得更差，如果把整个钱庄交给他，岂不糟糕了吗？胡雪岩一本初衷，该做什么就做什么，升到跑街照做不误，升到出店还是一样。老板后来对他器重，他反而更是加倍努力，老板还怎么会怀疑他呢？前面的话说到这里，我们还要加上三个字，一个人一定要经得起"全方位"的严格考验才行。

一个公司中，每个位置都要有人，任何工作都要有人去做。如果你具备团队精神，在工作中就不要挑肥拣瘦。

如果分配给你的工作是老板和其他同事都感到棘手的事情，这时候你要勇于把这件同事不能做的大事承担下来，因为"危难时刻方显英雄本色"。这时你能从容镇定地把问题解决，老板对你就会刮目相看。

如果分配给你的是微不足道的小事，那么你也要高高兴兴地接受。工作中有许多细微小事，这往往也是容易被大家所忽略的地方，有心的员工是不会忽视这些不起眼的小事的。俗话说，大处着眼，小处着手。做这些小事，也许是填缺补漏；但时间长了，你考虑事情周到、能吃苦、工作扎实的作风就会深深地印在老板心中。我们来看下面这样一个故事。

上司让约瑟去一个新的地方开辟市场，那是一个十分偏僻的地方，公司生产的产品在很多人看来要取得销路是十分困难的。因此，在把这个任务分派给约瑟之前，上司曾经三次把这个任务交给过公司里其他人，但是都被他们推掉了。他们一致认为那个地方没有市场，接受这个任务最终结果将是一场徒劳。约瑟在得到上司的指示后什么也没有多说，只带着一些公司产品的样品出发了。

三个月后，约瑟回到了公司，他带回了令人振奋的消息，那里有着巨大的市场。其实，约瑟在出发之前，他也认定公司的产品在那里没有销路。但是，由于他坚决的服从意识，毅然前往，并尽全力去开拓市场，结果最终取得了成功。

可见不管条件怎样，不管被安排到什么位置，你的努力都不会白费，总有一天会见到成效。所以，你没有理由对工作挑挑拣拣。是金子，在哪里都会发光的。

也许在你的周围，有的工作是绝大多数人都不想做的"讨厌的工作"；人们对待这样的工作，都是一副避之唯恐不及的态度。但是，工作总要有人来做，众人只想暗自祈祷这差事可别落到自己的头上。假如你表示自愿做这种没有人要做的工作会怎样呢？这不但能赢得同事的尊敬，更能够得到老板的认同。有时还会让老板对你心存感激："这可多亏了你的帮忙！"

当然，实际上这一类工作，都是非常辛苦且吃力不讨好的；就算你付出了全部的精力，也不一定能得到丰硕的成果。但你还是要有勇气百倍地默默耕耘，那才是勇者的表现。事实上，这一类工作一般比那些表面看起来花哨动人的工作，更能激发你的斗志。

解决工作中的问题，简单地说，是一个人个人能力的体现。很多人希望自己的公司越来越好，然而商场如战场，从不会有心想事成、一帆风顺的事。如果一遇到难题，便寄希望于别人来解决，而迫不及待地将自己从困顿中撤出，不想接受挑战，这无疑是能力有限的体现。这些人不是胆小鬼又是什么呢？而有能力的人，则会主动解决各种各样的难题，视解决困难为己任，主动帮助企业前进，让自己得到成长。

每个人不可能一下子就具有各种各样优秀的能力。但这并不等同于我们就只能胜任最简单的工作。一辈子只能做一类事情，就永远得不到进步。接受工作中的问题、迎接挑战的好处就在于，它能够让我们在解决问题时获得更多锻炼能力和学习的机会，这不正是我们成长的必要条件吗？

事实上，任何比你成功的人一开始在经历和技术上和你都没什么区别，不过他们确实拥有高人一等的勇气。他们时刻站在公司的立场上，勇于接受和解决问题，于是得到了提升自己、走向成熟的机会，最终由平凡走向了卓越。

因此，在工作中当你遇到比较棘手的工作时，你还要像往常一样把它像皮球一样踢给别人吗？还要愚钝地将提升自己、展示自己的好机会拱手相送吗？事实上，如果放弃了锻炼的机会，就等于放弃了成长的机会，放弃了自己的人生。以小知大，如果一个企业里都是这样没出息的员工，把问题互相踢来踢去，那这个企业就是一个没有前途的企业。一个没有前途的企业必将倒闭，一个没有出息的员工必将被淘汰。一种遇事退缩、不思进取的心态，只能招致失败。

沃尔玛连锁超市的创始人山姆·沃尔顿说过："想不被企业和社会淘汰的雇员必须停止把问题推给别人，应该学会运用自己的意志力和责任感着手行动，处理这些问题，让自己真正具有卓越的工作道德和素养。"勇于接受问题，接受挑战，才能成为卓越的人才。

我们在工作中总会遇到各种各样的难题，想想你自己，有没有选择逃避？只有乐于奉献的人，才是真正热爱公司、懂得工作价值的人，才会在企业的发展中逐渐崭露头角，慢慢成为企业的中流砥柱。

让我们向胡雪岩学习吧。

## 胸中装有全局观念

假如商人心中缺乏全局观念，那他就只看到一点小利。而胡雪岩则善于在别人看不到"戏"的地方看出"戏"来，并能从大局考虑自己的生意经。

胡雪岩在王有龄身上能够看得远，有大局观念，所以把自己的生意越做越大。这一点非常独到。王有龄外放任湖州知州，胡雪岩送他到湖州上任。三吴之地，水网四通八达，由杭州到湖州，自然船行水路比陆路车马方便。因此这一行，胡雪岩又雇请了阿珠家的客船。说来也巧，湖州本是江浙一带有名的蚕丝产地，产出的细丝号称"天下第一"，连洋人也十分看好，而那里正是阿珠的家乡。阿珠娘虽已随阿珠爹经营一条客船十几年，但自小耳濡目染，也颇懂得一些关于养蚕、缫丝甚至茧、丝生意的事情。有这一"巧"，胡雪岩在阿珠家的客船上与阿珠娘一夕交谈，也就促成了他涉足生丝生意的决心。

说起来，胡雪岩在此之前其实已经动了做生丝生意的念头。他本来就是杭州人，自然不会不知道湖州生丝的好处，也不会不知道生丝生意有钱好赚，只是此前他既没有资本和条件来涉足这一行生意，同时，也确实是不太懂这门生意。这一次与阿珠娘的一夕交谈，实在是让他大开眼界，他知道了养蚕缫丝的一些常识。比如土法缫丝是怎么回事，比如丝分细丝、肥丝、粗丝三等，织绸要以细丝为经，肥丝为纬。也知道了专做生丝生意的茧行、丝行的一些门道，比如带了现银到产地去买丝的叫"丝客人"，在产地开丝行收购新丝从中取利的叫"丝主人"，比如丝行之中当地买当地用的小户叫"用户"，专做中间转手批发生意的叫"划庄"，其中还有专和洋鬼子做丝生意的"广行""洋庄"。

除此之外，他还明白了做丝生意其实也没有什么了不起的诀窍，不过就是一要懂得丝的好坏，二要了解丝的行情。虽然丝价每年有起落，但收新丝总是便宜而有赚头。而且，丝价的行情，其实多半是做出来的，往往掌握在几个大户手里，取决于大户的操纵。比如主要做蚕茧生意的茧行，同行有"茧业公所"，新茧上市，哪一天开秤收茧，哪一天封秤停收，以致蚕茧价格，都是同行公议，不得私自变更。蚕农出卖蚕茧，无论在哪里都是一个价，而且就是这个价，愿意就愿意，不愿意拉

倒。而事实上在这一方面，他自己就无疑是个行家。在了解这些情况之后，胡雪岩立马就和阿珠娘商量，自己出资请阿珠父亲出面做"丝主人"，在湖州开出一家丝行，自己做"丝客人"，并要求他们此次一回湖州就着手办一切事宜。他这样安排，一是因为王有龄已经被派湖州知州，自己要避嫌；二来也是他准备将来就以代理的湖州公库的资金买丝，然后在杭州"脱现"解"藩库"，这样等于是无本生意。胡雪岩说做生意"顶要紧的是判断"，这话是真不假。胡雪岩所说的判断，从常理上看，不外乎一是要看得"准"，能在别人看不到"戏"的地方看出"戏"来，比如胡雪岩由战事影响银价起落判断到钱庄的前景，就可谓看得准；二是看得"开"，也就是要眼界开阔，不能只把眼睛盯在自己熟悉的那一行当，比如胡雪岩做钱庄，却在生丝一行看到了自己可以作为的天地，就得益于他的眼界开阔，得益于他全局判断能力。因此胡雪岩练就了一番在别人看不出"戏"的地方看出"戏"来的功夫。这样说来，胡雪岩处处用心考虑自己的生意经，可谓把生意经当成了心经。的确，在此，大家应当明白：给自己定位是非常重要的，其要领是要准。有了准确的定位，人生的计划就好展开。大多数人在做事的时候，总是无法给自己定准位置，本来可以干一点小事，却以为可以干成一件惊天动地的事；本来干不好一件事，却以为能干好许多事。所以常失败，而不知其因。胡雪岩在这一点上就做得很好，他给自己定位经商，所以时时训练自己的经商意识，训练自己的经商本领。他说："吾一生志在商道，始于吾人生之位也。"

胡雪岩是一个睿智型的商人，这就比那些目光短浅的小生意人看得更远、更开。因此，胡雪岩经商的气量是比较大的，我们要学习的就是胡雪岩的这种气量。也许，商人之间的较量是气量之间的比较。这是胡雪岩心经非常突出的一个方面。

## 想做大生意，必须要自立门户

胡雪岩说过："要想把生意做好，必须要自立门户，有步骤、有计划地实施一个一个方案。做不到这一点，十之八九就会发展缓慢。"胡雪岩的自立门户之道是什么？

胡雪岩在信和钱庄当学徒，一边学生意，一边练眼光。终于能够自立门户，做自己的大生意。胡雪岩要办钱庄，并不是因为他熟悉钱庄，更重要的是他看准了开钱庄不仅是他能够安身立命的一桩生意，而且也是他可以大显身手的一个长久稳定的财源。钱庄之所以大有可为，在胡雪岩看来原因其实很简单。第一，当时正在闹太平天国，闹小刀会，长江中下游以及湘、闽一带常有战事。兵荒马乱之中市面波动极大，一般的生意都要受到冲击。但对于钱庄来说，市面波动大，银价起落也大，低进高出的机会也就多，银票汇兑进出之间都大有赚头。如胡雪岩自己所说："只要看得准，兑进兑出，两面好赚。"第二，此时没有本钱不要紧，胡雪岩料定受过他资助的王有龄外放去做州县只是早晚之事——他相信即使王有龄仕途坎坷，自己也有能力帮他。现在只要有几千两银子把钱庄场面撑起来，等王有龄一放了州县，他的钱庄就可以代理王有龄那个州县的公库，也就是代为料理那个州县的公款往来。按照惯例，代理公库不付利息，等于是白借了公家的银子。

　　胡雪岩就具有这种既准又远的精明眼光。很多人在兵荒马乱的年月，都想到如何能保住自己已有的饭碗，怎么会想到这市面不稳之中还隐藏着有势可借、有机可乘的发财机会呢？其实，任何一个经济发展时期，尤其是商品经济发展时期，金融业总是百业发展的龙头。自18世纪中叶，随着西方商业势力的大举入侵，中国一直是西方列强垂涎的大市场，国内商业以及伴随商业发展必然出现的金融业也随之获得发展。据文献记载，到19世纪中叶，当时京畿之地已遍布专理银钱汇兑、金融往来的银号、钱铺、票庄、金店，另外烟蜡铺、布店、酒馆也有兼做银钱存储、兑换并发行钱票的。当时京城金融业以主营银钱存储的恒和、恒肇等四大恒银号和专理往来汇兑的山西票庄最为著名，京城"居人行使银票"以持四大恒者"为体面"而山西票庄"交游官宦，最为阔绰"，可见当时金融业的兴旺景象。

　　胡雪岩生活的时代，虽内忧外患，战事不息，但由于外国资本主义的经济侵略，也刺激了中国资本主义生产关系的进一步发展，是中国由小农经济向近代城市商品经济转型的时期。更何况当时的东南沿海也正是商品经济发达的地区。据史料记载，在已经成为旧中国金融中心的上海，虽然到上个世纪中后期已经有了英、法、日、美等国开设的银行数十家，但钱庄生意仍然是上海金融、贸易的支柱之一。每年在市面流通的庄票，在二十亿两以上。假如取消钱庄，进出口生意将陷于瘫痪。

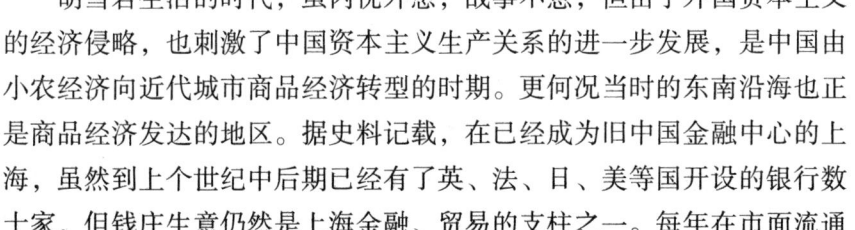

又比如胡雪岩在创办钱庄时，又盯上生丝生意和房地产生意。对于胡雪岩这样一位眼界开阔、头脑灵活且敢想敢干的人来说，实在是到处都能见到财源，到处都能开出财源。

胡雪岩为生丝生意逗留上海，他在上海的基地是裕记丝栈。有一天，他到裕记丝栈处理生意上的事务，无意中听到了隔壁房中两个人的一段关于上海地产的谈话。他们谈到洋人的城市开发方式与中国人极不相同，中国人常常是先开发市面再修路。但以这种方式进行市面开发，有一个很大的弱点，往往等到要修筑道路，扩充市面的时候，自然形成的道路两旁已经被市房摊贩挤占，无法扩展。而洋人的办法是先开路，有了路便有人到，市面自然就起来了。如今上海的市面开发就是这种办法。在谈到上面情况之后，其中一人说道："照上海滩的情形看，大马路，二马路，这样开下去，南北方面的热闹是看得到的，其实，向西一带，更有可为。眼光远的，趁这时候，不管它苇荡、水田，尽量买下，等洋人的路一开到那里，就坐在家里等发财。"

听到这，胡雪岩激动起来，等到他从湖州带到上海跟着自己学生意的陈世龙回到裕记丝栈，他立即雇车，拉上陈世龙，去实地查勘。而且在查勘的路上，就报出了两个可供选择的方案：第一，在资金允许的情况下，乘地价便宜，先买下一片，等地价上涨之后转手赚钱；第二，通过古应春的关系，先摸清洋人开发市面的计划，抢先买下洋人准备修路的地界附近的地皮，转眼之间，就可发财。

只有财源茂盛，才会生意兴隆，这是不言自明的。因此，比较而言，这后一个方面，显得更为重要，应是一个有出息的生意人日常关注思考的问题，应是他必须时刻想着去做的工作。只有能够准确发现一个又一个投资热点，能为自己开拓出一个又一个财源，才能称得上真正是会动脑筋、会理财。

一句话，以后胡雪岩事业的发展证明了他的眼光远大：他的钱庄从一开张就显出极旺的势头，从此他的钱庄也如滚雪球般地发展起来。

商机就是财源，财源的发现，首先要求商家有精明的生意眼光。商家的眼光，第一是要准，也就是能够在五行八作的生意行当中准确发现既适合自己去做，又能给自己带来利益的财路；第二是要远，也就是不能总盯着一门一行，甚至把眼睛放在眼前利益之上，而是要能在商海变幻莫测的复杂情势中看出必然发展的大方向，按照这个大方向来经营好自己的财源。看得准,才能发现财源;看得远,才能把发现的财源经营成真正属于自己的财源。

胡雪岩没有本钱却想自立门户,这是一种气魄。而他一上手就要开办自己的钱庄,则更显现他精明的商人眼光。

## 庸人敛财智者生财

只有真正懂得钱的妙处的人才会挣到钱。一掷千金的人很多,但不认为这是一种浪费的人却很少。那是因为没有这个能力的人,是不会知道一掷千金所带来的好处的。一掷可能是为人情,也可能是为包装自己。你没有掷千金的能力、气魄,也就享受不到一掷千金的快乐。

如果你不是很达观,那你一定在夜深人静时问过自己一个问题,那就是我为什么是穷人?对,你为什么是穷人,因为你每天都在过着麻木的日子,像穷人一样思考。当富人喝着蓝山咖啡时,你不要觉得那个不好,其实富人也不一定就真爱喝,但因为喝它能体现出阶级。作为一个穷人为什么不可以这样想,我一定要喝那又苦又贵的东西,我要过那样的生活,这样就会激发起赚钱的动力。富不一定好,但穷是一定不好,穷最少显出了一个人是无能的。不要说你在安贫乐道,若是那样你就不会在夜里问自己这个问题了。现在早已经不是陶渊明采菊东篱下的年代,如何摆脱贫穷,是每个穷人都在日夜实践的课题。

俗话说偷鸡也要舍把米,当做引诱鸡的本钱。做生意更需要资金,谁敢做没有本钱的生意?

由于个人资金有限,最方便的办法便是找亲戚合伙,这就是家族企业盛行的道理。等到有了一些信用,把朋友的资金也吸引进来,直到做到企业的股票公开上市,买股票的人才不会去管和你认不认识?从事哪一种行业?钱的来路如何?只要你的股票被看好,那么资金就会像潮水一般向你涌来。小本生意自己投资,大本生意必须善用他人的资金,借力使力,力量才会大。原来有钱人是用别人的钱,或许就是我们穷人的钱在发财啊!但不要以为每个人都有发财的机会,那还要看你是否具备那种能力和气魄。如果你还在为谁付吃饭的钱斤斤计较时,那你还是安于本分吧。

胡雪岩开办钱庄时,手上没有什么本钱,但他仍然成功地开起了阜

康钱庄，显示出他具有不同于一般人的商业头脑以及经营手腕。据清朝史料记载，到19世纪中叶，当时京城已遍布银钱汇兑、金融往来的银号、钱铺、票号、金店，另外，烟蜡铺、布店、酒馆也有兼做银钱储蓄、兑换并发行银票的。当时京城金融业以主管银钱存储的恒和、恒肇等四大恒银号和专理往来汇兑的山西票号最著名，京城"居人行使银票"以持四大恒者"为体面"、而山西票号"交游布宦，最为阔绰"。当时金融业的兴旺，由此可见一斑。

胡雪岩生活的时代，虽内忧外患、战乱不断，但由于外国资本主义的经济侵略，也刺激了中国资本主义生产关系的进一步发展，是中国小农经济向近代城市商品经济转型的时期。更何况当时的东南沿海也正是商品经济发达的地区。

据史料记载，在已经成为旧中国金融中心的上海，虽然18世纪中后期已经有了英、法、美、日等国开设的银行数十家，但钱庄生意仍然是上海金融、贸易的支柱之一，每年在市面上流通的钱庄银票都在二十亿两以上。

胡雪岩以上海阜康为龙头，在全国各埠广设分号，周转金融"其出入皆以四万计"。

1882年四月，胡雪岩的阜康钱庄因周转不灵倒闭，引发了一场波及全国的金融危机，也对上海乃至东南地区的工业、贸易发展造成严重打击。1883年，英国驻沪领事在发回伦敦的贸易报告中说道："1883年贸易普遍受损的一个直接原因，是本地钱庄数量的减少。"

无论如何，胡雪岩事业的发展都证明了他的商业眼光准确，他的钱庄从一开张就显出极旺的势头。王有龄不久后外放湖州知府，这让胡雪岩如愿以偿地得到了代理官库的重要权力。从此他的钱庄也飞速地发展起来，最终成为他驰骋商界，东突西进，建立自己庞大经贸"帝国"的基础。

胡雪岩不是为了有钱而喜欢钱，而是为了用钱而喜欢钱。他认为世界上最痛快的事，是遇到穷途末路的人时，掏出钱来递给他们说："拿去！"

他从借助王有龄的权势开办钱庄开始，以官商起家，驰骋商场，纵横商海，一步步走向辉煌。他灵活机动，四面出击，做蚕丝生意销"洋庄"，开办药店胡庆余堂，贩军火，甚至与洋人做生意，不断为自己广开财源。最后家资巨富，获得巨大成功。

胡雪岩具有亦官亦商的双重身份，但还是以商为主，以官助商。并不高坐衙门，而是始终以经商为本位，借助职衔、封典来抬高身价，增强在商业中的竞争力，获得从商的实惠。也就是说，胡雪岩用红顶子、黄马褂来服务于他的生意。这在中国以儒家文化为主导思想的环境中，实在是难能可贵的。

犹太人之所以能够成为世界上最富有的民族，会赚钱无疑是一个非常重要的原因。他们的价值标准即是金钱，犹太人所谓的"了不起的人物"，是指每天晚上能用银盘子享用豪华晚餐的人。他们认为，那些甘心过贫穷日子而不思奋斗进取的人，既不是伟人，也不值得尊敬。他们认为《圣经》会投放光明，金钱才会投放温暖。

因此，当其他民族还在憎恶金钱时，犹太人已经完成了对金钱文化划时代的超越。于是，在犹太民族中，人与人之间的交往越来越多地发生在市场氛围中，市场经济中的钱取代了自然经济条件下的神。犹太人说的神就是钱，这种观念对资本的积累和增值都起着重要的作用，犹太人自然就成了进军资本主义的急先锋。

正是犹太人的金钱观，激发了他们对金钱的执著追求，使他们成为"专职"的商人，并在人类商业活动中占据了不可替代的位置。

在胡雪岩所处的时代，商人的社会地位是极其低下的。但是胡雪岩不但取得了商业上的成功，而且还以一个商人的身份，获得了朝廷的器重，当上子官，穿上了黄马褂。纵观我国历史上的著名商人，范蠡是先从政，而后经商。子贡自始至终都是一个商人，只不过跟着孔子混。可以说胡雪岩是唯一一个超越出阶级的商人，要知道他所处的时代可是封建社会，虽然是末期，但是阶级观念依然可以称得上是根深蒂固。所以胡雪岩所取得的成就，是令人侧目的。

## 不遭人妒是庸才

古语云："木秀于林，风必摧之；行出于众，人必非之。"一个人如果才识过人，必将令他人显得平庸；这种才识一旦付诸行动，就会办成别人办不成的事，获得别人得不到的成绩，使得与别人的平衡关系被打破，造成与其同僚的不同。这样难免引起周围人的妒恨。

胡雪岩是以果溯因，以否定式的判断"不遭人妒是庸才"反过来推理：遭到人们嫉妒的多是能干之人。因此，他选人的时候，并不限于别人对某一人才的评价，却对那些在别人口中颇遭非议的人物更加注意。因为他知道，成就大业之英才，往往易不见容于别人。从这里也可看出他识别人才的简单有效的方法，也可以看出他不拘世俗、较之一般人远为宽阔的眼光。

胡雪岩的"不遭人妒是庸才"的人才观，首先就在他自己身上反映出来。胡雪岩从学徒做起，因办事利练，快速擢升，其锋芒之锐，当即引起了同事们的不安与嫉恨。他们利用一切机会在老板面前诋毁胡雪岩，说他如何如何办事无能，又如何如何欺上瞒下。总而言之，咬定胡雪岩是个心术不正的人。

这些谣言传到老板耳中，亏得老板也是个久经世故的人，他知道什么叫"行出于众，人必非之"的道理，对这些谣言也不大往心里去。

由此，胡雪岩得出结论：不遭人妒是庸才。

古应春是上海洋场的"通事"，也就是外语翻译。他一表人才，洋朋友多，对英国人尤其熟悉，英语翻译水平很高，更难能可贵的是他虽混迹洋场，却十分维护中国人的利益，对中国人内部的互相争斗、让洋人捡便宜的现象很不满。比如和胡雪岩一见面，他就讲了一件很让他不能平静的经历。有一回洋人开了两货轮军火去下关贩卖，价钱都谈好了，就要成交时，有个中国人会洋文，跑去告诉洋人，说洪秀全的军队正急需洋枪火药，多的是金银珠宝。这样洋人就反悔了，重新谈价，价格就涨了一倍多。直到此时，古应春心中还是恨意难消。他对胡雪岩说，中国人总是自己人跟自己人过不去，"恨洋人的，事事掣肘；怕洋人的，一味讨好。自己互相倾轧排挤，洋人脑筋快得很，有机可乘，决不会放过。这类人最可恶。"

胡雪岩从古应春的言谈态度中推知他必是遭同行倾轧排挤，有感而发。同时，他也正是从这里看出古应春是一个难得的可为自己所用的人才。不遭人妒是庸才，受倾轧排挤的，大致能干的居多。古应春的能干，胡雪岩从他的说话、见解就可预见了。此意一定，胡雪岩就提出了与古应春合伙与洋人做生意的要求，惺惺惜惺惺，古应春自然也是十分乐意。此后胡雪岩与洋人做军火交易，比如同英商哈德逊谈判，以合适的价格及时地买到两百支枪、一万发子弹；生丝销洋庄，比如第一笔几万包丝在上海卖给洋人、一举赚得十几万两银子，古应春都功不可没。

胡氏发迹后，用人时，特别注意"不遭人妒是庸才"这一句话，为自己，也为别人发现了许多人才。

王有龄在湖州府上时，统辖的一个县城发生了民变，乱民杀了县官，攻占了县城，竖起大旗，自称"无敌大王"。消息传到湖州，王有龄大为恼火，召集幕僚，征询办法，手下幕僚大都言剿。王有龄也支持这种意见。

然而手下有个叫司马松的幕士却反对这种办法。他认为，如今官兵久不训练，不知拼杀之事，乱军风头正劲，不与之相争才是上策。否则，一旦官兵失败，只怕四处的乱民都会响应。况且民乱事出有因，当以"抚"字为上。既可安抚民生，也可平定民乱。

司马松这个人平素寡言少语，又贪小便宜，衣着服饰乱七八糟，很叫同僚看不起；王有龄也有些烦他，只因他是另外一个朋友介绍来的，才没把他辞掉。本来平日在他人眼里，司马松便是一个不可造之才，无足轻重。今日见他未出兵便先言败字，很是气恼，不予理睬，派了个营官领了一千人马去镇压乱军。

事情果然不出司马松所料，一千官兵在半途便中了埋伏，死伤大半。别处的饥民见官兵如此不堪一击，便也纷纷起来闹事，响应"无敌大王"。

王有龄大惊失色，召集众幕僚，再商对策，众幕士说来说去，都没找出个好主意。而欲寻司马松，却发现人已不见，告假养病在家，请之不去。

胡雪岩听完王有龄的叙述后，认定司马松就是平乱所需的英才。他解释，司马松面相端正，属善良忠直之士；眉间英气凝聚，有传世之才；行动愚钝，大智若愚；不表于色，心计必定极深沉。他平时少言寡语，不善辞令，但那日献计用抚不用剿，确实为计深远，非一般人所及。不鸣则已，一鸣惊人，平素藏而不露，到危难之际挺身而出，大展才智，才是中用之人。其所以隐忍不发，不愿为王氏效命，是因为王有龄以寻常眼光对之，未发现这一人才而已。

事实上，司马松命中多难。他是个遗腹子，未出生爹便死了，全靠他母亲把他辛辛苦苦养大，后来又替他娶妻。谁知老母又一病不起，过了几年，妻子留下几个儿女，跟他人私奔了。这下，司马松简直陷入水

深火热之中。既照顾老母,又要照顾孩子,欠下的债不计其数。有位朋友见他可怜,便通过种种关系把他介绍到王有龄的衙门,但一直不受重视,颇有怀才不遇之感。这一次他给王有龄出计献策,王有龄刚愎自用,根本不把他放在眼里,使他大为恼怒。

胡雪岩了解这一切之后,特地登门拜访,为司马松还清旧债,驱去债主。临走又留下五百两银票,以备司马松日常开支。

归后,胡雪岩见到王有龄,将司马松之困窘备说详细,又劝王夫人以养婢赠与司马松以为续弦。

这一切令司马松感激涕零,翌日前来拜谢。胡雪岩便把王有龄的意思告诉他,司马松一听,也不多说,主动要求去与乱民谈和。

司马松果然厉害,舌战乱民,很快就瓦解了乱民的斗志,乱民各自散去。王有龄闻讯大喜,奏明朝廷,朝廷念司马松有功,令他就在民变的县城就任县令。司马松在任上,治理有方,很快就把人心平定,生产发展上去,一时间政通人和。

此时王有龄才意识到:"司马松素日在同僚中倍遭非议,原来果真是奇才!"

胡雪岩不以人非而非,独具慧眼证实了他"不遭人妒是庸才"的人才观的高明。

能不为世俗的成见所拘,吸纳形形色色的各种人才为我所用,这样才能人才济济。有了人才,事业才能发展。而且,在招揽人才的时候,特别要注意那些遭人嫉妒而又确实有才干的人。因为这些人遭嫉妒,自然免不了被人说闲话,如果仅凭人言,一定会失去一些有能力的干才。

## 做生意首先就要做出一个热闹的场面

做生意需要市场,市场从何而来?按照胡雪岩的说法,始于自己营造的场面。其实,"场面学"与"经营学"的关系极深。一般说来,人们只要有能力,都希望做的场面大一些,热闹一些。这样做,从深层次看,是希望自己在世人面前有光彩。归根结底,场面总是做给别人看的,做场面也是为了树立形象,打造品牌。归根结底,是让自己的店铺周围成个大市场。

胡雪岩做生意,就特别注重做场面。以他的意思做生意首先就要做出一个热闹的场面，而且，"场面总是越大越好"。因此，一项生意投入运作之前，他也总要在如何做出一个特别的场面动很多心思。

如何把场面做大，做热闹，不同的人当然有不同的招术。寻常做去，不过也就是装修剪彩、送花篮、放鞭炮、摆宴席、送礼品、请名人题字作画之类，敲锣打鼓地热闹一场。胡雪岩的阜康钱庄开业之时，这些场面上的事情他也是着实费了一番心思，比如他要刘庆生去选钱庄铺面，就要求房子轩敞气派，装修也要富丽堂皇，不能小家子气。甚至连堂上悬挂的字画，他都想到了，要求第一不能是赝品，惹行家笑话；第二名气不能太小，名气太小配不上"阜康"的招牌，撑不起场面。钱庄开业当天，阜康张灯结彩，柜台里四个伙计一律簇新蓝布长衫，笑脸迎人，请来了杭州城里官商两界几乎所有的名人。胡雪岩亲自接待，摆酒款客，直吃到午后三点多钟，也着实热闹了一把。

场面场面，首先自然是场上面上的事情要做好。生意场上，这些场面上的事情常常是必不可少的。堂皇的门面，不凡的气派，往往是赢得客户信赖的一个很重要的外部条件。一眼看去就给人一种小家子气的商号，一开始就不会被客户重视。从这一角度看，这些场面上的事，其实并不就是打肿脸充胖子的一味摆阔，它实际上也是在树立自我形象，在向公众显示自己的实力、优势，以吸引客户的注意，唤起客户的信任。因此，这些寻常做法，常常也是必要的，也是要做好的。按胡雪岩的说法就是，即使内里是个空架子，也要想办法把场面"撑起来"。他的阜康钱庄开办之初，事实上就只是一个空架子。

当然，生意人在做场面的时候，也要注意的一个问题，那就是，场面易做不易收。生意场上，如果有足够的实力，当然是能把场面做多大就做多大，而且越大越好。但场面一旦做出，要收身出来，常常也是要付出代价的，因为场面一收，往往会动摇客户对商号的信心，使客户对本商号的经营状况、现有实力、未来发展以及信誉程度产生怀疑。从这个意义上说，场面也是一把双刃剑；成也是它，败也是它。所以，场面的收放，都要慎之又慎。

正因为这个原因，尽管已经四面楚歌，面临倒闭危机的情况下，胡雪岩也要尽力把场面撑起来。

甲午之变，由于洋行联手排挤，加上在上海主抓洋务的盛宣怀等人的掣肘、造谣，上海阜康钱庄总号出现挤兑风潮，这时的胡雪岩已经陷

于四面支绌的困境。也恰恰是这个时候他的三女出嫁。按一般人的想法，正处于危机之中，儿女婚事自然应该免去铺张，不要太过张扬。连帮他的人也认为，这场婚礼既然定下了日期，按照风俗自然不能更改，但场面也不宜太大，只要不太委屈了女儿，女儿包括外人也都是可以理解的。

但胡雪岩却仍然要把场面做大。他要求一切照常，喜事该怎么办还怎么办。再难也无论如何要把场面绷起来。因为这个时候一松劲，女儿的婚事冷冷清清，阜康的客户必然把它与挤兑风潮联系在一起，对于阜康能否渡过眼前难关产生怀疑，那样也就真正是什么都完了。女儿办喜事那天，胡家仍是张灯结彩，轿马纷纷。各式灯牌、彩亭、仪仗，排出三里路远；帮办喜事的执事人等，一色蓝袍黑褂；抬运嫁妆的挑夫，一律簇新蓝绸镶红边的棉袄，气派非凡。这一个场面收到的效果就是，阜康钱庄照样开门，胡雪岩在杭州城里的所有生意，如典当、药店、丝行，无不风平浪静，阜康挤兑风潮被一片喜气扬扬冲淡了许多。

做生意的场面效果，需要靠生意人去营造，不能够仅仅局限于某一种已有的场面去做小本生意。另外，还要记住一点：做场面不能太急于求大，要根据自己的实力，身体力行。力所不及和过及都会给自己带来负面效应。

## 做生意不能没有靠山

胡雪启说："中国人做生意不能没有靠山。"他从资助王有龄开始，数十年间，集商场、洋场、官场势力于一身，财富如雪球般愈滚愈大，其后自有官场作为靠山。为结交官场，他不遗余力，不惜代价，以至商场上权倾一时。

### 1. 襄助王有龄

人们常用"慧眼识人"来表示一个人发现人才的独特眼光，而胡雪岩的"慧眼"，最典型地体现在他对王有龄的资助上。胡雪岩一生发迹，从襄助王有龄开始。他的第一个官场靠山，也是王有龄。没有胡雪岩的资助，王有龄可能在官场之中永无出头之日；而没有王有龄的支持，胡雪岩也不可能成就日后"红顶商人"的伟业。胡雪岩以其倾囊相助在王有龄身上做了一次"风险投资"。

机缘巧合，一次在茶馆，胡雪岩与王有龄偶遇。因茶馆人多，胡便力邀王有龄至酒肆小酌。王有龄本已饥肠辘辘，推辞一番，也就应邀前往了。交谈之中，胡雪岩得知王有龄的心事，空有一腔抱负，却无钱捐得前程。开始的时候，胡雪岩其实还很有些看不起王有龄，因为在胡雪岩看来，一个读书人要求上进，应该走正途，而王有龄想的却是走进京捐官这条路。不过，胡雪岩看人却没有限于世俗眼光，而是独具慧眼。当胡雪岩知道王有龄不甘于捐班佐杂，还有更大的抱负时，他终于还是决定要帮他。

王有龄知道后，对胡感激涕零，拜谢不迭。发誓有生之年若有发迹之日，必将投桃报李，加倍偿还。

王有龄在北上进京"加捐"的途中，遇上了自己多年未曾往来的"总角之交"何桂清。何桂清少年英才，仕途得意，已经官至江苏学政。缘于他的扶持，王有龄在京城吏部顺利地"加了捐"。返回浙江后，依仗何桂清在江南一带的影响，很快成了炙手可热的人物。浙江抚台黄宗汉命他为"海运局"的坐办。

喝水不忘掘井人。王有龄也算是个有良心的人，他不忘正是胡雪岩使他从杭州一个落魄市民腾达到今天的地步，决意要好好地报答自己的恩人。王有龄终日派人找寻，几经周折，终于找到了胡雪岩。

在王有龄的荫庇下，胡雪岩不再作钱庄的"小伙计"，而是自立门户，贩运粮食。他在官与商之间如鱼得水，游刃有余。自此他走上了从商的坦途，事业日渐发达。

依仗官势，胡雪岩在商界中的生意越来越大，积蓄也逐渐增多，羽翼渐丰。

## 2. 结交左宗棠

胡雪岩依靠王有龄的势力生意越做越大，前景一片光明。然而天有不测风云，1862年，太平军围攻杭州，王有龄守土有责，被围两月，弹尽粮绝。胡雪岩受托冲出城外买粮，但无法运进城内。王有龄眼见回天乏术，上吊自杀。胡雪岩闻讯，悲不自禁。胡雪岩之生意，得力于王有龄，尤其是这种乱世，没有一个可以信任的靠山，凭什么成事呢？如今王氏一去，大树倒矣，又岂能不悲伤。

此时的胡雪岩,已踏上"官商"之路。王氏既去,而他又不能一日无官场靠山,他不得不寻找更有价值的人物。这时,他将目光投向了闽浙总督左宗棠。

此时左宗棠正忧心忡忡。杭州连年战争,饿死百姓无数,无人耕作,许多地方都是"白骨露于野,千里无鸡鸣"。自己带几万人马同太平军征战,吃饭就成了个大问题。

正在考虑之时,手下人报,浙江大贾胡雪岩求见。左宗棠乃传统的官僚,有"无商不奸"的思想在脑中作怪;而且他又风闻胡氏在王有龄危困之时,居然假冒去上海买粮之名,携巨款而逃。心想此等无耻的奸商,本不欲见他,无奈于蒋益澧的面子,只得宣胡雪岩进见。

胡雪岩坐定之后,左宗棠直截了当地问起当年杭州购粮之事,脸上现出肃杀之气。胡雪岩这才如梦初醒,赶紧把事情从头到尾讲了个清清楚楚,说到王有龄以身殉国,自己又无力相救之处,不禁失声痛哭起来。

左宗棠这才明白自己误听了谣言,险些杀了忠义之士,不禁羞愧不已,反倒软语相劝胡雪岩。

胡雪岩见左宗棠的态度已有松动,急忙摸出两万两藩库银票,说明这银票是当年购粮的余款,现在把它归还国家。他解释说,这巨款本应属于国家,现在他想请求左帅为王有龄报仇雪恨,并申奏朝廷惩罚见死不救又弃城逃跑的薛焕。这符合常情的恳求,左宗棠欣然答应。并叫管财政的军官收下了这笔巨款。

收下胡雪岩的银票后,胡雪岩对王有龄的忠心使左宗棠非常佩服,立即叫人上茶,和胡雪岩闲聊。胡雪岩大赞左帅治军有方,孤军作战,劳苦功高。胡雪岩说话有分有寸,当夸则夸,要言不烦。让人听起来既不觉得言过其实,又没有谄媚讨好的嫌疑。左宗棠听得眉飞色舞,满脸堆笑。胡雪岩见左宗棠已被自己的话吸引,他想,只要实事求是的奉承恭维,左帅还是能够接受的。如果拉他做靠山,往后的生意更会如日中天。主意拿定后,他抛砖引玉,话锋一转,指责曾国藩只顾自己打算,抢夺地盘,卑鄙无义。气愤地谴责李鸿章不去乘胜追击,占领唾手可得的常州,而把立功的肥缺让给曾国藩的弟弟曾国荃做人情。胡雪岩有根有据的指斥引起了左宗棠的共鸣,左宗棠在心中对胡雪岩更有好感了。

过后,左宗棠亲自将胡雪岩送出去,他认为胡雪岩不仅会做生意,而且对官场非常熟悉,是一个大有作为的能人,难怪杭州留守王有龄对他如此器重。然而粮食仍像幽灵一样萦绕脑际,缠得左宗棠心急如焚,愁眉不展。一连几天都没有想出个好办法。

其实胡雪岩上次告别后,就筹划着如何帮助左宗棠解决粮食问题,以解燃眉之急。他迅速到上海筹集了上万石大米运到杭州,一部分救济城里的灾民,另一部分现粮送到了军营。

这万石大米真是雪中送炭,不仅救了杭州,而且对左宗棠肃清境内的太平军也助了一臂之力。左宗棠捋着花白的胡须,连日紧皱的双眉舒展了。他高兴不已,内心总觉得过意不去。他说:"胡先生此举,功德无量,有什么要求,无妨直说。我一定在皇上面前保奏。"胡雪岩大不以为然,他说:"我此举绝不是为了朝廷褒奖。我本是一生意人,只会做事,不会做官。"

"只会做事,不会做官"这一句话可当真说到了左宗棠的心坎上了。左宗棠出自世家,以战功谋略为名,在与太平军的浴血奋战中,更是功绩彪炳。所以平素不喜与那些巧言簧舌,见风使舵之人为伍,对这些人向来鄙夷不屑。此时一句"只会做事,不会做官"当真使左宗棠感觉遇到了知己,对胡雪岩顿时更觉亲近。赞赏之意,溢于言表。

粮食的问题得到解决,但军饷还没有着落。胡雪岩经过一番深思熟虑后便把自己的想法全盘告诉了左宗棠。

原来,太平天国起义十来年,不少太平军将士都积累了很多钱财。如今太平军败局已定,他们聚敛的钱财不能带走,应该想法收缴。但由于这些太平军不敢公开活动,唯恐遭到逮捕杀头,常常躲藏起来。胡雪岩认为左帅可以闽浙总督的身份张贴告示:令原太平军将上只要投诚,愿打愿罚各由其便,以后不予追究。

左宗棠心有灵犀一点通。这确实是个好办法,既收集了钱财,又能笼络了人心,一箭双雕。

左宗棠对胡雪岩的远见卓识钦佩不已,当即命胡雪岩着手办理。回去后,胡雪岩立即着手,张贴布告,晓之以义。不多久,逃匿的太平军便纷纷归抚,一时四海闻动,朝廷惊喜。借助这一机会,阜康钱庄也得利不少。胡雪岩更是四品红顶高戴,成了真正的"红顶商人"。可见,做生意缺什么也不能缺靠山。

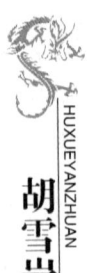

## 亲疏之间,要把握好分寸

"亲疏之间,要把握好分寸。"胡雪岩这句话是有感而发的。

如何才是适度,才是不失分寸,是很难用一句话说清的问题,需要当局者根据事情过程中的具体情况灵活处置。然而,胡雪岩认为不能过分地慷慨,不然会因为利益分配不均,互生怨恨,成为仇敌。亲疏之间,把握分寸对我们为人处世是有启发的。

王有龄作为湖州知府,进省城时却落下了个"好"差事:不归他管的新城县有百姓造反,巡抚却要委任他去料理此事。这件事情,比王有龄当初解决漕米解运的难题更麻烦。最让人头疼的是,王有龄还无法带兵去剿,一来这些清兵向来把剿匪当作发财的机会,到了地方常常是大肆抢掠,实在兵不如匪。新城县本就是因为当地官不恤民众激起的事变,如果这些官兵前往进剿,必然会激起更大规模的民变。二来朝廷派驻地方的绿营兵,平日里如八旗子弟似的养尊处优,连一般的操练都没有,根本就打不了仗。如果王有龄带兵前往,一旦打败了,他王有龄甚至可能命丧新城,即使不丢性命也免不了会因兵败而被革职查问。他想来想去,决定还是先安抚,如果安抚不了再想别的办法。但王有龄自己却不能够亲自前往,因为这也是要冒很大风险的,弄不好也会丢命。选来选去王有龄看中了嵇鹤龄。

嵇鹤龄向来为人耿介、恃才傲物。他虽有勇有谋,但官场不得志,不肯替王有龄效劳。胡雪岩仔细分析了嵇鹤龄的处境,主动为其着想,经过一番攻心,解决了嵇鹤龄生活中的实际问题,改变了他对官场的敌对情绪,最后说动嵇鹤龄前去新城安抚民变。

王有龄在嵇鹤龄蛮有把握地出发后,心中十分高兴,便对胡雪岩说,如果嵇鹤龄能够功成回来,一定要保荐他担任归安县令。归安县本来是由王有龄兼管。俗话说,"三年清知府,十万雪花银",而丰裕的归安县却一年能给知府带来五万两银子的进项!让嵇鹤龄当了归安县令,不就是等于从王有龄的荷包里挖走五万两银子么!胡雪岩觉得,王有龄一时的慷慨,虽然看似义举,但实际上是以损害王有龄自己的利益为代价的,过一些时日一定免不了会后悔,这样他与嵇鹤龄的朋友关系就难以维系了。甚至彼此互生怨恨,成为仇人。

胡雪岩否定了王有龄的慷慨，而主张王有龄把自己兼领的浙江海运局坐办的位置让给嵇鹤龄。这样，一来王有龄可以省点事，二来由嵇鹤龄管海运局，王有龄、胡雪岩经手的几笔海运局垫款、借款，料理起来也会顺利很多，是一举几得的好办法。

胡雪岩确实是人情练达。他成功地阻止王有龄的一时慷慨，其实涉及到人与人之间交往的分寸的把握问题。在胡雪岩认为，嵇鹤龄和王有龄的关系，无论如何也没有达到分如此大利而不会产生不良后果的那种程度。王有龄的慷慨，也就有些失去分寸了。朋友亲疏之间，如果分寸把握不好，必然影响日后的继续交往，甚至互生怨恨。

其实，胡雪岩的这一考虑，用于生意场上的人际交往，特别是合作伙伴之间、老板与下属之间关系的调适，也是必要的。如何把握好适当的分寸，既不疏远，又保持亲密的朋友关系，不会影响到相互之间没有障碍的沟通和配合的默契，的确是一个不可忽视的问题。

## 江湖朋友也可以为我所用

胡雪岩是很善于利用江湖朋友的。

胡雪岩借助江湖势力是从办浙江漕粮结交尤五开始的。由于胡雪岩通过与漕帮诚心结交，处处照顾到漕帮的利益，而且尽己所能放交情给漕帮，给漕帮的印象是"此人落门槛，值得信任"，成了漕帮的"门外小爷"，被漕帮尊称为"爷叔"，使漕粮的差事办得无比顺当。

在胡雪岩那个时候，尽管漕帮的势力已大不如前了，但是在地方运输安全诸方面，还非得漕帮帮忙不可。这是一股闲置的、有待利用的势力。运用得好，自己生意做得顺当，处处受人抬举；忽视了这股势力，一不小心就会受阻。

而且各省漕帮互相通气，有了漕帮里的关系，对胡雪岩把生意做大可说是不无裨益。后来的事实也表明，尤五这股江湖势力给胡雪岩提供了极大方便。胡雪岩通过已当上浙江巡抚的王有龄做了多批军火生意。在负责上海采运局时，又为左宗棠源源不断地输给新式枪支弹药。如果没有尤五提供的各种方便和保护，就根本无法做成。而有了漕帮的交情，胡雪岩就算在乱世有了"黑"社会的强硬靠山，寻常的江湖帮派谁也不敢轻易打他的主意。

胡雪岩很注意培植漕帮势力，和他们共同做生意，给他们提供固定的运送官粮物资的机会，组织船队等。只要有利益，就不会忘掉漕帮。因为对待江湖势力，胡雪岩有着正确的态度。在他的眼里，江湖势力并非都是蛮不讲理，随意黑吃黑，他们也有江湖道义可讲。所以他对江湖势力一个固定不变的宗旨便是："花花轿儿人抬人"。也就是说，我尊崇你，处处替你考虑到了，你自然也会抬举我；总不能无动于衷，做出不仁不义的事来。胡雪岩在官场和商场，处处通达的"势"就是这样做成的。

江湖势力在晚清渐趋衰落。主要是因为各种社会经济因素变化引起的。比如洪门和漕帮，当年借重的是连接南北的运输河道。河道一旦冲淤堵塞，财路也就一步步衰微，江湖势力也就一步步减退。又比如镖局，当年押银护款，呼啸南北，哪一个钱庄不需要借重镖师？后来银票兴起了，划汇制度也形成了，镖师就逐渐由受人尊敬到无人借重，势力也就自然是江河日下。

不过，即使大不如前，江湖势力仍不可小视，他们一直以各种形式重新组合，发挥着自己的作用。比如国民党时期上海的青帮，蒋介石还曾投帖门下，借重他们以求在上海滩立足。

所以，胡雪岩认为江湖势力与生意成败之间存在着密切的联系。处理得不好，只会给自己增添许多麻烦；处理好了，便可使自己在生意场上顺风顺水，大展宏图。因此，胡雪岩全力把江湖势力整合起来，与自己在官场的势力、古应春在洋场的势力结合起来，做出了花团锦绣的大市面来。

## 同行不妨，什么事都可以成功

为了各自利益，同行间互相妒忌，似乎也是常情了。由妒忌到倾轧、竞争似乎成了同行间的常事，所谓"同行是冤家"的俗语，讲的正是这个理儿。在竞争中或者一方取胜，另一方被迫称臣；或者两败俱伤，"鹬蚌相争"而被第三方"渔翁得利"；或者一时难分胜负，双方维持现状，酝酿新的一轮竞争。这似乎是我们都能理解的，也似乎是被所有商家都能认可的市场规律。

那么，在这种循环中有没有既不触动对方利益、己方又能得利的第三条变通之路可走呢？有！这就是不抢断同行的饭碗，"同行不妒，什么事都可以成功。"胡雪岩可说是此中善于变通的高手。

胡雪岩看到在太平天国兴起的形势下，各地纷纷招兵扩军、开办团练以守土自保。尤其是江浙一带，直接受到太平天国的威胁，特别是自上海失守后，人心惶惶，防务亟待加强，更是大办团练、扩充军队，有了兵就要有兵器，因而各地急需大批洋枪洋炮。胡雪岩正是看准了这一点，才决定充分利用自己在官场的关系，大做军火生意。

在交谈中，胡雪岩从古应春嘴里得知，英国人有一批枪支近期运抵上海，并且正在与太平军接洽，准备卖给太平军。马上就决定把这笔能赚大钱的生意硬挖过来。他对古应春问道："英国人肯不肯把枪炮、火药卖给我们？"

"有啥不肯？他们是做生意，只要价钱谈得拢，什么都卖！"古应春问道："你要些什么东西，我好去谈。"

这一下把胡雪岩难住了，"这上面我一窍不通。"他很大气地对古应春说："只要东西好就行。"

"不光是东西好坏，还有数目多少。总要有个约数，才好谈。譬如洋枪，准备要多少支？"

"总要一千支。"因为有湖州知府在背后撑着，胡雪岩的口气完全可以代表官府。

"一千支！"古应春笑道："你当一千支是小数目？我看办团练，有五百支洋枪就蛮好了。还有，要不要聘请教练？洋枪不是人人会放的，不会用，容易坏，坏了怎么修，都要事先盘算过。"

说实话，胡雪岩对买卖洋枪的门道几乎一无所知，但不知不怕，胡雪岩会"变"。他对古应春拱拱手说，"你比我内行太多了。索性你来弄个'说帖'，岂不爽快。"一句话，就把担子压到了古应春的肩上。

古应春本事的确不错，提笔构思，转眼就把"说帖"写好，而且笔下生花，行文流畅、漂亮。胡雪岩尽管自己不能动笔，但他却特别会看，而且目光锐利。他一眼就发现"说帖"就是好，但写得太正统了，把洋枪、洋炮的好处，原原本本谈得很细。虽然看起来文笔很不错，但读起来却很吃力。他心想，这个说帖，王有龄肯定会看完，但递到黄宗汉的手里，他有没有看完的耐心，就很难说了。

于是，为了让"说帖"能够打动官府的决策人，胡雪岩建议古应

春采取"变通"的方法，说英国人运到上海的洋枪数量有限，卖给了官军，就没有货色再卖给太平军。所以这方面多一支，那方面就少得一支，出入之间，要以双倍计算。换句话说，官军花一支枪的钱，等于买了两支枪。

对于胡雪岩的"变通"，古应春笑道："你这个算法很精，无奈不合实情。英国人的军械，来了一批又一批，源源不断，不会有什么卖给这个，就不能再卖给那个的道理。""是的，应春兄，这种情形，我清楚，你更清楚，不过做官的不清楚。京里的皇上和军机大臣，更不会清楚。我们只要说得动听就是。"听胡雪岩这样说，古应春看看尤五笑了，尤五却佩服地对古应春说："应春兄，这些花样，我的这位小爷叔最在行。你听他的，包定不错。"尤五说的"花样"，实际上就是胡雪岩的"变通"技巧。

然而，在决定买枪之后，古应春接下来"除了洋枪，还有大炮，要不要劝浙江买？"的问话，却让向来果断的胡雪岩有点犹豫和踌躇，并且最后放弃了买火炮的打算。到底是什么原因令胡雪岩连到手的钱都不想赚呢？

"这慢一点。浙江有个姓龚的，会造炮……"

原来，这个姓龚的是福建人，名叫龚振麟，曾经做过嘉兴县的县丞，道光末年就在浙江主持"炮局"，浙江炮局主要就是制造火炮的。从明朝中叶以来，一直在仿制的"红衣大将军炮"，都用生铁翻砂。龚振麟不仅发明了铸炮铁模，著成《图说》，而且还专门著有一本《枢机炮架新式图说》，在铸炮技术上，颇有改良。他的儿子名叫龚之棠，颇得父亲真传。父子二人，都很得浙江巡抚黄宗汉的欣赏和重用。

虽然，胡雪岩很清楚由龚振麟、龚之棠父子主持的炮局制造的土炮，绝对赶不上西洋的"落地开花炮"，但毕竟是他们自己造的炮。胡雪岩认为，如果他买进西洋炮，由于西洋炮威力大，质量好，必然要顶掉浙江炮局制造的土炮，因而也势必侵害炮局的利益，引起炮局的妒忌。炮局龚氏父子本来就得浙江巡抚黄宗汉的重用，他们为维护自己的利益，肯定会利用自己多年建立起来的影响，大肆挑剔买洋枪洋炮的弊端，反对浙江购买洋炮洋枪。如此一来，不仅洋炮买不成，恐怕就连洋枪也买不成了。

用胡雪岩的话就是："当然，打'群子'的土造大炮，不及西洋的

'落地开花炮'。但这话不能说,一说,炮局里的人当我们要敲他的饭碗,一定会鸡蛋里挑骨头,多方挑剔,结果是连洋枪都不买。"

胡雪岩这种基于对人情世故的考虑,决定舍炮而不买,只买洋枪。不仅有效避免了对炮局利益的触及,顺利铺就了成功的光明大道,而且又选择了一条与众不同的经营项目,另辟市场,不致于引起同行的反对。难怪连经见过大世面的洋买办古应春,也对胡雪岩的做法既感慨又佩服地说:"小爷叔,你真正人情熟透,官场里的毛病,全被你说尽了。"

胡雪岩回答说:"官场、商场都一样!总而言之,'同行相妒',彼此能够不妒,什么事都可以成功!"

虽是同行,却能够做到和平共处,这是胡雪岩为了生意的成功而寻求的外部环境。他取枪舍炮的做法,看似缩小了自己的市场,实际上却是为了开辟另一市场而作出的必要让步。在这一新市场上,他不会遭到同行的妒忌和反对,也没有竞争,从而营造出良好的经营空间,赢得更大的利润。商场竞争的残酷,更需要遵守"游戏"规则。正如《麦田守望者》中斯宾塞先生对霍尔顿所说:"人生就是一场球赛,我们却要遵守每一项这样或那样的规则。"是的,每一个置身商海的人,既然参加这样的"球赛",就必须遵守相应的"规则"。"把戏人人会变,各有巧妙不同",巧妙就在于如何不拆穿把戏上。胡雪岩做生意,在强调"要活络"的同时,更注意讲究"要照规矩来"。用他的话来说,就是只有遵守商场的"游戏"规则,"戏法才不会揭穿"。表面上看,胡雪岩做生意奇招不断,灵活多变;但仔细琢磨,他的每一桩生意的具体运作过程,都基本上遵守了相应的商场规则。

胡雪岩做生意,向来把人缘放在第一位。所谓"人缘",对内是指员工对企业忠心耿耿,一心不二;对外则指同行的相互扶持、相互体贴。因此,胡雪岩常对帮他做事的人说:

"天下的饭,一个人是吃不完的。只有联络同行,要他们跟着自己走,才能行得通。所以,捡现成要看看,于人无损的现成好捡,不然就是抢人家的好处。要将心比心,自己设身处地,为别人想一想。"胡雪岩是这么说的,更是这么做的,他的商德之所以为人称道,很重要的一条,就是把同行的情看得高于眼前利益。在面对你死我活的激烈竞争时,做到了一般商人难以做到的:不抢同行的饭碗。

胡雪岩准备开办阜康钱庄，当他告诉信和钱庄的张胖子"自己弄个号子"的时候，张胖子虽然嘴里说着"好啊"，但声音中明显带有做作出来的高兴。为什么呢？因为在胡雪岩帮王有龄办漕米这件事上，信和钱庄之所以全力垫款帮忙，就是想拉上海运局这个大客户。现在胡雪岩要开钱庄，张胖子自然会担心丢掉海运局的生意。

为了消除张胖子的疑虑，胡雪岩明确表态："你放心！'兔子不吃窝边草'，要有这个心思，我也不会第一个就来告诉你。海运局的往来，照常归信和，我另打路子。"

"噢！"张胖子不太放心地问道："你怎么打法？"

"这要慢慢来。总而言之一句话，信和的路子，我一定让开。"

既然胡雪岩的钱庄不和自己的信和抢生意，信和钱庄不是多了一个对手，而是多了一个伙伴，自然疑虑顿消，转而真心实意支持阜康钱庄。张胖子便很坦率地对胡雪岩说："你为人我信得过。你肯让一步，我见你的情，有什么忙好帮，只要我办得到，一定尽心尽力！"在胡雪岩以后的经商生涯中，信和钱庄给了他很大的帮助，这都要归功于他当初没有抢了信和生意的那份情谊。

甚至对于利润极丰的军火生意，胡雪岩也都是抱着"宁可抛却银子，决不得罪同行"的准则。军火生意利润大、风险也大，要想吃这碗"军火"饭并不是一件容易的事。胡雪岩凭藉他已有的官场势力和商业基础，并且依靠他在漕帮的势力，很快便在军火生意上打开了门路，走上了正道，着实做了几笔大生意。这样，胡雪岩在军火界也成了一个有头面的人物了。

一次，胡雪岩打听到一个消息，说是外商又运进了一批性能先进、精良的军火。消息马上便得到进一步的确定，胡雪岩知道这又是一笔好生意，做成一定大有赚头。他马上找到外商联系，凭藉他老道的经验、高明的手腕，以及他在军火界的良好信誉和声望，胡雪岩很快就把这批军火生意搞定。

然而，正当胡雪岩春风得意之时，他听商界的朋友说，有人在指责他做生意"不地道"。原来外商此前已把这批军火以低于胡雪岩出的价格，拟定卖给军火界的另一位同行，只是在那位同行还没有付款取货时，就又被胡雪岩以较高的价格买走，使那位同行丧失了几乎稳拿的赚钱机会。

胡雪岩听说这事后，对自己的贸然行事感到惭愧。他随即找来那位同行，商量如何处理这件事。那位同行知道胡雪岩在军火界的影响，怕胡雪岩在以后的生意中与自己为难，所以就不好开列什么条件。只是推说这笔生意既然让胡老板做成了就算了，只希望以后留碗饭给他们吃。

事情似乎到这一步就可以这么轻易地解决了，但胡雪岩却不然，他主动要求那位同行，把这批军火以与外商谈好的价格"卖"给他，这样那位同行就吃个差价，而不需出钱，更不用担任何风险。事情一谈妥，胡雪岩马上把差价补贴给了那位同行，胡雪岩的这一做法不仅令那位同行甚为佩服，就连其他同行也都非常钦佩。

如此协商一举三得，胡雪岩照样做成了这笔好买卖；没有得罪那位同行；博得了那位同行衷心的好感，在同业中声誉更高。这种通达变通的手腕日益巩固着胡雪岩在商界中的地位，成了他在商界纵横驰骋的法宝。

不抢人之美，是胡雪岩做人处事方式的基本准则。他一直恪守这一准则，不仅在商场，就是周旋官场也是如此。

胡雪岩在外经商多年，尽管自己不愿意做官，但和场面上人物来往，身上没有功名，显得身份低微，才花钱买了个顶戴。后来王有龄身兼三大职务，顾不了杭州城里的海运局，正好胡雪岩捐官成功，王有龄就说要委任胡雪岩为海运局委员，等于王有龄在海运局的代理人。

对此，胡雪岩以为不可。他的道理也很简单，但一般人就是办不到。其中关键，在于胡雪岩会退一步为别人着想。胡雪岩告诉王有龄，海运局里原来有个周委员，资格老、辈分高，按常理王有龄卸任，应由周委员替代才是。如果贸然让胡雪岩坐上这个位子，等于抢了周委员应得的好处。反正周委员已经被他收服，如果由周委员代理当家，凡事肯定会与胡雪岩商量，等于还是胡雪岩幕后代理。既然如此，就应该把代理的职位赏给周委员。

这样一来，胡雪岩既避免了将周委员的好处抢去，也避免了为自己树敌。所以说，他的"舍"实在是极有眼光、有见地的高明之举。

利用同样的做人观念，胡雪岩还曾帮了王有龄一次。王有龄官场得意，身兼湖州府知府、乌程县知县和海运局坐办等三职。王有龄在四月下旬接到升迁派令，身边左右人等纷纷劝他，速速赶在五月初五端午节前接任视事。之所以会有这样的建议，理由很简单：尽早上任，尽早搂

到端午节的"节敬"。

清代吏制昏暗，红包回扣、孝敬贿赂乃是公然为之，蔚为风气。风气所及，冬天有"炭敬"，夏天有"冰敬"，一年三节还另外有额外收入，称为"节敬"。浙江省本来就是江南膏腴之地，而湖州府更是膏腴中的膏腴，各种孝敬自然不在少数。

王有龄四月下旬获派为湖州知府，左右手下各路聪明才智之士无不劝他赶快上路，赶在五月初五之前交接，就是为了刚上任就能大搂"节敬"。

王有龄就此事询问胡雪岩的意见，胡雪岩却说："银钱有用完的一天，朋友交情却是得罪了就没得救！"他劝王有龄等到端午节之后，再走马上任。

胡雪岩之所以这样建议是有多方面考虑的。王有龄不是湖州的第一任知府，在他之前还有前任，别人在湖州府知府衙门混了那么久，就指望着端午的"节敬"。王有龄当然可以在端午节前接事，抢前任的"节敬"，表面上说也是名正言顺。可是，这么一来，无形中就和前任结下梁子，眼前当然没事，但保不准什么时候就会发作。要是将来在要命的关键时刻发作，墙倒众人推，落井猛石下，那可就划不来了。

胡雪岩非常明白，江湖上有云："你做初一，我做十五；你吃肉来我喝汤。"这意思是说，好处不能占绝，干事情不能吃干抹净，一点后路都不给别人留。人家前任知府已经被扫地出门，心里就够沮丧的了。你新官上任之际，春风得意，替人家想想，送对方一顿"节敬"，自己没损失什么，却颇能让别人见情，何乐而不为呢！

胡雪岩不抢同行的饭碗，并非回避竞争与冲突。而是舍去近利，保留交情，从而带来更长远、更巨大的商业利益。

## 结寡成盟，共进共退

我们知道没有任何一个人可以独立存在于这个社会中，也永远不会只凭着一己之力而有不凡建树，所以一定要有一个相互帮助的集体。而对于一个行业来说就更要有一个共同的理念，这样在碰到外来冲击时才可能抵御得住，所以同行之间应是合作伙伴而不是竞争对手。因为谁也不会把一个行业的钱全挣走，所以一种联盟在商业上是必须的。

只有同盟才可以做到同进同退,这不仅是一种行业的保护,也是对自身的保护。在商言商,胡雪岩自然明白商人结盟、互助互惠的道理。湖州南浔丝业"四象"之一的庞云缯就是与胡雪岩过从甚密的朋友。庞是当时的望族,鸦片战争以后,列强各国把中国当作农副产品和工业原料的供应地,南浔辑卫湖丝大量外销,胡雪岩在同治年间也开始做丝生意。

钱庄出身的胡雪岩对丝业是外行,于是,他寻求身居湖丝产地、对生丝颇为内行的庞云缯的合作。两人携手,资金充足,规模宏大,联系广泛,从而在丝业市场上形成气候。当然,合作是互惠的,胡雪岩做丝生意得到庞云缯的帮助,反过来他也向庞云缯传授经营药店的经验。后来,庞氏在南得开了镇上最大的药店——庞滋德国药店,与设在杭州的胡庆余堂关系密切。

提起胡雪岩大力倡导同行合作的事迹,就不能不提起他有名的一项豪举,那就是联合江浙一带的丝蚕生意同行,共同抵制洋商的低价收购,以保护丝农的生计。这是他经商生涯中最辉煌的一笔。尽管他本人也为此承受了不少损失,但却大大打击了洋商势力,为民族资本争了口气。

胡雪岩非凡的胆略和高明的见识,是促使他下决心联合同行垄断丝蚕的重要原因。胡雪岩在湖州收到新丝运到上海之后,并没有急于脱手,其实就他当时的状况而言,他是应该尽快脱货求现的,因为他的钱庄刚刚开张不久,并没有多少可以周转的资金。但他仍然将这批生丝囤积起来。他没将这批生丝马上脱手的原因,除了洋商开价不够理想之外,更重要的是他要联合同行控制洋庄市场的条件还没有成熟。他运到上海的生丝数量很少,实力还不足以与洋商讨价还价,他必须联合同业才能与洋商抗衡。因此,即使自己暂时压下一笔资金,他也不愿意让自己的筹划落空。

对此,洋商们也想出自己的计策来对付他,决定以其人之道还治其人之身。他们放出风声,说胡雪岩的生丝他们是不会收的,即便是压低价卖给他们也不收;而其他省份的生丝他们大量收购,收购价偏高,并且可以当场付清银两。

这一举动对胡雪岩来说无疑是致命一击,如果洋商真的从别的省份收到足够的生丝,哪怕只够维持一个月的生产,对胡雪岩来说也是要命

的。自己不能加工,而且生丝也不宜久放,否则质量会变坏。

但胡雪岩天生就是做大事的料,临到关键时候,仍然能够气闲神定。他没有四处招摇,而是首先拜访了上海名宿陈正心。胡雪岩向他指出,中国之所以与洋人做生意总是亏,就在于人心不齐,人心不齐又在于没有主心骨,没有一个可令大家信服的人。胡雪岩称,陈老前辈乃今日上海之名宿,登高一呼,必能应者云集,他首先就要响应。

陈正心被胡雪岩的话深深打动,于是广发请帖,召集上海各商行老板,就胡雪岩的做法征询众商行老板的意见。一石击起千层浪,各商行老板抱怨个不停,埋怨洋人贪得无厌,而恨上海没有胡雪岩似的人物。陈正心见火候已到,把桌子一拍当即允诺,要出来领头与洋人抗争。

但也有一些人觉得这不是一件轻松的事,如果与洋人斗法翻了船,那又怎么办?自己的损失谁来承担,这绝不是凭嘴巴就可以解决的。

知道人们会有这样的想法,陈正心信心十足地向大家表明,跟洋人斗法是下定决心的,他决定把大宗款子用来做生丝生意,而且价格和洋人一样。为了让大家没有后顾之忧,他又将胡雪岩引荐给众商人。胡雪岩分析了何以洋人越来越富,而国人越来越穷的原因,其根本就是我国人心不齐,在这些事关民族利益的生意上,从商之士理应同心协力,同舟共济,而不应互相猜忌,彼此拆台。只要大家一条心,联合起来把生丝压一段时间,洋人们的厂没米下锅,那么生丝的价肯定会上去。

就这样,胡雪岩对上海的同行晓之以义,诱之以利,想办法把生丝都抓在手里,联络同行让他们一致对外。而对于那些想脱货求现的人,他也开出了很优惠的条件,条件是只要不把丝卖给洋人。虽然有些人怀疑胡雪岩的用心,但在几件事的处理上都显示出了他能急朋友所急的义气,而且在利益问题上态度很坚决,显然不是为了几个钱而奔波。在丝生意上联手,主要是为了团结自己人一致对外。有生意大家做,有利益大家得,不能互相拆台,不能把好处给了洋人。

洋人收不到丝才明白事情的严重性。他们还想私下分化拉拢,对某些商行许诺以高价,然而却遭到拒绝。那些商行的老板告诉他们,如果他们私下把丝卖给洋商,他们会受到同行的谴责,而且背上卖国的罪名。

洋商们知道事情除了同胡雪岩当而谈之外,其他方法都是行不通的。加之国内生产厂家的告急电报雪片般的飞来,使他们不得不给胡雪岩一个公平合理的价格。这一仗打下来，不仅胡雪岩净赚了18万两银子的利润，而且也给江浙、上海的丝商们带来了好的收入。最重要的是胡雪岩拒售生丝，抵制了洋商在中国开办的缫丝厂，因而给中国的广大中小蚕农留下了一片生机。

从上面这个故事就可见出，如果不是胡雪岩联合同业，就不可能取得这样的成果，这不仅是对个人，也是对国家的义举。

人们用"同心同德"这个成语形容众人同一个意愿，同一个行动。这个成语来自《尚书·泰誓》。在周武王诛讨纣王的誓词中有：纣王纵使有成亿成兆的百姓，但他们同你离心离德，也是不起作用的；我哪怕只有治乱的十名臣子，可是他们同心同德，就一定会胜利。战场上要想有胜算，就需要所有将士的同仇敌忾；同样的道理，处于商战中的企业要赢得立足和发展，也需要所有人员的同心同德。而领导者的思想观念在这一过程中发挥着至关重要的作用。

## 借资生财

没有一个商人不希望自己的生意成功，而获得成功的前提之一是必须有足够的资金。而对于创业和发展中的企业，资金显然是一个困扰性的话题。这时就可以采取一种用借来的钱赚钱的方式，俗称"借资生财"。胡雪岩就精通此道，能够在没有资本的情况下把买卖做大、做好、做火，他这种借资生财的本事实在是令人佩服。

胡雪岩因资助王有龄而被钱庄扫地出门，王有龄当官之后自然要感恩图报，为胡雪岩提供方便。胡雪岩要筹办自己的钱庄，当时他还身无分文。不过，胡雪岩绝非一般等闲之辈，他已经筹划好了资金的来源，即凭借和王有龄的交情承办代为打理道库、县库的过往银两。代理道库、县库，就可以用公库的银子来做钱庄的流动资本，而且公家银子不用付利息，这就等于是无本之资，达到借资生财的目的。

当然，即使是万事俱备，也还要有东风相助。这个东风就是王有龄必须署理一个州、县的实缺。当时王有龄刚刚仕途起步，还只是浙江海运局"坐办"，并不具备给胡雪岩提供代理公款的条件。

王有龄出于报恩之心，确实很想帮助胡雪岩。但依目前的条件和能力，王有龄想让胡雪岩帮自己打理一些官场上的事。所以，对胡雪岩要

开办钱庄,他并不认可。按照王有龄的想法,等他真正在官场立足之后再着手胡雪岩的钱庄也不迟,反正他们的交情本来就不必瞒人。按当时官场通例,他把官库银子给胡雪岩钱庄"代理",也是极普通的事情,不怕别人说什么。

胡雪岩有自己的想法,他认为正因为已经有了代理道库、县库的筹划,所以更应该先立起一个门户来。王有龄此时刚刚得意,外面还不大有人知道,因而也正是一个机会。这时把钱庄办起来,即使内里只是一个空架子,外面也要弄得热热闹闹。这样一旦王有龄做了州县,由自己的钱庄代理公库,公款源源而来,空的自然变成实的。倘若一定等到王有龄做了州县得了实缺再搭台子,那时浙江官、商两界都知道有个王有龄,也都知道王、胡之间的交情,虽然自己的钱庄能够得到代理官库的好处是一样的,或许钱庄生意的运作还会更方便些,但外人的看法和说法就会大不相同。人们会说胡雪岩办钱庄是借了王有龄的官场靠山,也会说王有龄是动用公款给胡雪岩办钱庄而营商自肥。如果有人动机不良,告上一状,那也就真的要"吃不了,兜着走"了。

出于"义"和"利"的双重考虑,胡雪岩一上手就要开办自己的钱庄,对外号称拥有本钱二十万两。其实,此时的胡雪岩真正是身无分文。虽然王有龄已回浙江任海运局坐办,但除了让胡雪岩有了一点官场势力之外,在银钱方面事实上还无力帮他多少。而胡雪岩的钱庄开办得有点样子,至少需要五万两银子。

但胡雪岩仍然想要把自己的钱庄开起来。在他看来,眼前只要弄来几千两银子,先把场面撑起来,以后钱庄的本钱,就不成问题。

胡雪岩有如此把握,是因为此时他心中已有了自己的主意,这就是"借资生财"。

所谓"借资生财",说穿了,也就是拿了别人的银子,来做自己的生意,赚取自己的钱。胡雪岩这时候已经筹划出两条借资的渠道:一条渠道是信和钱庄垫支给浙江海运局支付漕米的二十万两银子。王有龄一上任,就遇到了解运漕米的麻烦,要顺利完成这一桩公事,需要二十万银子。胡雪岩和王有龄商量,不妨先让信和钱庄帮忙垫交这二十万两银子,由自己去和信和钱庄商议。

这样的事情在信和看来也是求之不得的。一来王有龄回杭州,为胡雪岩洗刷了名声,信和张胖子正对胡雪岩不计前嫌、"仇"将恩报,佩服得五体投地,他正愁无以为报,此事焉有不办之理;二来由于胡雪岩的影响,信和也正希望与海运局搭上关系。海运局对任何钱庄来说都是个大主顾,为海运局代理公款往来必有大赚,还有更最重要的一点,海运局是官方机构,能够代理海运局公款汇划,在上海的同行中必然会被人刮目相看。钱庄生意最重视的就是声誉和信用,行内人把它看成票号钱庄的资本,能不能赚钱倒在其次了。有这两方面考虑,借款的事情自然水到渠成。

本来海运局借支这二十万两银子只是短期应急,但胡雪岩要办成长期的,他预备移花接木,借信和的本钱,开自己的钱庄。

创业难,难在创业之初。而大部分商人的难处都在创业之初资金的筹备上,甚至许多有超前意识的经营者,不得不眼睁睁地看着机会白白溜走或为他人所用。其实创业者应该学一学胡雪岩,运用自己的智慧,想别人之未想,行别人之未行,利用别人的钱为自己人成就一番事业。

诚然,胡雪岩创办阜康钱庄这里面不外乎商人常有的"移花接木,巧取豪夺"之成分,但"戏法人人会变,各有巧妙不同"。从这里看出胡雪岩的确有他非凡的眼光、胆识和技巧。这种戏法说穿了也就是商业上的一种必要的经营技巧,而不是心术不正地蒙人。"桃李不言,下自成蹊",是因为栽桃李之人早早就"设下网线",准备钓摘桃的"大鱼"了。当你两手空空又想成就一番大业之时,不妨巧借他人之力为我所用,这已成为古今中外企业经营者走向成功的策略之一。

用胡雪岩自己的话讲:"戏法总是假的,偶尔变一两套可以,变多了就不值钱了,值钱的还是有真的东西拿出来。"

## 曲线收才,攻心为上

胡雪岩用人的一个最大特点就是利人利己,这也是他用人成功的一个总原则。这种特点深究起来,不仅与胡雪岩的性格密切相关,也是胡雪岩对人情世故熟透的结果。要下属人员长期为自己所用,且要他们心甘情愿、忠心耿耿,施恩于人是最有效的方法。这样,得到恩惠的人必定为报效而尽心尽力,自然达到自己的目的了,甚至会比自己想象得更好。

胡雪岩对张秀才的收服,就真的是别具一格。胡雪岩与王有龄在杭

州时，知道了一个叫张秀才的无赖。此人本是"破鞋党"，自认为衣冠中人，可以走动官府，平日包揽诉讼事宜，欺软怕硬。王有龄当杭州知府时，深恶其人，久已想革他的功名，只是一时不得其便，隐藏在心。

这张秀才与各衙门的差役均有勾结。杭州各衙门的差役，有一项陋规收入，凡是有人开设商铺，照例要向管地方衙门的差役缴纳规费。看店铺大小，定数目高下；缴清规费，方得开张，其名称为"吃盐水"。王有龄锐于任事，贴出告示，永远禁止这项不合理的税费。钱塘、仁和两县的差役，心存顾忌，一时敛迹；巡抚藩司两衙门，自觉靠山很硬，不买知府的账，照收不误。不过自己不便出面，指使张秀才去"吃盐水"，讲好三七分账。

岂知运气特差，张秀才正在盐桥大街向一家刚开张的估衣店讲斤头讲不下来的时候，遇到王有龄坐轿经过，发现其事，停轿询问。估衣店的老板照实陈述。王有龄大怒，决定拿张秀才"开刀"，立个榜样，以起"杀一儆百"之效。

当即传张秀才走到轿前，先申斥一顿，疾言厉色警告，一定要革他的功名。这下张秀才慌了手脚，一革秀才，便成白丁，不但见官要磕头，而且可以拖翻在地打屁股，锁在衙门里照墙边"枷号示众"。

想到胡雪岩与王有龄是密不可分的好友，张秀才随即带了老婆儿女到阜康钱庄，见了胡雪岩一跪到地，苦苦哀求相帮。胡雪岩一时大意，只当小事一件，王有龄必肯依从，故而满口答应，包他无事。哪知王有龄执意不从，说这件事与他的威信大有关系，倘或这件为民除害的恶习不革，号令不行，何以服众？说之再三，王有龄算是让了一步，本来预备革掉张秀才的功名，打他两百小板，枷号三个月。现在看在胡雪岩的分上，免掉他的皮肉之苦，但秀才却非革不可。

说实在的，胡雪岩已经帮了张秀才大忙了，但他只当胡雪岩不肯尽力，搪塞敷衍，自此怀恨在心，处处为难，不肯放过胡雪岩。

后来，杭州被太平军攻占，于是胡雪岩计划收服张秀才，化敌为友，发展内应，以期收复杭州。

张秀才平时什么人都不怕，就怕自己的儿子。这真是"恶人自有恶人磨"，一物降一物，这也是胡雪岩费尽周折打听到的。张秀才的儿子人称小张，小张靠着老父的一点本钱，吃喝嫖赌，一应俱全。张秀才弄来的几个造孽钱，都供养了儿子。胡雪岩马上又想到了刘不才，刘不才也是纨绔出身,论资格比小张老得多。所以胡雪岩马上针对小张想了一套办法,用刘不才从小张身上下手。收服了小张,不怕张秀才不就范。

刘不才的一套老办法,在赌场上赢取了小张的好感,然后假意输小张五两银子,但借口身上没有现银,因此要用一块金表的表坠先押在小张身上,改天再提现银过来取回表坠。这表坠是一块碧绿的翡翠,琢成古钱的式样,市价起码值二百两银子。因为事先存有好感,小张不愿收这押头,但刘不才执意要押,意即明日好约个时间会面。

果然第二日二人如期会面,刘不才交给小张阜康的五十两银票,又对小张说:"张兄,我有几样小意思送你,我们交个朋友。"

那些"小意思"长短大小不同,有一只金表、一盒吕宋烟,还有一支极为精巧的防身短剑,机关巧妙,惹人喜爱。小张果然爱不释手,但他也懂得人情世故,便问刘不才是否有事情需要帮忙。等到刘不才说明来意,再加上刘不才带来了胡雪岩保举他父亲的"护书",凭此张秀才便可销去帮"太平军"的罪证,而且还可获得一官半职。

刘不才口才不弱,说得小张频频点头,答应第二日引见刘不才与张秀才。三人聚首,刘不才已取得小张支持,加上察言观色,有的放矢,大讲自己得知的消息,分析时势,剖析得失,张秀才被说得死心塌地。最后张秀才终于开口说话了:"刘三哥,我想明白了,拜托你回复雪岩,等官军一到,撵走长毛,收复杭州,我做内应。到那时候,雪岩帮我洗刷罪名。"

刘不才接口又答:"岂止于洗刷!那时候朝廷褒奖,授官补缺,这个从军功上得来的官,比捐官还更加漂亮得多!"

果然,等清军夺回杭州,张秀才父子因为开城迎接藩司蒋益澧有功,使小张获得一张七品奖礼,并被派为善后局委员。杭州的善后把胡雪岩请回来主持,小张便获得了迎接胡雪岩回杭州的差使。一路上,小张对胡雪岩是敬佩有加,言听计从。到杭州后,胡雪岩总管善后事宜,小张是善后局委员,顿时就是胡雪岩可现成启用的人了。这个小张,还从胡雪岩那学到一套方法,去替胡雪岩物色人才去了。

这则事件中,我们明显地可以看到胡雪岩的精明。

用人之道,能做到因时因地制宜,不拘一格,真乃是一种很高的境界。因为这纯粹靠的就是用人者独到的眼光,靠的是一个人的用人思想和用人态度。当然,这也绝非一朝一夕之功,得在长久的历练中造就一

双识人的慧眼。在平淡无奇中发现可用的素质,便是识人的主要方面。

却说胡雪岩与刘不才、小张一起回到杭州城料理善后事宜。晚上大家都睡不着,因为可想的事情太多,此外,还有情绪上的激动。上海、杭州已经收回,那金陵之围的结果,也就可以预料了。到那时将是怎样一种局面?散兵游勇该怎么处理?遣散还是留用?现在这些都是疑问,实在令人困惑之至。

忽然,胡雪岩发现有人在墙外敲锣打梆子,即打更。久困之城,刚刚收复,一切都还在兵荒马乱的景象之中,居然还有巡夜的更夫。听着那自远而近的"笃、笃、笃"的梆锣之声,那是太平盛世的声音,如今又听到了。胡雪岩精神顿时为之一振。

胡雪岩从小张口中得知,杭州城什么都变过了,唯独这个老更夫老周没有变,每夜打更从未断过一天。他今年已六十多岁了,身子倒还健壮,在被困的日子里,不仅没有饿死,而且每天坚持打更。

胡雪岩肃然动容,"难得,难得,太难得了。"当即他要求小张去劝说老周来为他所用。因为当时他正缺人手,他看中的正是老周这种忠于职守的人,怎肯轻易放过呢?他派老周为他管仓库,他一人做不来,再派人帮他的忙。只要像他打更那样,到时候去巡查就行了。

综观胡雪岩的用人技巧,这一切都扎根于他对人情世故熟透的基础之上,这种基础的建立绝非一朝一夕之功,而是要在长期的做人与做事的过程中练就,自然会成一套自己的风格。从而深谋远虑,精习谋划,事必易成。

胡雪岩做生意过程中,常用到的"自己人",对这些人的收服或结交,均显示出胡雪岩的用人心思。这些人也确实没有辜负胡雪岩。如果说胡雪岩的事业是一座大厦,那么这些人就是支撑大厦不坍的巨柱。当然,胡雪岩也有用人失误的时候,其中最为明显的就是典当行的档手宓本常。

胡雪岩一开始用宓本常做上海典当行的档手,可以说就没有认清此人。因为宓本常进典当行的动机就不纯,他并非真正为胡雪岩做事,而是吃里爬外,后来挪用了数十万的银子作为自己做生意的本钱。有人曾经提醒胡雪岩此人形迹可疑,建议胡雪岩要求各地典当行整理账簿互调,因为各地互调就必然要求所有典当行整理账目。这个建议相当不错,当时胡雪岩的典当行总数有不下百来万银子的数目,胡雪岩因为自己的事情实在太多，典当行的事情真的管不了。事实上他早就放手这行生意了，这行生意也因为下属的挪用和贪污年年亏损。正当胡雪岩准备采纳各行档手互调的建议时，宓本常闻得风声已有所行动了。他想来想去只能用美人计，便叫自己姨太太去与胡雪岩套近乎。胡雪岩果然中了圈套，在这位姨太太温软耳语中答应了不互调各行档手，这样宓本常躲过了这一大劫，以后的行动自然变本加厉。

胡雪岩后来迫于要用银子，去上海典当行提现款，但却只提到三十万两。宓本常制造假象让胡雪岩以为他只鲸吞了十万两，而这十万两他完全能够想办法凑齐。胡雪岩再一次轻信了此人，后来叫古应春去宓本常处取现款，分文未得。除此之外，宓本常还散布谣言，说胡雪岩的钱庄已出现问题，他在丝业上与洋人的斗法必定会失败等等，使得上海的挤兑风潮愈来愈烈。后来胡雪岩一听人提到此人，就脸露厌恶之色，喝道："别提此人，别提此人，想到这人我就想往他脸上吐唾沫。"

但这却是胡雪岩晚年用人的错误，连七姑奶奶都对此看得很清楚：

"小爷叔近年来用的人大不如前了，不是没什么本事就是离心太重，这样怎么好成事呢？"

可以说是一粒老鼠屎，搅乱一锅粥。宓本常不仅使胡雪岩的典当行全面亏损，而且在关键时刻落井下石。有这种下属，难道还指望他能起什么作用吗？

俗话说得好，"人心不足蛇吞象"。人的欲望没有满足的时候，世上的事情也没有完美的，从胡雪岩用人的成败就可见一斑。

## 协调一致　上下一心

由于时代的因素，胡雪岩不可能清楚地提出公关的理论。但胡雪岩却能在商业活动中善于总结经验。他常说，做生意一是要齐心，二是要人缘。这里的人缘指外部的合作关系，即一个组织的外部公共关系；而齐心，则是指内部雇员的上下一心。俗话说，人心齐，泰山移。如果一家商号不能上下一心，以至个个员工都你不服我，我不服你，一盘散沙，绝对不可能有生意的兴隆和稳定的发展。

一个做领导的人，在调度和使用自己下属的时候，如何既能发挥他们各自的长处，又能使他们很好地相互配合，齐心协力，是需要花费心

力去仔细考虑的问题。

胡庆余堂开办之后,按照惯例,胡雪岩在药店设了一个"阿大",也就是总经理;设了一个"阿二",也就是副总经理。阿大全面负责药店的经营管理,阿二则专司药材的采购。因为药店经营的特殊性,所以药材的买卖一般都是专人负责,且负责者一般独立决定采购事务并承担责任。这样一来,阿大、阿二就难免在药材的价格、质量上发生分歧以至产生矛盾、争执。

这一年,胡庆余堂的阿二从东北采购回一批虎骨、鹿茸、人参等名贵药材。由于边境战事,这一年的人参、虎骨的质量都比不上往年,但是因货物稀少,价格却比往年高出许多。而且,即使拿了银子,也要费好多功夫才能找到有存货的买主。阿二费了好大周折,才终于购得这批药店急需的药材。归途千里迢迢,且路途也不平静,阿二越重重关山,涉条条河水,一路晓行夜宿风餐雪饮,吃了不少苦,人也瘦了一圈。不料风尘仆仆回到杭州,验货的时候,阿二却因为价格问题受到阿大的指责。阿二心中颇受委屈,自是不平。于是两人争执起来,最后一直吵到胡雪岩那里,请胡雪岩来评理。

胡雪岩并没有对他们的争执做什么裁决,而是在各自安抚一番后,留下他们吃晚饭。只是在吃晚饭的时候,胡雪岩首先举起酒杯向阿二敬酒,对他不辞辛苦,万里奔波,为药店购进这一大批急需的紧俏药材表示真诚的感谢。胡雪岩此举不仅使阿二大为感动,也一下子点醒了阿大,阿大也随着胡雪岩端起酒杯,就自己对阿二的不体谅向他真诚道歉。一场争执,就在这一敬一受之间,化解得无影无踪。

争执化解得烟消云散之后,胡雪岩根据药店经营的特殊性,对阿大、阿二各自的职责作了调整。胡雪岩认为商场如战场,经营管理者应灵活机动,把握市场变化,作出果断决定,不能事事向老板汇报。也就是说经营管理者应有独立处事的能力和权利。所谓"将在外,君命有所不受"。阿二的工作性质本来就属于外出独立任事,既然如此,他就应该有独立任事的职、权、责。于是,他打破药店设阿大、阿二,由阿大全盘负责的传统定规。由阿二独立全权负责采购药材,从价格、数量到质量的一应事宜,阿二直接对药店股东负责。这样一来,胡庆余堂等于是设了两个阿大,而事实上后来胡庆余堂将专司药材采购事宜的阿二改称为"进货阿大"。出乎一般人意料的是,并没有出现通常可能出现的阿大因自己权力范围缩小，而忌妒甚至怨恨阿二的情况，更没有出现那种所谓"一山不容二虎"的两虎相争。相反，两位阿大由于各自职责范围明确，反而各司其职，各负其责且相互合作，关系倒是更融洽了，将胡庆余堂的生意做得更加红火。

这里的道理其实很简单。按药店的惯例，虽然阿二名义上是阿大的副手，但他的独立任事的职责特点，却使他事实上并不能直接接受阿大的束缚，而需要作出决定并独立承担后果。按照原来的人事格局，阿大、阿二职务上的名分和实际负担的责、权不清不白地搅在一起，两人之间自然会产生矛盾，引发争执，弄不好相持不下，使矛盾越积越多，时间长了势必会影响大局。而如今将两人各自职责权限作了明确的划分，能够各行其权，原来的阿大对药店经营方式的特殊性也十分熟悉，自然不会有什么不能接受的。相互之间不再发生直接的冲突，自然也就可以关系融洽。

胡雪岩对胡庆余堂阿大阿二争执的处理说明，一个社会组织中的部门关系是否协调，不仅关系到各部门工作效率，关系到组织整体发展，而且关系到组织与员工关系的协调。因为部门关系如何，直接影响到员工对组织的态度、认识、情感。主要领导是建立和谐一致的部门关系的决定性力量，是部门关系协调的枢纽。一个社会组织如同一个家庭，在这个家庭中，每一位尽职的员工，不仅希望自己从事的工作富有价值和意义，在事业上有奔头，而且希望自己的组织是一个充满人情味的"大家庭"，大家置身于社会组织便犹如回到家里一样安全、舒适、轻松、愉快。同时，这种家庭式的情感需求的满足必然会促使广大员工形成强大的工作动力和为事业献身的奋斗精神，从而把组织造就成为一个坚强团结的实体，以卓越的事业成就去赢得社会各界的信任和大力支持。

胡雪岩先对阿二、阿大各自安抚一番，再留他们吃晚饭，举杯向阿二敬酒。这些都是充满人情味和富有亲和力的，也就是这种富有人情味和亲和力的举动拉近了自己与阿大、阿二的距离。

## "事""人"相宜是"善任"的重要原则

小材大用，大材小用，都不是理想的用人准则。管理者唯有适才专用，才能使人发挥他的极大能量。

事业为本，人才为重。事人相宜是"善任"的重要原则。

管理者要真正做到"善任"，首先应该从事业的全局出发，充分考虑人才的具体特点，把他放到合适岗位上。假如不把各人的才能用到最能发挥其作用的地方去，那对人才是一个压制，对事业是一种极大的浪费。

每个人的长处和才能各属特定类型，有的擅长分析，有的擅长综合，有的擅长技术，有的擅长管理，有的精通财务，有的善于交际。特定类型的才能应与特定的工作性质相适应。

工作对人的要求不同，才能与职务应该相称。给予他的职务应最能刺激他发挥自己的优势。职务以其所能和工作所需结合而授，叫"职以能授"。这样，既不勉为其难，也不无所事事。扬其所能，其工作自然积极，管理效能也必然提高。

当然，用人所长，并不是对人的短处视而不见，更不是任其发展，而是应做具体分析、具体对待。有些人的短处，说是缺点并非完全确切，因为它天然就是和某些长处相伴生的，它是长处的一个侧面。这类"短处"不能简单地用"减去"消除，只能暂时避开，而关键还在于怎么用它。用的得当，"短"亦即长。克雷洛夫有一段寓言说，某人要刮胡子，却怕剃刀锋利，搜集了一批钝剃刀，结果问题一点也解决不了。

管理者不仅要熟悉下属的长处，而且还应帮助下属认识自己的长处，使其认识到自己的优势，从而对自己的工作充满信心。管理者应该经常向被管理者提出这样的问题：为了更大地发挥你的作用，你还需要我做些什么？

胡雪岩善于用人之长，并以此激发下属的活力。这说明他懂得用人所长，去人之短。

胡雪岩和古应春一见如故。古应春是怡和洋行在华从事经营活动的早期代理。在洋场混久了，对外国典章制度、工业农业等方面了如指掌，对于外国人的经商方式、行为特点也都熟透。胡雪岩能得此人之助，和洋人打交道不至于盲人摸象，一叶障目了。胡雪岩自己不知道的事，古应春知道。借洋款时，多少钱的利息，什么时间还，以何种方式还，通过古应春，都可有个大致不差的判断。所以洋人就不大有可能出过于悬殊的条件，胡雪岩也不至于蒙着头吃亏。西洋诸国的国内生产情况时有变化，古应春有足够多的朋友、足够多的渠道及时了解到各国经济起伏。有了这层了解，在西洋人硬撑着不收蚕丝时，胡雪岩已事先知道，西洋各国这一两年受灾，本土的蚕丝供应大减，除非他们自己愿意丝织厂关闭，否则他们必须接受胡雪岩这方面的条件，按胡雪岩的开价收购茧丝。正是由于胡雪岩有了古应春这样的好帮手，才能垄断中国上海洋场的丝业贸易长达二十几年而不衰。

在与何桂清打交道时，胡雪岩就发现，他自己对官场上的事，能够清楚了解的仅至府县，省里的事，仅能猜出几分，至于说官的各种缺分，他就茫然无知了。不知道京官的品秩，就无办法参与出谋献策，更不用讲借此谋取厚利了。有过这种抱憾的经历，胡雪岩就格外着意接近各种人物。比如饱读诗书出身的嵇鹤龄，宫中行走的小军机徐用仪，户部尚书的弟弟宝森等。和他们交往，胡雪岩了解了不少官场知识。这些官场知识，既包括死的知识，比如官阶排列顺序，见面必守的规矩；也包括活的知识，比如理当某官执首而宫中实宠某人，由于各官性情不同而宫中有所调整等。对胡雪岩而言，需要的就是这些零碎的官场知识。左宗棠平定西北回乱而调入军机，曾商议再借洋款。时逢东宫太后崩，按规矩要停议，但是胡雪岩事先已经从徐用仪那里了解到，此次东宫仙逝，实属西宫下毒手。既然如此，表面上的礼节固然要考虑到，稍有越矩之事也不会过于深究。这样看来，借款之事倒不必因为这个意外而停下来。况且，左宗棠收复西北，威震海内外，朝廷正不知以何作为酬谢，稍有擅专，自然也不至于引起龙颜不悦。有了这些了解，胡雪岩就不必有任何负担，一心一意地去办借款了。

至于解读官书，胡雪岩更是外行。而且分析官场荣衰，目的是要帮助自己下定做各种生意的决心。事属隐秘，就不便聘个文书帮忙。所以胡雪岩培养了几个亲密至好。一个是浙江道台德馨，一个是古应春，一个是尤七姐。有了内圈人物，而且是懂规矩、善揣测的内场人物，胡雪岩就很少失误，把他苦心经营所做成的官势、商势发挥得淋漓尽致。洋人帮助小刀会，引起两江督抚的震怒。胡雪岩提早得到消息，知道督抚联名上折，要朝廷关闭丝茶市场，惩戒洋人。消息知道得早，而且是从秘密渠道揣摸而得，就显得既准确而又鲜为人知。凭着这一判断，胡雪岩第一次放胆囤丝、板价不卖，直到洋人出高价求售，获利甚丰。胡雪岩通过这些朋友，把官场的消息化成了商场的利润，颇和国民党时期四大家族亲眷利用政策，在股市债券上买空卖空、牟取暴利类似。不过胡

是凭朋友、凭本事，后者却是凭地位、凭后台。后来在胡雪岩生意失败，钱庄生意崩溃时，凭着尤七姐对官方的分析，胡雪岩知道事情尚有转机，所以才能有条不紊地着手收拾残局，为时人称道："在落魄之中，气概光明，曾未少贬抑。"我们不便假定在没有正确分析官方态度时胡雪岩可能的处理方式，但有一点可以肯定，因为有了预先估计，胡雪岩的行为更为从容了。

胡雪岩说："篾片有篾片的好处……好似竹篓子一样，没有了竹篾片，就拧不起空架子。"

篾片，是对帮闲一类人的称呼，这类人受富豪官宦豢养，长于吃喝玩乐，能察言观色、巧言善辩，善于照应场面，被富人用作帮闲陪侍。他们不是栋梁之材，撑不起经营大局；也当不了"柴火"，干不得实实在在的事务。但他们在奉陪富人们吃喝玩乐的场面应酬中却起着重要作用。没有他们，富人们就玩不起劲、玩不出味道、场面也就"哄"不起来。因此称他们为撑起富人的应酬玩乐之篓的篾片，是颇为形象的。这篾片，大约也可以看作胡雪岩那个时代生意场上必不可少的特殊的"公关"一类的人。

胡雪岩深知"公关"的重要性。跟对方的关系搞得密切亲近，合作的生意会做得很顺利；与对方关系陌生疏远，稳赚不赔的生意也难以做成。这种关系是建立在双方的感情、了解、信誉、实力基础之上的。胡雪岩要用篾片，就是意在与官僚商贾的吃喝玩乐、交往应酬中，使对方玩得愉快尽兴，消除对自己的陌生感，建立起对他的信任感，从而为合作的真实目的铺平道路。对篾片的使用，既显示出胡雪岩对人情世故的洞悉，也说明他在人员安排上的各尽其才。

## 顾客至上　优质服务

胡雪岩说："冷语伤客六月寒，微笑迎宾数九暖。如果对顾客不理不睬，甚至恶声恶气，即使商店再好，门面再漂亮，也会使人望而却步。"因此，他坚持"顾客至上、优质服务"的原则，不仅要求店员严格保证药品的质量，而且还要时刻向顾客提供优质的服务。

### 1. 顾客至上，把热情待客订为店规

在今天的商品经济中，市场由卖方市场变为买方市场，消费者起到

了控制作用,所以商家都把顾客看成利润的来源,提出"顾客至上""顾客第一"的口号。其实,早在一百多年前,一代商圣胡雪岩就已经明确地提出了这一点。他指出"顾客乃养命之源",商号的兴衰盈亏,全要靠顾客;只有得到顾客的信任与扶持,才有店铺的兴盛。这一观点处处体现在他的经商行为之中。

"顾客乃养命之源"是胡雪岩创办的"胡庆余堂"的店规。他要求店员把顾客当作活命源泉、衣食父母来尊敬,在这一思想指导下,胡庆余堂除了严把质量关之外,还通过优质服务来争取顾客。

从顾客的购买心理讲,他们购买某种商品,不仅是购买具有特定物质形态和用途的实体产品,而且也希望得到热情而又周到的服务。从市场经营学的角度讲,服务是一种扩增的产品,商家提供的服务如何是顾客衡量商家信誉的一个重要杠杆。"冷语伤客六月寒,微笑迎宾数九暖。如果对顾客不理不睬,甚至恶声恶气。商品再好,门面再漂亮,也会使人望而却步。"商家只有礼貌待客、服务周到,才能招客生财。

胡雪岩是朝野闻名的"红顶商人",既得官场显要的支援,也有"活财神"的富名,但他在营销上从不以势压人。胡庆余堂也没有旧时代店大欺客的陋习,而是把热情待客定为店规,作为考绩之一。在胡庆余堂,"学徒刚进店,就要学习如何接待顾客","顾客进店后虽未到柜,店员就要先站立主动招呼顾客,绝对不能背朝顾客;顾客上门,不能回绝,务使买卖成交;顾客配药,不好缺味,务使顾客满意而回。"

胡庆余堂开张之初,胡雪岩本人还头戴花翎、胸挂朝珠、身穿官服,郑重其事地亲自接待顾客。

其实,让顾客满意的营销观点即使是在商品经济极不发达的我国古代,也有初步的表述。战国末期哲学家、法家的主要代表人物韩非(约前280—233)在《韩非子·外储说右上》中记载了一个《狗猛酒酸》的故事,说的是宋国有家酒店量足味醇,招牌醒目,可就是门庭冷落,酒因长期积压而变酸。疑惑不解的店主去请教当地长者杨倩。杨倩说:你家的看门狗太凶了,有人让小孩来打酒,见了恶狗都怕,所以干脆到别家去买。这则寓言中包含的哲理用于商界,就说明:优质的服务与过硬的质量一样,同是商家在激烈的竞争中立于不败之地的重要因素。

在晚清末年,在商品经济尚未成熟的商业运作中,胡雪岩能够意识到这一点,是非常睿智和有远见的。这可以从胡庆余堂和同时代的名店

"孙春阳"南货店的比较中看出。

胡雪岩曾逛了一次苏州城里有名的"孙春阳"南货店。这家南货店的祖爷孙春阳,本是明万历年间一读书人,祖籍宁波。因屡试不第,遂死了一分功名心,弃文从商,迁居苏州,在苏州唐代六如居士读书处开出这家店铺。该店铺的买卖经营非同一般,"其店规之严,选制之精,合郡所未有"。故而虽历明、清两朝,已有二百多年的历史,名声却一直不衰。"所售之物,岁入贡单",江浙一带的人大都讲究饮食的精制,亦无不推崇孙春阳南货店的小食品为精品。不说别的、苏州自古人口繁盛,五方杂处,为东南一大都会。各种货色萃聚之地,店铺何止百千,而独有这家老字号声名远播,二百多年子孙相传,不为他姓所顶替,仅此一点,就可见其招牌非同一般的响亮。

这家百年老店确实不同一般。店中店员各司其事,敏捷肃穆,却也透出特别的朝气。特别的是它的经营,店中只见店员和顾客,不见货色。顾客交易,付钱之后得到一张小票,直接到后面取货。原来这家字号是仿照朝廷设吏、户、礼、兵、刑、工六部的方式,分南货、北货、海货、腌腊、蜜饯、蜡烛六房办事。前堂不存货物,只负责收款开票,后堂则只管凭票发货。因为"孙春阳"招牌响亮,货色地道,足斤足两且老少无欺,全苏州城里如果连这家字号的货色都不满意,那也就没有更好的了。因此,顾客买货根本就不需要自己去挑选,说啥是啥,货真价实,尽可放心。

不过,经过进一步了解,胡雪岩却认为"孙春阳"这块招牌也维持不久了。

胡雪岩在了解了这家字号的经营方式之后,自己亲自上柜台买了一些茶食和蜡烛,还买了几条本地火腿,预备带回杭州与金华火腿比较一下优劣。他在柜台交款开票之后到货房交涉,想请店里派人将他要的货送到他下榻的金阊客栈,但货房却拒绝了。这家字号自恃牌子硬,说是没有为客送货的规矩,他们也不想应时而改变这不为顾客送货的"老规矩"。由此,胡雪岩得出了"孙春阳"的招牌不会维持太久的判断。

在胡雪岩看来,店规不是死板板的,有些事不可通融,有些事却要改良。所谓变通变通,变则可通,通则可久,事物总是在随着时势发展的不断的变革之中获得不衰的生机。现在经商环境已经变了,还在坚持"店大欺客"怎么能维持长久呢?

## 2. 优质服务，免费施茶送药

胡雪岩曾定下免费施茶送药的规矩。那是在他的湖州大兴丝行开张后，七月里他到了湖州。一到湖州，他就吩咐他的丝行"档手"黄仪做一件能给人带来实惠的好事：时令在七月中旬，正是"秋老虎"肆虐的时节，丝行要在自己店前施茶、送药，而且说做就做，当天就办。黄仪知道胡雪岩的脾气，做事要又快又好，钱上面很是舍得。于是，他当天就在大兴丝行门前摆出了一座木架子，木架子上放了两只可装一担水的茶缸，放在茶缸里的茶水还特意放上了菊花、麦冬等清火败毒的药料。茶缸旁边放上了一个装了手柄的竹筒当茶杯，路人可以随意饮用。另外，丝行门前还贴了一张广告，上写："本行敬送避瘟丹、诸葛行军散，请内治索取。"如此一来，丝行门前一下子热闹起来。

后来，施茶、送药成了胡雪岩丝行收丝时节必有的节目，而且还扩大到药店，实际上成了一条不成文的规矩。

在此，胡雪岩用的正是一种优质服务之法。也正因此法，胡雪岩的丝行、药店招揽了许多顾客。服务是产品整体的一部分，也是重要组成部分。因此，没有服务的产品不是真正意义上的商品。在今天科学技术相当普及和信息快速传播的条件下，不同企业生产的同类产品虽品牌不同，但因其设计及其制造水平已不相上下。所以，其产品性能及属性都大致相同。如果这种产品投入市场时，仅仅依靠本身的性能、功用、特性来占领一席之地，势必感到困难。此时服务成了竞争的焦点，谁能提供完美的服务，谁就有可能成为竞争的优胜者。

优质服务，用户至上，就是企业通过给消费者细致入微、仁至义尽的良好服务，给消费者最大的便利，以此取得竞争的胜利。

## 3. 热情待客，周到服务

胡庆余堂开张时，胡雪岩已是大富大贵了。但胡庆余堂从不以势压人，也没有当时盛行的店大欺客的陋习，而是把"热情待客，周到服务"作为店规。

为了营造一个能让顾客满意的服务环境，胡雪岩还时常以身作则，亲自上阵为顾客服务。一次，一位湖州香客在胡庆余堂买了一盒胡氏避瘟丸，打开一看，立即面有怒色。胡雪岩觉察到此人脸色的不满，还没等他开口，

就马上走上前去察看；一看药品的确有欠缺之处，经一再道歉之后，让店员更换新药。不巧的是，这种药品刚刚卖完，胡雪岩考虑到客人远道而来，就留他住下来，并向他保证在三天之内一定会把新药赶制出来。

三天以后，果然赶制出了药品，胡雪岩恭敬地将药交到客人手里。这个人被胡雪岩的认真态度感动了。从此以后，他逢人便说胡庆余堂的服务态度天下一流，无人可比；胡雪岩待人更是以仁义为本，不欺不瞒。这位香客成了胡庆余堂的活广告。

胡雪岩之所以提出"热情待客，周到服务"的店规，是由于他有"顾客乃养命之源"的思想。他认为，商号的兴衰，全都靠顾客，唯有得到顾客的信任，才有店铺的兴盛与发展。他要求店员必须把顾客当作活命之源、衣食父母来尊敬。早在一百多年前，胡雪岩就能提出这样的观点，足见其远见和卓识。

为了实施"顾客乃养命之源"的宗旨，胡庆余堂还专门设立顾客休息场所；在流行病多发的暑热天，免费供应清凉解热的中草药汤和各种痧药；每逢初一、十五，当大批百姓赶庙烧香，涌入杭州城的时候，他又将药品降价出售；遇急诊病人时，即使是隆冬寒夜也接待不误。

比如，在气管炎、支气管炎、哮喘病高发期的冬天，半夜三更常有病人敲门求药。对此，值夜药工必须严格遵守胡庆余堂为急症病人现熬鲜竹沥的规定，劈开新鲜的淡竹，在炭炉上文火烘烤，待竹沥慢慢渗出，再用草纸滤过，当场让病人喝下。熬一剂竹沥汤一般需用两个钟头的时间，病人一饮，所需时间就更长了。但药工总是急人所难，耐心细致地做好服务工作。

胡雪岩的做法，不仅使顾客对胡庆余堂充满信任，而且在顾客的心目中树起一块明亮的金字招牌，为自己招来滚滚财源。

顾客买东西的时候，他们买的不仅是物品，还期望得到商家热情而周到的服务。可以说，服务是一种增值的产品，商家能够提供什么样的服务，是顾客衡量其信誉好坏的一个重要尺度。

## 人脉即是钱脉

俗语道，在家靠父母，出外靠朋友。胡雪岩对这句话很有体会。他说："我是在家亦靠朋友，所以不能不为朋友着想。做生意第一要齐心，第二靠人缘。"齐心，是就自己商号内部的人脉而言，指商号内部上上下下所有帮手、伙计都能一条心，都能怀着共同的意志和愿望，为了商号的兴旺发达而共同努力。人缘，是就商号外部的人脉而言，在官场上和生意场上都有可以借力的朋友、合作伙伴。纵观胡雪岩的成功，与他雄厚的人脉网有很大关联。

胡雪岩之所以取得成功，无疑与他广泛的人脉有着必然的联系。他在与别人相处时，有自己的一套原则：

第一，重信义，不能光打自己的"小九九"。比如在第一笔生丝生意交割之后，虽然盘下账来分文未赚且拉下"倒账"，但合作者该分多少就分多少。宁可自己吃"倒账"，也不能让朋友白干。

第二，为别人着想。比如松江漕帮看在胡雪岩的面子上，为帮助王有龄解决漕米解运的麻烦，而瞒下自己的困难，宁可委屈自己。在胡雪岩看来，自己已经知道了漕帮的困难却装聋作哑，就是"半吊子"，胡雪岩决不那样做。

第三，得容人时且容人。比如信和"档手"张胖子当初因为胡雪岩擅自做主用自己追回的欠账资助王有龄，将他逐出了信和；但王有龄得官之后，还账之时胡雪岩却避开风头。连王有龄都心生佩服，评之曰："好宽的度量。"

第四，重人轻财。比如胡雪岩在经过考查发现刘庆生是个人才而决定用他之后，年薪一下子就给到二百两银子。当时住在杭州，一人一月维持一个相当不错的生活，也不过一二两银子，而当时刘庆生不过是一个站柜台的伙计。如此重人而轻财，哪有不让人实心办事的道理。

古应春，洋行"康白度"，也就是买办。一口流利的洋文，加上日日在洋人与国人之间打交道，对洋人的脾气、趣味、习惯、做生意的方式，都了然于心，对国人的做派、心理、需求也都心中有数，混迹于十里洋场如鱼得水。更难得的是他还有对于政局、生意的敏感，例如左宗棠与李鸿章的矛盾，必将引发的对于胡雪岩生意的影响，他都能及时的觉察且不失时机地向胡雪岩作出提醒。没有古应春的忠心耿耿不失时机全力支持，至少胡雪岩在上海的生意，比如与洋人的丝茶交易，发展决不会那样迅速。

尤五，松江漕帮事实上的当家人。几十年帮会道上的风风雨雨，自然练就他一身看事敏锐、处事周到、待人接物左右逢源的本事。手握漕

帮势力，松江至上海一路上，可以通行风阻，而且重义气、讲信用、能忍让、受人之托必忠人之事。比如胡雪岩在杭州被围时冒死出城到上海买粮，从采买到向沙船帮求助运输，都是他鼎力承办。为能成就，他甚至向一向是对头的沙船帮低头也在所不顾。没有尤五和他的漕帮势力的帮助，胡雪岩的生意也不可能得以迅速发展。

胡雪岩生意的成功自然也得自同行同业的真心合作。比如在钱庄生意上，他就得到信和的大力帮助，他的阜康钱庄的开办启动资本实际上就来自信和钱庄的长期借款。比如在生丝生意上，他就得到了丝商大户庞二的支持；没有庞二作为后盾，他事实上不可能一进入生丝销洋庄就开始垄断市场、控制价格的运作……实际上，胡雪岩的每行生意都有极好的合作伙伴，而几乎他的每一个合作伙伴，都对他有一个"懂门槛"、够意思的评价。

所有这一切，都显示出胡雪岩人脉之广，那么钱财自然也就雄厚了。

胡雪岩的处世哲学是"多个朋友多条路，多个仇人多堵墙"。与人交往，他处处为对方着想，胸襟宽阔，豁达大度，不计个人小怨。可以看出，胡雪岩之所以有如此雄厚的人脉，主要是当他遇到十分棘手的"敌人"时，只是尽量"拉弓，不放箭"；当"敌人"知难而退后，心里明白是胡雪岩手下留情，便会心存一份感激。

胡雪岩的人脉就是这样一点一点建立起来的。有了人脉也就等于有了钱脉，这是胡雪岩给我们的启示。

## 处理好生意与感情的关系

生意与感情的关系，胡雪岩讲得很坦率："生意归生意，感情归感情，两件事不能混在一起。"胡雪岩这里所谓的"生意"，指的是支派小船主老张夫妻到湖州去开丝行一事。由于胡雪岩到上海买漕粮时租过老张家的船，老张夫妻招待颇周；一路上老张的女儿阿珠与胡雪岩调情嬉戏，也使胡雪岩感到快活满意。老张老实本分，老张之妻却精明晓事，对养蚕、缫丝、丝茧买卖等都非常熟悉。恰巧王有龄官运亨通，到湖州去任知府，胡雪岩就想做丝生意。但因他与王有龄的关系世人皆知，不好公开出面去收购蚕丝，便拿出一千两银子支派老张夫妻到湖州开丝行，代替自己收购蚕丝。

胡雪岩所说的感情，是指他与阿珠姑娘之间的那段情。胡雪岩来往于杭州、湖州、上海之间，数次雇用阿珠家的船，日久生情，自然与阿珠互生爱慕之心。虽然胡雪岩原本有妻小，但碰到俏丽多情的阿珠也不免要风流倜傥一番，都已经打算将阿珠娶进门后与原配平起平坐"两头大"。如果此事确实如此办理了，那就成了胡雪岩是老张的老板，而老张反过来又是胡雪岩的岳丈。对于这种有可能出现的尴尬关系，胡雪岩却并不以为二者绝对对立。因为生意和感情，在他看来是两个范畴、两种场合的事，二者是不能相混的，否则生意做不好，还会伤害感情。认清了二者的主次关系和相对独立性，胡雪岩干脆因势利导，让感情服务于生意，这就是向老张明确双方未来的婿丈关系，让老张一家感到与胡雪岩真正不是两家人，从而定下心来，一心一意处理胡雪岩委托的事务。如此一来，感情实际上又成了促使老张尽心尽力做好生意的一种激励机制。生意不是感情，感情也代替不了生意，二者不能相混，但生意与感情并非绝对对立。重要的是既要看到二者的不同，也要发挥感情在生意中的积极作用，因为人毕竟是感情的动物！

后来，随着时间的推移，胡雪岩却在阿珠这件事上有点进退两难。因为照阿珠的脾气，最好成天守在一起，说说笑笑。如果嫁个老老实实的小伙子，一夫一妻，必定恩爱。可像胡雪岩这样的情况，将来三妻四妾自是难免，阿珠一定吃醋。胡雪岩心想，与其将来闹得鸡犬不宁，倒不如另想他法。恰好在这时，胡雪岩收了外号叫"小和尚"的陈世龙。

陈世龙原本是一个整日游手好闲、混迹于湖州赌场街头、吃喝玩赌无一不精的"小混混儿"。这样的人，在别人眼里自然是不值的一提；况且郁四本来就不太喜欢他，甚至都不让他上自己的门。所以当胡雪岩提出要将他带在身边时，郁四就对胡雪岩说："小和尚这个人滑得很，你不可信他的话。"并劝阻道："我有点讨厌小和尚。不过，讨厌归讨厌，管我还是要管。这个人太精，吃喝嫖赌，无一不精，你把他带了去要受累。"

但胡雪岩却对"小和尚"颇为欣赏，认为他虽不是做档手的材料，却是一个跑外场的好手，因而决意要好好栽培他。

胡雪岩主要欣赏"小和尚"的三个优点：第一，这小伙子很灵活。胡雪岩与"小和尚"的认识，其实非常偶然，是他在湖州认识的恒利丝行档手让"小和尚"带他去找郁四，才使他与这小伙子有了一面之缘。但就是这一面之缘，胡雪岩却发现他与人交往时既不露怯，又对答得体，第一印象就觉得这小伙子可以造就。

第二，这小伙子不吃里扒外。胡雪岩对郁四说："吃喝嫖赌，都不要紧，我只问郁四哥一句话，小和尚可曾有过吃里扒外的行为？"对这一点，虽然郁四不喜欢"小和尚"，但还是很肯定地说："那他不敢！要做出这种事来，不说三刀六洞，起码湖州这个码头容不得他。"有了这一点，郁四说的"小和尚"太精，反倒恰好证明了胡雪岩认为这小伙子很机灵的第一印象不错。

第三，最难得这小伙子很有血性，说话算数。这是胡雪岩自己试出来的。胡雪岩在正式决定将"小和尚"收到自己身边之前，和他谈了一次话，临分手时给了他一张五十两的银票要他拿去随便用。此前"小和尚"已经答应郁四和胡雪岩要戒赌，胡雪岩知道好赌的人身上有钱手就会痒痒，他要试试这小伙子是不是心口如一。当天晚上，"小和尚"虽然忍不住还是到赌场转了一转，但终归还是拒绝了别人的蛊惑没有出手下场。这一点更让胡雪岩看重，胡雪岩本来就有一个说法，看一个人怎么样，就是看他说话算不算数。

在胡雪岩看来，一个小伙子吃喝嫖赌，都不要紧，只要有了上面这三条，也就有了很大的再造余地。吃喝嫖赌，人很滑头，这自然不是什么优点，但它却也从反面说明这个人在场面上"玩"得转。而他能心口如一，说明他还是有向善之心，这些短处也就有可能促使他改掉。比较而言，培养一个人的外场能力，比促使一个人改掉毛病要难得多。

另外，陈世龙还在牙行帮过忙。"牙行"是最难做的一种生意，就凭手里一把秤，要把不相识的买卖双方撮合成交易，赚取佣金。陈世龙在牙行干过，说明他很能干。胡雪岩越发中意了，便决定把陈世龙带到自己的身边，让他跟古应春学"洋文"，让他跟自己跑市面。

后来，通过几次考察，胡雪岩有意好好栽培重用，便想把阿珠嫁给陈世龙。只是阿珠一心想做"胡家人"，不会想到陈世龙身上。倘若一方面慢慢与她疏远，一方面尽量让陈世龙跟她接近，两下一凑，这头姻缘就大功告成了！胡雪岩心想，这件事绝对是好事。阿珠的父母，必定喜欢这个机灵能干的女婿；他们小夫妻也必定心满意足。饮水思源，都是自己的功劳。别的不说，起码陈世龙就会死心塌地帮自己好好做生意。

所以，当有一天陈世龙对胡雪岩说"张小姐她一片心都放在胡先生身上"时，胡雪岩趁机暗示陈世龙说："这我知道，就为这点我只好慢慢来。好在我跟她规规矩矩，干干净净，不会有什么太大的麻烦。"

照这样一说，胡雪岩是决定不要阿珠了。这为什么？陈世龙深感诧异，"胡先生，有句话，我实在忍不住要问。"他眨着眼说，"张小姐哪一点不好？这样的人才，说句老实话，打了灯笼都找不着的。"

有这两句话，可见他对阿珠十分倾倒。胡雪岩心想，自己这件事做对了，而且看来一定会有圆满结局，所以相当高兴。但表面上却不露声色，反而叹口气说："唉！你不知道我的心。如果阿珠不是十分人才，我倒也马马虎虎安个家，不去多伤脑筋了。就因为阿珠是这样子打着灯笼都难找的人，我想想于心不忍。"

"于心不忍？"似乎越说越玄妙了，陈世龙率直地问道，"为什么？"

"第一，虽说'两头大'，但别人看来总是个小，太委屈阿珠。第二，我现在的情形，你是看见的，各地方跑，把她一个人冷冷清清摆在湖州，心里过意不去。"然后，胡雪岩又低声说道："我真正拿你当自己小兄弟一样，无话不谈。你人也聪明，我的心思你都明白。刚才我跟你谈的这番话，你千万不必给阿珠和她爹娘说。好在我的意思你也知道了，该当如何应付，你自己心里总有数。"

陈世龙这才恍然大悟，喜不可言，原来是这样子"退位让国"！怪不得口口声声说跟阿珠"规规矩矩，干干净净"，意思就是表示并非把一件湿布衫脱了给别人穿。这番美意，着实可感。不过胡先生既不愿明说，自己也不必多事去道谢，反正彼此心照不宣就是了。

为撮合"小和尚"与阿珠姑娘的婚事，胡雪岩的确下了不少功夫，甚至请出了漕帮老大尤五帮助自己演好这出"移花接木"、劝阿珠嫁陈世龙的好戏。让阿珠晓得给人做小是委曲的，并且意识到给胡雪岩做小，更不会有什么好结果，从而心甘情愿地嫁给"小和尚"。

在胡雪岩看来，一个人感情的事不可能不考虑，但不论怎样，"生意归生意，感情归感情"，决不能因为感情而影响到生意。胡雪岩对于阿珠这件事的处理，开始想弄成"两头大"的局面，固然是为了生意考虑，但后来又撮合她与"小和尚"成婚，同样也是出于生意上的考虑。因此，胡雪岩不仅终于撮合成了一对好姻缘，同时也为自己找到了一个好帮手。

## 不要欠下人情债

生意场上的合作伙伴互相交往,不仅时时处处需要一笔"钱财账",往往还需要有一笔"人情账"。胡雪岩深知钱财账背后的"人情"比钱财更重要。因此,当"钱财账"与"人情账"发生矛盾的时候,胡雪岩向来都是将后者作为第一考虑的。他宁可舍去钱财,也要在人情方面做得潇洒漂亮。胡雪岩做生意的宗旨是宁可生意亏本,也不拖欠人情账。因此在胡雪岩的人情账中总是盈余,没有亏损,储蓄了一笔丰厚的人情财富,也奠定了他事业成功的基础。

还未发迹之时,胡雪岩就特别注意人与人之间的"人情账",甚至把人情看得比钱财更重要。

当初因资助王有龄,丢了钱庄的差事之后,胡雪岩的日子过得相当的艰难。有一天,胡雪岩的一个好朋友从金华到杭州来做生意,病倒在客栈里。房租和饭钱已经欠了半个月,还要请医生看病,急需五两银子救急。

胡雪岩自己已经将近落魄到吃"门板饭"的地步,哪里还有能力帮助朋友解脱困境。但胡雪岩向来仗义救人,看着朋友困顿无助,就找到另一个朋友那里。当时那位朋友正好不在,胡雪岩就只好问朋友的妻子,看她能不能帮助自己。

朋友之妻看胡雪岩虽然落魄,但依然打扮的干净利索:一件竹布长衫,虽然褪了色,也打过补丁,照样浆洗得蛮挺括。朋友之妻也是很贤能的,就十分爽快地借了五两银子给他。

胡雪岩向来从不白白接受别人的帮助。但是他这时已经身无分文。他当即从腕子上捋下一只风藤镯子,对朋友之妻说:"现在我境况不好。这五两银子不知道啥时候能还,但是我一定会还。说实话,这个镯子市价上连一两银子都不值,根本不能算押头。不过这只镯子是我娘的东西,我看得十分贵重。这样子做,是提醒我自己,不要忘记还掉人家的钱。"

后来王有龄捐官成功,到浙江做官。刚摆脱困境的胡雪岩,马上给当年借钱给自己的朋友送去一个红封套,里头五两银子银票,另外送了四色水礼。朋友之妻要把镯子还给胡雪岩,但胡雪岩却认为,朋友之间人情是人情，钱财是钱财，二者必须分得清楚。这笔"钱财账"虽然还上了，但背后的"人情账"却没有还上。所以，他对朋友之妻说：嫂子，镯子你先留着。现在的五两银子绝不是当时的五两银。我还掉的只是欠的五两银子，还没有还你们的情。现在你们什么也不缺，我多还几两银子也没太大意义。等将来有机会还上你这份人情了，我再把镯子取走。

后来，这位朋友生意上遭人暗算，胡雪岩闻讯出面相助。朋友幸免于难，挽回了损失。朋友之妻再次要还镯子，胡雪岩仍然未收。他对朋友之妻说："我帮朋友的忙，是为了同行的义气。再说男人在外头的生意，不关太太你个人的事。所以我欠你的情，不能'划账'。镯子你仍旧收着，我将来一定要为你做件称心满意的事，才算补报了我的情。"

后来，朋友由于种种原因被东家解雇，全家生活陷入困境，仅靠一个小杂货店维持生活，日子过得很艰难。一个偶然的机会，胡雪岩得知此事后，马上请朋友到自己的钱庄，并且让朋友以合伙人的身份参与经营，并对朋友全家都做了周到细致的安排，然后才收回了朋友之妻送来的镯子。

## 信用事大，绝不轻侮

生意场讲究一个"礼尚往来"。亲朋好友，必须时常走动，讲究你来我往，才会越来越亲，朋友才会越做越熟。朋友之间的这种交往会逐渐体现出一种信任。当然，这也要靠朋友之间识大体，懂事理，才能讲出一番信用来。

胡雪岩当时因为与庞二合伙做丝业收购，齐心协力，逼压洋人，抬高国人丝价，为这件事胡雪岩费了大量心血，做得实在不容易。谁知到了后期临近交货时还出了一个乱子，那就是朱福年暗地搞鬼。作为庞二档手的朱福年，当然不敢明目张胆地跟胡雪岩对着干，这一切都在暗中操作。所幸，还是尤五最先发现问题，派人告诉古应春，古应春又来告诉当时身在苏州的胡雪岩，听着古应春细说事情原委，胡雪岩渐渐有了办法。要制服朱福年，其实很容易，只需将庞二请出来，几人合伙给他演一出戏，慢慢揭穿他的把戏，朱福年就没得混了。做得狠一点的话，让他在整个上海都找不到饭碗。

胡雪岩决定来查一查朱福平这个档手做的账。但当时胡雪岩也不愿将事情做得太狠，能保住他的饭碗，最好给他留着脸面。若是明目张胆去查账，不但会引人反感，且让胡雪岩也下不了台，得罪人又不讨好。毕竟档手是庞二请来的。庞二犹豫半晌，终于想到一个办法，与胡雪岩不谋而合。由庞二先提出来，他说："让你去查账，最大的难处就是师出无名。现在我让你掺进我的股里来，你就算是与我一起做生意的股东了，那就顺理成章地可以去查一查姓朱的记的账了。"胡雪岩也认为这是极好的办法，便同意以十万元作为二成，加入庞二丝业的股份中去。庞二相当高兴，这样，胡雪岩又帮他解决了一大难题了。但令他更高兴的在后面，胡雪岩认为朋友之间，必须你来我往才显得真诚，一定要庞二在胡雪岩的生意上入二成共十万股份，作为回报。

　　能够与庞二彻底合作，就当时情况而言，对胡雪岩也有很大好处，但胡雪岩表示不吃干股。既然庞二同意让他入股，他必须拿出现银出个股本，而且还要立个合伙股份的合同。胡雪岩这样处理事情，自然是高明的。从合作的角度看，胡雪岩拿出这十万现银做股本，他与庞二之间订立了合伙的合同，双方也就有了一种明确的责任和义务关系，而这种朋友关系之外的权利义务关系自然靠信用维持。而这种信用，才是能够长期合作的保证。

　　凡事讲个"信"，尤其是生意场上，人们在追求利润时，往往有时会见利忘义，也就忘掉了所谓的"信"。立个凭证，交个现款，双方有个担待，于是，不管出现怎样"狗咬狗"的事情，都可以有理说得通。而让庞二也参股胡雪岩的生意当中，也是出于一种讲信用的考虑，互相都有股本在对方，双方的命运连得更紧，利害关系唇齿相依。这样，谁也怀疑不到对方哪里去，对外人来讲，会让人觉得这样有一种公平感。但实际上是替庞二解了围。否则，人家问起来，为什么入股庞二丝业？即使不明说，一打听之下，知道庞二的挡手出了问题，这对庞二的名声和生意都是一个很大的损失。

　　守信用是一件高尚的事情，对其他各类可轻浮可散漫的事情来说，为人做事讲信用是件值得重视和尊敬的事，当我们能做到在生活和处世行事过程中讲究信用，我们就具备了建业有成的基本素质之一。

## 心底坦荡，问心无愧

在生意场上混得开的人，即使是竞争对手，也要有"得帮人时且帮人"的胸怀，而对于自己生意伙伴的声誉、利益，则更要有一种尽力加以维护的自觉意识。因为，对于合伙做生意的人来说，"生意在一起，信用是大家的。所以，信用要靠大家来维持。"胡雪岩与他的生意伙伴之间，那种在关键时刻自觉相互维护信用的举动，就很令人感动。

王有龄在太平军攻打杭州时率杭州军民固守，最后于城破之际自杀身亡。杭州被官军收复之后，胡雪岩料理王有龄的后事，其中很重要的一项，就是要就王有龄生前交托给阜康钱庄经营的十二万银子向其亲属做一个交代，而且必须有现款交给对方，不能仅仅只是口头上的交代。这一点对于胡雪岩的声誉影响极大。因为如果不拿出白花花的银子捧出来交到王有龄家人的手中，一方面可能失去王家的信任，另一方面，更重要的是可能引起世人的猜疑，而当时也确实已经有人认为胡雪岩不过是在做一种表面敷衍，实际是想人殁账死，吞掉这笔巨款。

然而，当时的实际情况是，胡雪岩为杭州解围救粮等诸多事情忙得身心疲惫，再加上兵荒马乱的年代，胡雪岩的钱庄生意也做得不太好，实在是一下子拿不出十二万的现银。他只能求助于一直和自己联手做丝茶生意，同时也是朋友的古应春。胡雪岩对古应春说："我跟雪公的交情，当然也不会'起黑心'。不过，这样的局面，放出去的款子，摆下去的本钱，一时哪里去回笼？真叫我不好交代。"

这的确是件极为难的事。古应春的想法比胡雪岩还要深，王有龄已经殉节，遗属不少，眼前居家度日，将来男婚女嫁，不但都需要钱，而且有了钱也不能坐吃山空。所以，他说："你还不能只顾眼前的交代，要替王家筹个久长之计才好。""这倒没有什么好筹划的，反正只要我胡雪岩一家有饭吃，决不会让王家吃粥，我愁的是眼前！"胡雪岩说："王雪公跟我的交情，可以说他就是我，我就是他。他在天之灵，一定会谅解我的处境。不过王太太或者不晓得我的心，他家的亲友更加隔膜，只知道有钱在我这里，不知道这笔钱一时收不回来。现在外头既有这样的闲话，我如果不能把白花花的现银子捧出来，人家只当我欺侮孤儿寡妇。这个名声，你想想，我怎么吃得消？"

古应春觉得这个想法不错，他也是熟透人情世故的人，心里又有进一步的想法：如果胡雪岩将王有龄名下的款子，如数交付，王家自然信任他，继续托他营运，手里仍可活动。否则，王家反倒有些不大放心，会要求收回。既然如此，就乐得做得漂亮些。

麻烦的是，杭州一陷，上海的生意又一时不能抽本，无法做得"漂亮"。那就要靠大家帮忙了。古应春稍稍沉吟了一下，便毅然决然地说："生意在一起，信用也是大家的。我想法子来替小爷叔凑足了就是。"

古应春决定调动自己已经投入生意营运的款项，为胡雪岩筹足这笔巨款。他的想法很简单也很明确："生意在一起，信用就是大家的"，他不能坐视胡雪岩的声誉受到影响。因为如果胡雪岩在商场上失去信用，大家的信用都将受到影响。

这就是朋友的可贵了。胡雪岩心情很复杂，既感激，又不安。因为他不能因为古应春一肩承担，自己就可以置身事外，他必须在弄清这笔巨额款项是否会对古应春的生意运作产生重大影响，在找到可以有效善后的方式之后，才决定是否接受古应春的帮助。在他看来，在涉及古应春的商场声誉和生意运作的问题上，自己也承担着责任，不能因自己的声誉、信用可以不受影响就置身事外了。

所以胡雪岩不放心地问道："老古，你肯帮我这个忙，我说感激的话，是多余的；不过，不能因为我拖垮了你。十二万银子，到底也不是个小数目；我自己能凑多少，还不晓得，想来不过三五万。还有七八万，要现款，只怕不容易。"

"那就跟小爷叔说实话，七八万现款，我一下子也拿不出；只有暂时调动一下，希望王太太只是过一过目，仍旧交给你放出去生息。"

"嗯！"胡雪岩说，"这个打算办得到的。不过，也要防个万一。"

"万一不成，只有硬挺。现在也顾不得那么多了。"胡雪岩点点头，自己觉得这件事总有八成把握，也就不再去多想。朋友相交到了这个份上，还有什么话好说。

通常情况下，生意场上的成败，常常一靠信用，二靠关系。在能对生意的成败发生作用的关系中，与其他生意人结成某种伙伴关系是极为重要的一个方面。商业竞争中，单靠任何一家的力量常常是很不够的。为了增强竞争实力，有效占领市场，为了更大规模的商业经营，往往需要双方在互利互惠的前提下联合同行，一起运作。而毫无疑问，这样一来,联合的各方也就有了一种息息相关的利害关系,往往是一损俱损,一荣俱荣。套用一句老百姓的土话,就是"一条绳上的蚂蚱,谁也离不开谁"。

既然需要共同承担风险,自然也就要求共同维持信用。这里的共同维持信用,有两个方面的含义:第一,它是指合作的各方都能自觉地信守协约,注意通过保持信誉维护自我形象。因为此时的自我形象其实已经成为合作各方整体形象的一个部分,合作各方任何一方自我形象的损坏,都必将影响到整体。第二,合作各方的相互维持。这就正如古应春、胡雪岩在筹措交给王有龄亲属的那一笔款项时面临的问题一样,不能只顾自己,不顾别人;在维护自己信用的同时,也要顾及对方的信用。如果因为自己而使对方信用受损,受害者中,一定也包括自己,这是生意人都应该认识到的一个问题。

胡雪岩这次讲信用,便没有人讲他的闲话了,就连以前不利于他的传言也全都销声匿迹了。而胡雪岩自己不但无愧于心,还为人们所称赞不已。所以,身处生意场中,尤其要看重声誉的效用,宁可失去其他诸样东西,也绝不可抛弃信义!

## 十年兑现,言出如山

胡雪岩深知许诺对于别人的重要性。这种重要性在于别人对他产生的期望。如果承诺不能兑现,他人就会对自己失望,自己也就自然失去了影响力。最为痛楚的是,下次你说的话、做的事,即便是真心实意踏踏实实做下来的,别人也会在心里给你个折扣,发个疑问:是否可信?这种不被人相信的痛苦确实难以忍受。

胡雪岩曾经有过一件承诺二十多年后才兑现的事情。那时胡雪岩用钱庄的外债,收回后资助王有龄去京中捐官。这一下犯了钱庄大忌,有人散布谣言,说是胡雪岩用这笔银子还了赌债。不管怎样,胆敢私下动用钱庄的外债,这样的伙计是没有其他钱庄敢用了。胡雪岩在杭州的生路算是断了。于是,他来到上海一位从小一起长大的朋友那里,试图在上海谋条生路,同时也兼学生意。

刚到上海,却发现这位朋友已经由于家乡有紧急事情,回到浙江绍兴去了。别人告诉他不会等很久,这位朋友就会回来的。于是胡雪岩找了一家小客栈住了下来，这家小客栈就是"老同和"，谁知这一等就等了十天，人没等到，盘缠用光了，只好在小客栈里苦熬日子。囊中无钱，一筹莫展，只好闭门不出。但客栈钱好欠，饭却不能不吃。他每天都在"老同和"吃饭，先是一盘白肉，一碗大血汤，再要一样素菜。后来减掉白肉，一汤一素菜。再后来大血汤变成黄豆汤。最后连个黄豆汤也吃不起了，买两个饼，弄碗白开水就算一顿。这种日子过了有七八天，实在过不下去了。头昏眼花，倒还在其次；心中慌得很，那种滋味真不是人受的。于是这天发个狠，拿一件长袍子当掉后，头一件事就是到"老同和"去"杀馋虫"，但仍旧是白肉、大血汤和一样素菜。吃饱后付账，回到小客栈，忽然发现当票弄丢了，这样以后即使有钱也赎不回来了。胡雪岩当时倒并未如何在意，丢了就丢了，到以后有钱做件新的也一样。但第二天，却有人将当掉的那件长袍子送到了胡雪岩的住处。一打听之下，胡雪岩非常感动。

　　原来当时老板的女儿阿彩，常在前堂招待客人。天天见胡雪岩来吃饭，是大血汤和白肉，后来只有大血汤，再后来变成黄豆汤。这天忽然发现和原来一样，但身上却变成了"短打"。后来胡雪岩付账时，将长袍当票掉在地上，至晚打烊被店里伙计阿利发现，送交账台阿彩。阿彩于是悄悄将长袍赎了出来，关照阿利送回。胡雪岩了解到事情经过，便托阿利给阿彩带了句话：代我谢谢你们阿彩，她替我垫的钱，以后会加利奉还。从此也就没有再见阿彩的面。

　　在以后的二十多年中，胡雪岩也曾想起要还款，但不便对人说明缘故。此后想起来，不是时间不对就是辰光不对，这件事情就这样搁下了。直到胡雪岩的生意濒临危险，胡雪岩到上海与古应春商量办法，正事谈完，闲庭信步到夜市逛逛。偶然中的偶然，胡雪岩踏进了"老同和"的门。也许又带几分必然或上天安排，尽管古应春说了换一家，但胡雪岩仍然走了进去。"年年岁岁花相似，岁岁年年人不同"。果真是物换星移转头空，阿彩，这位当初站账台招待客人的姑娘家，如今已成老同和的老板娘，平时再也不会出来侍奉客人了。当年的伙计阿利是现在老同和的老板，他入赘，成了阿彩的丈夫，膝下一子一女，当时阿利阿彩正准备将"老同和"翻造，因为要修马路，老同和房子前面要削掉一半，平房改建成楼房。若要造得好一点，将老同和后面的一块地皮买下来，方方正正成个格局，要用到一千五百两银子。盖成之后，老店新开，重起炉灶，这笔本钱也要一千五百两银子，夫妻俩正为此发愁，胡雪岩问明了情况，决定一定要好好在这事上帮一把。按着他的性格，原想帮阿利"老店新开"，轰动一下。但想一下当时自己的处境，自嘲地摇一摇头，最后就打算叫古应春带三千两银子的汇票给阿利，再叫古应春去跟阿彩谈一番，告诉她事情的前因后果。一路做下来，胡雪岩和古应春二人都觉舒畅，胸怀不禁为之一宽。

正因为有当时的许诺，胡雪岩始终未敢忘记这件事。终于碰上一次实现许诺的机会，胡雪岩大报特报，将一桩陈年小事引起的承诺实现得漂漂亮亮。要么就不做承诺，承诺一旦作出，必须实行和兑现。

## 任何情况下都不能背信弃义

胡雪岩有一句话，叫做"做人总要讲宗旨，要讲信用"，胡雪岩如此说来，也的确是如此做来。我们且来看看胡雪岩丝业将要倒闭之时是怎样讲的信义。

一代豪商胡雪岩的最后倒闭，与他不甘做外商洋行的附庸，硬着头皮与洋人"斗法"有很大关系。在胡雪岩的生意达到巅峰状态的时期，他的生丝生意专营出口，几乎垄断了国际市场。1882年，胡雪岩垫付资本两千多万两，套购生丝一万四千包，使洋人"欲买一斤一两而莫得"。洋商与洋行联合起来报复胡雪岩的招数非常凶狠。他们已经看出在上海市面开始萧条的情况下，胡雪岩垫付资本太多，必将周转不灵；而他此时要应付的方面又太多，比如要按约定偿还外国银行的贷款，要为左宗棠购置军火等。因此洋人们冲着胡雪岩发誓"今年不贩生丝出口"，接着又加紧收银，使胡雪岩一下子陷入危机之中。

胡雪岩此时直接伤及生意运作的危机有两点。第一，古应春投资做房地产出了意外。他投下去的资本达五十万两银子，其中三十五万是从阜康借贷的，这一情况胡雪岩事先并不知道。由于上海市面趋于萧条，阜康银两随之紧缩，胡雪岩在上海钱庄的大伙宓本常也不顾胡雪岩与古应春的情分，落井下石，逼古应春还回借款。胡雪岩得知这一情况，以他的性格和为人，必然要尽力帮助古应春。但阜康也确实到了极困窘的地步。第二，由他出面为朝廷筹集粮饷借贷的汇丰洋行的贷款，第一期五十万两本银的还款日期就在月底。还款来源是各省交上海道代收的协

饷，数目不够由阜康代垫。但银根如此紧张，代垫几乎没有可能，而上海道衙邵小春又借故将各省协饷拖延不给，胡雪岩的危机也就显得更加严重了。

不过胡雪岩此时也还有一条路可走，他可以向上海地区已有的三家新式机器丝厂出售蚕茧。这几年外围新式机器缫丝已经传入中国浙江、江苏一带。机器缫丝对于用传统手工缫丝的养蚕做丝人家冲击很大，一经推广，必将有大批以做丝为生的人家破产。经过十数年的苦心经营，此时的胡雪岩实际上已经是丝业的老大，为了抵制机器缫丝，这几年他大量收购蚕茧，以切断机器缫丝的原料来源。由于他的囤积蚕茧，已经使上海地区三家机器缫丝厂由于没有原料，面临停产倒闭。胡雪岩的蚕茧囤积居奇，这个时候如果答应给缫丝厂，自然可以卖出一个不错的价钱，可以部分解决眼前的危机。而且，机器缫丝厂出丝快，质量好，向洋商找买主也容易。如此看来，出售蚕茧给缫丝厂，还可以带动生丝生意。事实上，此时的古应春、宓本常曾劝胡雪岩考虑出售蚕茧，但胡雪岩就是不愿意出售蚕茧，他这样做当然并不是不知道此时出现危机对于他意味着什么，也并不是不知道机器缫丝质量、产量确实都优于土法缫丝。他这样做最根本的原因，在于他作为丝业领头人物，曾与那些丝户达成过协议，由他到蚕农手中收购蚕茧，交给丝户缫丝，丝户则必须将生丝交由他来经营。由此既抵制了丝厂来抢做丝人家的饭碗，他自己也有了稳定的货源可以控制洋庄市场。既然自己说了话，就要说一句算一句。即使在自己陷入困境之时，也不能做这种背信弃义之事。否则，那些丝人将倒大霉，饭碗就要被砸。胡雪岩当时讲的那段话就是："做人总要讲宗旨，要讲信用，说一句算一句，我答应过的，不准新式缫丝厂来抢乡下养蚕做丝人家的饭碗，我不能卖茧子给他们。"

说实话，胡雪岩是不想在任何情况下失去信用。我们今天来看待这件事情，胡青岩抵制机器缫丝自然有一种违背历史发展趋向之嫌，但胡雪岩出于一种朴素的感情支配，用中国传统的义士风格来与洋人做生意，而且洋人还有背后政府的大力支持，因此难免落败。但胡雪岩在难以为继的情况下仍不肯背信弃义，的确让人敬佩，也是我们今天应该向胡雪岩学习的地方。这种品质应该时日具备，讲究信义可以成就一个人，不讲信义甚至可以毁掉一个国家！信义于人于国都绝不可丢！

## 借誉生钱

一名成功的经营者,在生意场中所必须过的第一关就是筹措资金;只要能够顺利地通过筹措资金这一关,其他的经营难题都会迎刃而解。能够及时地筹措到项目所需资金对商业中一个项目的成功是何等重要,但筹措资金要讲究技巧,精心策划仅是其一,重要的是你在商界中是否拥有良好的信誉。

阜康钱庄的壮大,有已经结成牢固的生意伙伴关系的庞二支持,并凭着信誉吸纳了一些官场中地位显赫人物的存款。做生丝生意,仍然由生意中的伙伴、江湖中的朋友集股,药店可以利用官府的资金作本钱;而典当业,他则利用苏州潘叔雅那班富家公子的资金作资本。

胡雪岩看中苏州那班富家公子,再一次抓住了一个借助别人的资金开办自己事业的机会。可这一次,胡雪岩是利用已经建立起来的信誉为自己筹措资金的。

胡雪岩因为解决阿巧姐的婚姻事情,结识了苏州的一帮富家公子潘叔雅、吴季重、陆芝香等人。当时正是太平军大举进攻苏、浙之时,太平军、清兵双方战火不断,苏州地面极不平静。因此这帮富家公子都有心避难到上海。在苏州的房屋、田产自然是不能带到上海去的,但这些苏州富豪手里却有大量的现银。他们知道胡雪岩是钱庄老板,在商界信誉极高,而且为人也有较高的信誉。因此找到胡雪岩,希望能够借助胡雪岩的钱庄帮自己把这些现银带到上海去。这笔现银数目巨大,一共有二十多万两白银。

胡雪岩当然是求之不得,他在吸纳这笔存款的同时,还颇有诚意地为这些阔少就这二十多万现银如何使用做了筹划。他建议阔少们将这些银钱存入阜康钱庄,其中一半作长期存款,以求生息;一半作活期存款,用来做生意经商。存款的钱庄以及生意的筹划,都由胡雪岩为阔少竭力运作,总的原则是动息不动本,以达到细水长流的目的。胡雪岩在帮助苏州富公子的同时,等于给自己又补入了一笔可以长期运用的资金。

胡雪岩所以如此热心地要为这帮富家公子如此筹划,是因为他"发觉自己又遇到一个绝好的机会"。依胡雪岩的观察,这帮全不知稼穑艰

难的阔少,家庭富裕,并不急需用钱;因而胡雪岩建议苏州富公子们眼光放远了看,一部分存起来,一部分委托自己为其经商。这样,对胡雪岩的生意实在也是一大帮助,有了这二十多万可以动用的资金,胡雪岩在商场中就会更加的如鱼得水。

眼光深远、魄力十足的胡雪岩在吸入这笔存款后,自然不会等闲视之。于是,胡雪岩又有了要利用这帮富家公子的钱作资金开办典当的计划。在清朝末年,按当时的情况,有五万作本,就可以开出一家不大不小的当铺;有这笔二十多万巨款,能开几家当铺?胡雪岩的典当行就是在这样的背景下开办起来的。

胡雪岩是个胳膊折了吞袖筒的人,他常说,信誉就是钱。实际上,信誉比钱还要值钱得多。胡雪岩在商场中的许多生意不是靠"钱"筹钱,而是靠"誉"筹钱。他利用自己在商界官场、江湖中建立起来的良好信誉为资本,获得了各界朋友的大力支持。信誉在他手里变成了一笔可以随时支付的巨额财富。

## 以诚相待才能交到贵友

动之以情,示之以诚,结下真正的交情,日后自然受用。这一条是胡雪岩身体力行所追求的。一份友情可以变为你的一条出路。要与别人有好的交情,归根到底是要让人知道你的诚心。

嵇鹤龄和胡雪岩能够成为朋友,甚至以一个读书人的身份,而且还是一个有几分实实在在傲气的读书人的身份,与胡雪岩这样一个只知道"钱眼里翻跟头"的商人结为拜把兄弟,就是因为胡雪岩倚重他且实心实意帮助他而显示出来的感人的诚意。

嵇鹤龄书读得相当不错,走"大比"之途却只得了个"候补"知县的职衔,很有些怀才不遇。加之性格耿介,与浙江官场那些握有生杀大权的官儿们又格格不入,因此一直也就遥遥无期地候补。王有龄得到湖州知府实缺的同时,也得了督抚黄宗汉交办的另一件难办的差事:平息新城县饥民造反。王有龄根据实际情况,确定了以抚代剿的策略,因而需要有一个能够担当此任的人前往新城。排来排去,这个人非嵇鹤龄莫属。

但嵇鹤龄不去。嵇鹤龄不予合作,一方面是妻子新丧,面对妻子留下的无人照看的一双儿女,心情本就十分抑郁;另一方面也是更重要的,他一直候补,全无进项,已经落魄到妻子的丧事都要靠典当衣物家具筹钱料理的,心中一肚子怨气无处发泄。好事与他无缘,而如此难办的差事却想到他,他就抱定了个宗旨:即使自己有能力也有把握将这件事情摆平,也决不去为此效劳。

为了帮助王有龄,胡雪岩自己出面去做嵇鹤龄的"说服"工作。胡雪岩做工作的方式也很特别。他不是用通常的晓之以理、诱之以利,甚至开始都不做任何应酬结识的客套。

嵇鹤龄妻子新丧,还在"七七"之内,他备好香烛纸钱一应祭品,不等通报就"闯"进嵇家,摆出香案,十分真诚地拜祭嵇鹤龄的亡妻。与此同时,他又赎出了嵇鹤龄为料理妻子丧事当出的衣物家什,让当铺送到嵇家。

嵇鹤龄知道胡雪岩是王有龄倚重的人,刚刚见到他时还心生戒备。但在胡雪岩一番事情做完之后,不仅戒备防范之心尽数解除,相反还对胡雪岩生出一种由衷的佩服。

胡雪岩此举的确厉害。他这样做来,有两个不可忽视的作用。第一,从感情上打动嵇鹤龄。嵇鹤龄丧妻未久,除不多的几个气味相投的知己朋友之外,还没有多少人来吊唁。胡雪岩对于他的亡妻的真诚祭奠,以及由此见出的对于嵇鹤龄中年丧妻的不幸的同情,一下子就打动了他。第二,帮在实处。嵇鹤龄一直没有得到过实缺,落魄到靠着典当过活的地步。而且,更绝的是,胡雪岩知道嵇鹤龄有一种读书人的清高,极要面子,是决不肯无端接受自己的馈赠。因此,他为嵇鹤龄赎回典当的物品,用的是嵇鹤龄自己的名号;并且言明,赎款只是暂借,以后嵇鹤龄有钱归还,他也接受。这样,不仅为嵇鹤龄解决了实际的困难,而且也为他争回、保住了面子。有此两端,我们也就难怪嵇鹤龄这样一个十分傲气的读书人,会对胡雪岩这一介商人的行事作为刮目相看了。

胡雪岩的做法,其实也就是我们今人常常说到的做人的工作要动之以情的原则。动之以情,要人相信你的情是真的,自然要示之以诚。事实上,胡雪岩如此相待嵇鹤龄,虽然也是为了说服他而"耍"出的手腕,但在胡雪岩的心里,也确实有真心佩服他而诚心诚意地要结识他的愿望。胡雪岩虽是一介商人,但他也的确时常为自己读书不多而真心遗

憾，因此也十分敬重真有学问的读书人。从这一角度看，胡雪岩对于嵇鹤龄的真诚，是不容怀疑的。后来为了解决嵇鹤龄的困难，他还亲自做主，将王有龄夫人的贴身丫环嫁给了嵇鹤龄。他们两人就此结下金兰之好。

嵇鹤龄不是胡雪岩的伙计，自然不能算是胡雪岩的人才。但胡雪岩在结交嵇鹤龄的过程中显示出来的对于人的理解，以及由此显示出来的示之以诚，让他交到了嵇鹤龄这位贵友。这种方式所起到的作用，给人的启发是极其深刻的。

交友贵在真诚，要有一种能够无怨无悔地付出的诚意。能在任何场合、任何时候、任何情况下关心、爱护你的朋友，让他感受到这份温暖情谊的存在。这样才可以让你们的友谊之树成长得更加枝繁叶茂。

## 出手阔绰，待人慷慨

说起来，胡雪岩收服人心的方法也并不十分神秘。除了以诚相待，信则不疑，用之不拘之外，其中一个很重要的手段就是慷慨好施。确实，生意场中"利"字无疑永远摆在第一位。生意场上交朋友，有了一个慷慨好施的好名声，自然会有许多朋友帮你的忙，捧你的场。

例如胡雪岩在解决漕米运送问题上，处处为漕帮着想，并且主动放款给漕帮，解决了他们的经济困难；还同时为他们介绍生意，让他们有钱可赚。胡雪岩因慷慨好义的气质和禀赋，受到漕帮领袖们的普遍尊崇并引为至交。在帮助胡雪岩在买漕米、军粮、押枪支等他一生中几桩重大的传奇般的事件上，这些帮会领袖能捐弃前嫌和主动放弃对朝廷的怨恨，甚至违背帮会恪守的道义。归根结底，这是出于对胡雪岩慷慨好施，侠肝义胆的江湖义气的认同和被其人格魅力所感化。

例如胡雪岩新办阜康钱庄时，急需一个得力的"档手"。经过多次考察，胡雪岩决定让原大源钱庄的小伙计刘庆生来担此重任。当时钱庄还没有开业，周转资金都没到位，胡雪岩就决定给刘庆生一年二百两银子的薪水，这还不包括年终的"花红"。而且一经决定，他就预付刘庆生一年的薪水。当时住在杭州，保持每顿荤素齐全，冬夏绸布皆备的生活标准，一个八口之家一个月吃、穿、住的全部花销也仅仅是十两银子。不用说，一年二百两银子的的确确是高薪，连刘庆生都感到这实在是过于慷慨了。

胡雪岩之所以如此慷慨，正是因为认定了刘庆生可以帮上他的忙。胡雪岩的这一大手笔一下子就打动了刘庆生的心。当胡雪岩将二百两银子的预付薪水拿出来的时候，他十分感动地对胡雪岩说："胡先生，像您这样子待人，说实话，我听都没听说过。铜钱银子用得完，大家是一颗心。胡先生你吩咐好了，怎么说怎么好！"这意味着胡雪岩的慷慨一开始就让刘庆生心悦诚服了。

其次，胡雪岩的慷慨一下子安定了刘庆生的心。正如胡雪岩为刘庆生打算的，有了这一年二百两银子，可以将刘庆生留在家乡的高堂妻儿接来杭州。上可孝敬于父母，下可尽责于妻儿，这样刘庆生再无后顾之忧，自然也就全心全意地照顾胡雪岩的钱庄生意了。而且，他手里有了钱，"心思可以定了，脑筋也就活了，想主意自然就明了"。

不用说，就是这一慷慨之举，胡雪岩绝不仅仅只是使自己得到一个确实有能力的帮手，也交到了一个生意场上可以为自己忠心耿耿做事的朋友。事实证明，阜康钱庄日后的兴隆，与刘庆生的尽心尽力地操持是密不可分的。

生活中我们常看到一些企业家在创业之初，在生意场交朋友时出手小气，完全无法做到像胡雪岩这般慷慨好施。他们似乎总是能够找到十分合理的借口：在商言商，商人重利，如此散财，又何以敛财呢？

胡雪岩在生意上交朋友从来都不惜重金。甚至，胡雪岩从不以自己生意的赚赔来决定给手下人报酬的多少。无论赚赔，即使自己所剩无几甚至已经赔本，该给朋友、手下付出的红利也绝对一分不少。比如胡雪岩的第一笔生丝生意做成之后，算下账来，该打点官场的，该分的"花红"分出去之后，不仅胡雪岩为筹办钱庄所借款项无法还清，甚至还留下了新的债务。就胡雪岩自己来说，是白忙了一场。但该给朋友古应春、郁四、尤五等"花红"，仍是极为爽快地付出，没有半点犹豫。胡雪岩在生意场上有极够交情的名声，无论黑道白道的势力都把他看作是做事非常漂亮的场面人物，都愿意帮他做事或与他合作。这与他的慷慨好施、侠肝义胆是分不开的。

而且，更难能可贵的是，胡雪岩在对人的问题上从来不吝惜钱财，显示出他对人的一种真正的尊重。比如胡雪岩的胡庆余堂设有"养俸""阴俸"两种薪水。"养俸"，类似我们今天所谓的养老退休金。胡庆余

堂上自"阿大"、档手到采买、药工以及站柜台的伙计，只要不是中途辞职或者被辞退，在员工年老体弱无法继续工作之后，仍由胡庆余堂发放原薪，直至员工去世。而所谓阴俸，则是针对为胡庆余堂的生意发展作出过突出贡献的雇员来发放。胡雪岩规定，这一部分雇员去世以后，他们在世时的薪金，以折扣的方式继续发放给他们的家属，直至这些家属们有能力维持与该雇员在世时相同的生活水平为止。如此优厚的待遇，对于那些生意场上朋友们的影响，是不言而喻的。

常言说钱要花在刀刃上。生意场上，得力而忠实的朋友可以说是刀上之刃。为打磨刀上之刃，当然非常需要也更值得花钱了。

## 善于驾驭时局

胡雪岩善于驾驭时局，首先体现在与洋人打交道这件事情上。随着交往的增多，他逐渐领悟到洋人也不过利之所趋；所以只可使由之，不可放纵之。最后发展到互惠互利，其间的过程都是一步一步变化的。但胡雪岩的确有一种天然的优势，就是对整个时事有先人一步的了解和把握，所以能先于别人筹划出应对措施。有了这一先机，胡雪岩就能开风气，占地利，享天时，逐一己之利。

当我们说胡雪岩对时事有一种特殊驾驭才能时，我们的意思正是，胡雪岩因为占了先机，所以能够先人一着，从容应对。我们一旦和那些在纷乱时事中茫然无措的人们相比照，胡雪岩的优势便显现出来。

清朝发展到道光咸丰年间，旧的格局突然受到冲击。洋人的坚船利炮，让一个至尊无上的帝国突然大吃苦头，随之引起长达十几年的内乱。

这一突然变故，在封建官僚阶层引起分化。面对西方的冲击，官僚阶层起初均采取强硬措施，一致要维护帝国之尊严。随后，由于与西方接触层次的不同，引起了看法上的分歧，有一部分人看到了西方在势力上的强大，主张对外一律以安抚为主。务使处处讨好，让洋人找不到生事的借口。这一想法固然可爱，但却可怜又可悲。因为欲加之罪，何患无辞，以为一味地安抚，就可以笼住洋人，无非是一厢情愿而已。当然这些人用心良苦，不愿以鸡蛋碰石头，避免一般平民受大损伤。

另一部分人则坚持以理持家，主张对洋人采取强硬态度。认为一个国家断不可有退缩怯让之心，免得洋人得寸进尺。这一派人以气节胜，但在实际事情上仍然难以行得通；因为中西实力差别实在太大，凡逢交战，吃亏的尽是老百姓。

还有另外一部分人，因为和洋人打交道多，逐渐与洋人合为一家，一方面借助洋人讨一己私利，另一方面借助洋人为中国做上一点好事。这一部分人就是早期的通事、买办商人以及与洋人交涉较多的沿海地区官僚。

由于对洋人的不同理解，必然产生政治见解上的不同。与胡雪岩有关的，在早期，何桂清、王有龄见解相近，都特会利用洋人的态度，这与曾国藩等的反感态度相对，形成两派在许多问题上的摩擦。利用洋人，这是何、王的态度；表示担忧和反对，则是曾国藩的态度。胡雪岩因为投身王有龄门下，自己也深知洋人船坚炮利，所以一直是何桂清、王有龄政治立场的策划者、参与者，同时也是受惠者。

到了后来，曾国藩、左宗棠观点开始变化。特别是左宗棠由开始的不理解到理解和欣赏，进而积极地要开风气之先，胡雪岩之洋人观得以有了更坚强的依托。

基于这种考虑，胡雪岩从来都紧紧依靠官府。从王有龄开始，运漕粮、办团练、收厘金、购军火；到薛焕、何桂清筹划中外联合剿杀太平军；最后，还说动左宗棠，设置上海转运局，帮助他西北平叛成功。由于帮助官府有功，胡雪岩得以使自己的生意从南方做到北方，从钱庄做到药品，从杭州做到外国。官府承认了胡雪岩的选择和功绩，也为胡雪岩提供了他从事商业活动所必须具有的自由选择权。假如没有官府的层层放任和保护，在这样的一个封建帝国，胡雪岩处处受滞阻，他的商业投入也必然过大。而且由于投入太大和消耗太多，他的经营也不可能形成如此大的气候。

由此可见，胡雪岩对那个时代的时事大局有独到的、超出一般人的把握和应对，这也直接决定了胡雪岩事业的巨大成功。

## 眼观大局，灵活变通

一代官商胡雪岩，认定自己做生意都与时局有关，自然是他灵活变通官商之道的切身体会。纵观胡雪岩在清末的个人成功，离不开时势。

但"英雄"也绝不是时势的被动产物。在胡雪岩的心中，善于明察时势，看准时局，维持市面是保护其事业成功的重要条件。他的生意成也好，败也好，确实都与时局有关。

比如他的钱庄向太平军逃亡兵将吸纳存款，就与太平天国走向败局的大势有关；比如他的生丝销洋庄，即与太平军杀向浙江阻断上海生丝来源有关……正因为如此，胡雪岩也总是把帮助维持市面的平静和安定，放在一个重要的地位，即使由此自己要付出一些代价，他也在所不惜。比如杭州战后的善后赈济。杭州被清军收复的消息一传到上海，胡雪岩就立即动身赶赴杭州，参加杭州繁忙的战后赈济工作。

为了尽快稳定时局，胡雪岩首先做的一件事，就是将一万石大米无偿捐献给杭州官军，用于军粮和赈济灾民。一年多以前，杭州被太平军包围，历时数月以至弹尽粮绝，甚至到了人吃人的地步。胡雪岩受当时浙江巡抚王有龄的委托，冒死出城，到上海筹款购得两万石大米，又冒死将其中的一万石运往杭州。只是由于杭州城被太平军围得铁桶一般，又没有足够兵力打开一条入城的通道，胡雪岩带来的运粮船只能停在杭州城外的钱塘江望城兴叹，绝望之中的胡雪岩只好将米运往当时也刚刚经过大战劫难的宁波。胡雪岩捐献给杭州的就是这批大米。

当初胡雪岩将这批大米运往宁波时，宁波刚刚被官军攻下，城中难民无数，粮食奇缺，这一万石大米刚好救急。只是当时接受这批大米的米行开价付款时胡雪岩却分文未要，仅仅提出了一个要求：这批大米算是临时出借，将来不管什么时候，只要杭州收复，无论如何必须在两天之内以等量大米归还。

用商人的眼光来看，这等于将一大笔钱白白地"搁"在那里。可就当时的实际情况看，太平军在东南地区势头正猛，杭州收复似乎是遥遥无期。即便三五年内杭州可望收复，这么长时间，利上盘利，一石米也可能变得不止两三万石了。但是胡雪岩有自己的想法和打算，一方面，在他的心中，这一万石米是杭州军民百姓的救命米，虽说自己尽了力，但终归没能运进城里去救活人，他不能拿着等于是杭州军民性命的大米去赚钱。另一方面，他相信不管怎样，杭州总有被官军收复的一天。那时，早一天运去粮食，也就可以多救活一些人，他要留着米在那里。杭州一旦收复，就可以随时启用，以防万一。到时如果粮食不凑手，误了大事，又会给自己留下极大的遗憾。

## 互惠互利　切莫拆台

在胡雪岩看来，做生意要从顾客口袋里"掏"出钱来，就要把顾客伺候得舒服；同样的道理，在生意场上交朋友，也要把他伺候舒服了才行。

胡雪岩生丝生意要销洋庄，因而要拉拢庞二。这庞二是南浔有名的丝行世家，几代积蓄，虽不能说富可敌国，但其实力雄厚，也远非人们所能想象。特别是庞家从道光末年中外通商开始，就做起了销洋庄的生意，在上海洋庄同行中是数一数二的大户。

胡雪岩的销洋庄存了控制市场、垄断价格的用心。而此时的胡雪岩，实际上只是丝行生意新手，无论实力，经验都达不到独立运作的程度，如庞二这样的丝商大户，自然也就成了他必须寻求的商场靠山。他要达到控制市场的目的，就非拉拢像庞二这样的商界巨子不成。

不过，要拉拢庞二，让他"借"出自己的势力，也不是一件容易的事情。一方面，庞二本来就是一个富家公子，送钱送礼他都不稀罕；另一方面，这庞二还是一个捐班的道台。一个富家公子花钱买一道台的顶子，原本只是买一个身份。因为当时普遍的观念还是"士、农、工、商"，商为末流。一个商人，无论你多么有钱，在社会上仍是见官低三分。所以，旧时商人有钱之后，总是想着走捐班一途，花钱为自己买一个虚置官衔。这样的人当然不需要也不会每天去"辕门听鼓"，候一个什么差事。据说这庞二平时虽不穿官服，但如果哪位州县官儿在他面前摆谱玩儿"派"，他摆出来的谱，玩儿出来的"派"，比那些官还高一筹。因此，也就没法借助王有龄这样的真正的官去收服他。

胡雪岩拉拢庞二，用的就是把他"伺候舒服了"的办法。

原来这庞二既是一个丝商行里的头牌人物，也是一个绝对的纨绔子弟，尤其好赌。有人陪他赌得痛快，赌得开心且赌出水平，他也就会将对方高看一等，那也就等于将他收服了，也就什么都好说了。

胡雪岩让刘不才去伺候他。刘不才本来也是赌场上不要命的角色，打麻将、推牌九、摇场摊……所有赌桌上的名堂无所不通也无所不会。刘不才受胡雪岩的指派，专门陪着庞二连赌两天两夜。赌桌上使出全身解数，红黑青白无所不用，明帮暗察不落痕迹，使庞二连连大赢也大出风头，真正把庞二伺候得舒舒服服。庞二也由此把刘不才看作玩乐场不可多得的朋友，爽快地给刘不才一个"无论是在一起玩，还是干啥正经事，都有你一份"的许诺。当刘不才告诉庞二胡雪岩希望和他联合，一起控制上海洋庄市场的时候，由于与胡雪岩接触不多，也没有真正了解胡雪岩的为人和本事，因而庞二只是认为胡雪岩不过是一个穷小子闯出来的场面，实力毕竟有限，而且恐怕他弄什么玄虚，心里还存有几分戒心，但他仍然答应和胡雪岩联合。后来在胡雪岩借助湖州官场势力帮助他解决家事事端之后，他将自己在上海的生意也全权委托胡雪岩打理，最后与胡雪岩结成了一对牢不可破的生意伙伴。

把对方伺候舒服之后让其跟着自己走，这应该也是一种对症下药的方式。具体到这种下药方式，胡雪岩以纨绔陪纨绔，以会赌陪好赌，自然不是什么可以摆上桌面的光彩手法。但透过这种不光彩的手法，还是可以得到些启发的。商场有商场的规则，正如要使顾客心甘情愿地让你赚他的钱，你就必须能够把顾客伺候得舒服；你要别人不怀二心地跟着你走，自然也要让人觉出跟着你走的好处。这其实也是一种互惠互利。

生意场上交朋友不仅要互惠互利，而且要切记：与同行结怨的钱不能赚。

当初，为了浙江防务，胡雪岩向洋人购买洋枪，与洋人大体议定每支二十五两银子上下的购进价格。出乎意料的是，浙江局的龚振麟父子走了浙江抚台三姨太的路子，斜插了一杠，以三十七两银子一支的价格与洋人签了一万五千支洋枪的合同，而且已经进入实质性动作阶段。

本来是自己的生意却被别人抢走，而且对方一笔生意打下至少每支十二两，共十八万两银子的"虚头"以中饱私囊。以胡雪岩的为人和性格，自然是不会听之任之的。胡雪岩与朋友嵇鹤龄、裘丰言严密筹划，上串下联，由裘丰言出面与龚家父子展开攻势，终于迫使他们就范，同意拿出五千支由裘丰言经手，每支三十七两的价格不变，但他们只要每支二两的手续费。如果这样，就等于他们让出了五万两银子的好处。

不过在实际过程中，胡雪岩却认为不能要这五万两银子。个中原由很简单，因为五万银子不是一笔小数目，实际等于是剜了对方的心头肉，拿了这五万两银子，对方一定会记恨自己。为了钱让对方记恨自己划不来。事实上，这笔生意也不可能得到这五万两银子的好处，因为不管是以裘丰言经手的价格还是以胡雪岩他们原来的报价——每支二十五两来做，好处减半只有两万五千；除掉打点抚台衙门的一万，实落只有一万五。就这一万五千两银子胡雪岩也建议派作三股，裘丰言得两股，剩下五千给龚家父子，而自己和嵇鹤龄分文不要。

胡雪岩如此处理这桩生意，也许有人不理解。本来是自己的生意，被人抢去如今再夺回来，从道理上讲，这笔生意的好处胡雪岩无论如何可以拿的。再说做生意就是为赚钱，到手的钱，而且应该说还是该拿的钱却不拿，自然是让人不好理解。

但胡雪岩有自己的道理，那就是钱要拿得舒服。拿了以后会不舒服的钱，拿了可能会在生意场中树敌的钱，即使该拿也不能拿。

什么钱拿了会不舒服？简单地说，也就是拿了会留后患、会带来不良后果的钱。比如这笔军火生意中的好处，就是可能拿得不舒服的钱。因为在胡雪岩看来，龚家父子之所以肯剜去自己的心头肉，让出五万两银子的好处，实际上是在自己的强烈攻势之下，迫不得已地忍痛牺牲。拿了这笔好处，等于与他们结下大怨。对方心怀怨恨，以后寻机报复，这也就等于虽得一笔钱却为自己埋下一颗不定时的"炸弹"，留下极大的后患，实在不划算。这是一笔拿了会得罪同行，结怨于同行的钱，虽然有可拿的道理，胡雪岩也是宁可不拿。

胡雪岩的这一番考虑确实有道理。事实上在这桩生意的运作过程中，龚家父子本就对胡雪岩心存怨恨。正是由于胡雪岩的这一番化解，使龚家父子不仅知道胡雪岩手段厉害，而且也知道胡雪岩是一个办事极"漂亮"的人物，最后由怨恨转为钦服，成为胡雪岩生意场上的朋友。

由此看来，做生意虽然是为了赚钱，但赚什么样的钱以及赚钱的后果也确实不能不谨慎考虑的。烫手的钱即使再多也不要拿，这个原则任何一个生意人都应该记取。

## 善于猜察人心，投其所好

都说人心莫测，但并不等于人心无迹可循。有些人就很善于观察和揣摩，能够从一举一动的细微之处猜察别人的心里想法，然后投其所好，从而把一些在别人看来无法办成的事情办得非常漂亮。

在封建社会，做生意的人要具备这样的本事，才能把生意做大、做

强；做官的人也要具备这项本领，才能把官做稳、做高。

两千多年的封建社会，一直以来就有"无商不奸"和"无官不贪""三年清知府，十万雪花银"的说法。尤其是在晚清，政治制度极其腐败，朝廷的大小官员，大多都以收受贿赂、贪图己利为第一目标。然而，毕竟是堂堂的国家官员，还是有所顾虑的，一般不会明目张胆地公然索要财物。于是，便有一些生性愚钝的下属，不能领会上司的"精神"，结果办起事来处处不顺。而胡雪岩就非常善于观察和揣摩，也很活络，能猜察别人的心思想法，而且做得不露声色。所以总是能够很顺利地办成事情，这也是他跟官员自如交往的高明之处。

光绪七年三月，也就是1881年4月，胡雪岩来到北京，主要目的是为了疏通中央政府，同意由他代表政府向洋人借三百多万两银子的外债，作为左宗棠西征的粮饷。

当时，满族人官銮担任户部尚书，总理各国事务衙门大臣，相当于现在的财政部部长兼外交部部长。想要借外债就必须先过他这一关。胡雪岩心里很清楚，要想过关，当然得用银子来打通关系（这是由当时的时代特征决定的）。但胡雪岩并不认识官銮，而且，银子不是送去人家就能收的，也得有门道才行。这个胡雪岩懂，他也很善于找到跟人结交的方法。于是，通过打听，胡雪岩很快就找出了一条门道。

北京有个非常出名的地方叫"琉璃厂"，专门出售各种古玩字画。虽然当时清政府的权贵都视行贿受贿为理所当然的事情，但碍于面子，也没有人敢公开进行。但人类的智慧是无穷的，明目张胆不行，那就来暗的。由此，他们想出的变通方法就是跟琉璃厂的商家合作，由他们担任贿赂的"中继站"。比如，有人向某官员行贿，他就会先跟琉璃厂的商家接头，商量好用若干银子买下一个古董或字画，当然这个古董或字画是那个官员家的。接着，商家就会到那个官员家里去取古董或字画，然后回到琉璃厂，卖给行贿者。行贿者拿到古董或字画后，再当做礼物给官员送去。而琉璃厂的商家只留下手续费，然后把剩下的银子作为"买"东西的钱再交到官员家里（是后付费的）。

对官员来说，他只是把东西"卖"给了琉璃厂，由商家再卖给行贿者，行贿者又把买到的东西当做"礼物"送回官员家里。银子是由商家送来的，官员并没有收行贿人的"银子"，而他收到的古董或字画，只是文人的爱好。这种变相收受贿赂的方法在当时很受用。

于是，胡雪岩也"入乡随俗"，采用这种方法，非常巧妙地把三万两银子送到了官銎手中。果然，这个方法十分见效，这位财政部部长兼外交部部长，在朝廷上拼命说借洋款的好处，胡雪岩如愿以偿地拿到了借外债的许可证。

胡雪岩说："能猜察别人的心里想法，且善于投人所好，是做生意的一大奥妙。"

这无论是在以前还是现在，都是很有见地的。善于猜察别人的心里想法，是一个商人必须具备的素质。这不仅仅是为了对付当时官场中的贪婪者，也是让自己的事业蒸蒸日上的好方法。

例如你开了一家店，顾客来买东西，不一定都是有目标而来的；他们可能会东看西看，希望能在无意中发现令自己眼前一亮的东西。此时，如果你能够多动一动脑筋、多揣摩一下顾客的心理，思考一下他们在想什么，需要什么样的服务，想要什么特色的东西，你能够给他们提供一些什么切实可行的建议。这些人性化投资，便可以使潜在的购买者成为现实的购买者，对商家的长远发展是非常有益的。

胡雪岩深知这一点，他之所以能够在权场游刃有余，就在于他善于猜察别人的内心，能够根据不同人的特点，投其所好。在他生活的晚清时代，大多数官员都紧盯着自己和别人的钱袋。因此，为了把事情做好，胡雪岩总是不吝惜自己的银子，甚至到了有求必应的地步。当然，他的"大方"也为他带来了不少利益。

浙江藩司麟桂要调离浙江，到江宁任职。临走时在浙江虚空的两万多两银子需要填补，一时筹不齐，便派亲信找到胡雪岩，请他帮忙代垫。胡雪岩二话没说就爽快地答应了，这让麟桂的亲信非常激动，连连称他"有肝胆""够朋友"，并且让胡雪岩一定不要客气，乘麟桂还没有调离之时，有什么要求尽管提，他一定尽力做到。

胡雪岩没有提任何收取回报的具体要求，只是希望麟桂到任之后，能够指定江宁与浙江方面的公款往来，由阜康钱庄代理。这一点要求，对于掌管一方财政的藩司来说，自然是举手之劳。

胡雪岩没有犹豫，便拿出两万多两银子帮麟桂垫付亏空，解决了他的大难题，也可谓是投其所好。当然，胡雪岩做这些也不是白做的，他帮助了麟桂，麟桂也不会亏待他，代理江宁与浙江方面的公款往来，也会获利不少，而这对麟桂来说只是一句话的事情。

另外，胡雪岩投入所好不光在钱上不在乎，他更懂得在人本身上做文章。

有一次，胡雪岩一行人去上海松江府办事。到了漕帮，漕帮的魏老爷子交代手下，一定要好好招待胡雪岩等人。胡雪岩这一行人，地位不等，品级不齐，领导者是时任浙江海运局坐办的王有龄，接下来是两个幕僚随员，再往下，还有小差，以及打杂下手。

为了照应这些人，胡雪岩心思缜密，区别对待，从大老爷王有龄到小差，都安排了一趟风月之旅（在那个时候，嫖妓并不犯法，而且很盛行）：听差、杂役之流，让漕帮的小兄弟领着去逛花街柳巷；穿长衫、有官衔的幕僚随员，由漕帮大哥带着，上高级窑子"三多堂"眠花宿柳；大老爷王有龄则由胡雪岩带着，悄悄地去"梅花巷"找更高级的货色。

不论权场还是商场，都讲究个辈分。位高者无论如何都要摆个身价，才好统领底下的人；否则尊卑不分，领导也就不好当了。虽然都是嫖妓，却不可同行。胡雪岩根据这些人的身份，投其所好，巧妙安排，就让大家各得其乐，避免了尴尬。

但不是对所有的人用钱、用美色都管用，左宗棠就是个例外，对金银、美色都不感冒，对他用这些等于自讨没趣，甚至还会阻断自己的财路。但对于他，胡雪岩有另一套办法，他抓住了左宗棠喜欢听人奉承、追求事业功名的性格特点，便随时注意把左宗棠捧得心花怒放，并送去能使他成就功名事业所需的东西。这使得一向看不起商人的左宗棠，对他产生了无限好感，也成为了他一生中最有力的靠山。

胡雪岩说："送礼总要送他们求之不得的东西。"他正是凭着自己善于猜察别人内心的本领，总是能找到合适的方法投人所好。这也正是胡雪岩在权场上处处逢源、商场上春风得意的法宝。

虽然今天已不是猜察官员内心，给他们行贿、送银子、用美色的时代，但要想在商场上获得长足的大发展，还是要具备这种本事的。猜察客户的内心，投客户所好，是在任何时候都要注意和应用的。然而，这种本事不是一朝一夕就能形成的，必须注意平时的积累，多观察，多揣摩，多总结。

## 化干戈为玉帛，变敌人为朋友

"常在河边走，哪有不湿鞋。"同样，人在社会上行走，难免会在无意中树立几个"敌人"，更何况是在你争我夺、利益为重的商场中。

胡雪岩信奉这样一句话，没有永远的敌人，只有永远的利益。他说，生意场中，无真正的朋友，但也不是到处都是敌人。既然大家共吃这碗饭，图的都是利，有了麻烦，最好把问题摆到桌面上，不要私下暗自斗劲，结果谁都没有好处。所以，无论是在自己还是朋友遇到麻烦的时候，胡雪岩总会想方设法化干戈为玉帛，变敌人为朋友。

有一次，王有龄从湖州回到杭州，去拜见浙江巡抚黄宗汉。没想到黄宗汉却说有要事在身，不方便见他。自从担任湖州知府以来，王有龄把上面的关系疏通得相当活络，逢年过节，上至巡抚大人，下至巡抚院守门的，还有浙江官场各位官员，他都极力打点。以往每次到巡抚院，黄宗汉总是高高兴兴地立刻接见，今天竟然把他拒之门外，这让王有龄觉得很奇怪。

王有龄觉得很郁闷，便找来胡雪岩商量对策。胡雪岩说："此事必有原因，待我去找人打听打听。"黄宗汉手下有一个何师爷，跟胡雪岩是老相识，两人无话不谈。于是，胡雪岩找到他打听，一问才知道，原来是黄宗汉的一个表亲周道台（道台相当于现在的副省长级别）在从中作梗。他在黄宗汉耳旁吹风，说湖州今年收成特别好，但王有龄孝敬巡抚大人您的银子却不见涨，这不是明摆着不把您放在眼里了吗？黄宗汉听后，心里很不痛快，所以就给了王有龄一个下马威。

那么，这个姓周的道台到底是什么人，他为什么要跟王有龄作对呢？

原来，这个周道台只是个候补道台，并没有实缺，然而他仗着是黄宗汉的表亲，就飞扬跋扈。前任湖州知府迁走后，周道台极力争取补缺，但由于王有龄使了更多的银子，另外，黄宗汉也深知他这个表亲的品性，怕他做不好事情，反而滋事，于是便把湖州知府的空缺给了王有龄。周道台从此便对王有龄怀恨在心，经常在黄宗汉面前说他的坏话。

胡雪岩把这件事情的原委告诉王有龄之后，王有龄非常担心。今年湖州的收成跟往年相比，好不到哪儿去，所以给巡抚大人的银子，还是

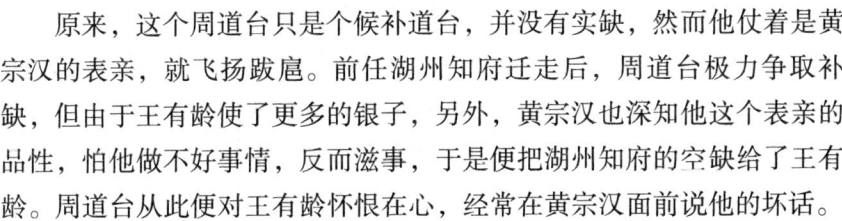

按以前的惯例,哪知竟会因此得罪了他,这对自己的仕途和个人安全可是十分不利的。然而,胡雪岩却微微一笑,不慌不忙地从怀里掏出一只空存折,填上两万两银子的数目,派人给黄宗汉送去,并说王大人早就把这笔钱存到钱庄了,只是还没有来得及告诉他。

这下可把巡抚大人哄高兴了。但是对周道台该怎么办呢?

"治服"周道台是胡雪岩接下来要做的一件大事,如果能跟他化干戈为玉帛,那可是一件大好事。虽然不是想指望他在黄宗汉面前帮王有龄说好话,但他也不至于继续阻碍王有龄的前途,说不定还能成为朋友,毕竟多个朋友多条路嘛。

经过冥思苦想,胡雪岩连夜写了一封信,再附上一千两的银票,派人给何师爷送去。何师爷接到信和银子之后,立刻跑来,跟胡雪岩密谈了很长时间。从谈话中,胡雪岩得到一个重要消息:周道台正"伙同"浙江藩司与洋人洽谈一桩很大的军火生意。在那个年代,做军火生意也没什么,但是他犯了官场的大忌,没有"打点"好上边,最要命的是事情还"败露"了。

原来,太平天国运动之后,各省纷纷办洋务,大造战舰,特别是沿海各省。但浙江财政空虚,无力建厂造船,于是打算向外国购买炮船,作为分管财政的藩司自然要负起这个责任。按理说,藩司是巡抚的从属机构(人们习惯用机构名来称机构的最高长官),浙江地方购船,本该告知巡抚大人;但浙江藩司与巡抚黄宗汉素来不合,所以并没有跟黄宗汉商量。他之所以敢如此大胆,是因为他"上面有人"——他的老师是朝廷的军机大臣文煜。

然而这次事关重大,购买炮船,花费数十万,从中得到的回扣就有十来万,藩司也觉得不报告巡抚有些心虚,于是决定拉拢周道台。一来因为周道台能言善辩,是与洋人交涉的好材料;二来因为他是黄宗汉的表亲,万一东窗事发,巡抚大人即使翻脸也不怕。

周道台这个家伙财迷心窍,居然也就瞒着他的表亲答应帮藩司跟洋人接洽。这事本来做得十分机密,偏偏却不小心被何师爷发现了。何师爷知道其中的利害,也没敢声张,想不到胡雪岩打听。以他和胡雪岩的关系,再加上他一向对周道台不齿,也就没有顾忌地全说了。

胡雪岩把这个"秘密"告诉王有龄后,王有龄又惊又喜,主张赶快把这件事告诉巡抚大人,让他去处理。胡雪岩却说:"这事做不得,生意人人做，大路朝天，各走半边。如果强行断了别人的财路，得罪的可不是周道台一人，况且传出去，人家也当我们是告密小人。"

于是两个人商量了半天，最后想出一条妙计。

这天深夜，周道台被敲门声惊醒，开门一看是何师爷。何师爷看见他，二话没说就从怀里摸出两封信递给他。周道台打开一看，顿时吓得脸色惨白，原来这两封信竟然是告发他的，信中一一列举了他的劣迹，并特别提到他向洋人购船的事。

这时，何师爷才说："今天下午，有人从巡抚院外扔进这两封信，让守卫的士兵捡到了，我当时正好路过，收过来一看，觉得大事不妙，所以趁深夜来告诉你。"

周道台一听就傻了，他知道自己平时做的那些事不光彩，一时间话都不会说了。急得他拉住何师爷的手不放，求他帮忙出谋划策，指条明路。何师爷故意沉思了一会儿，才说："黄大人所恨的是藩台（浙江藩司），他并不反对买船。现在同洋人已谈好，不买也不行。但是如果要买，这笔银子抚院肯定一时凑不齐。要解决此事，必要一位巨富相助。"

"我在浙江素无朋友，也不认识什么巨富，此事难办！"周道台说。

何师爷又借机点拨他说："湖州王大人素受黄大人器重，其契弟胡雪岩又是浙江大贾，仗义疏财，可以向他求救。"

一提到王有龄，周道台脸色又变了，一言不发。于是，何师爷又向他陈述了其中的利害，听得周道台又惊又怕，想想也确实无路可走，第二天一大早便来到王有龄府上。

王有龄听完周道台的来意，想了想说："这件事兄弟我原不该插手，既然周兄有求，我也愿协助，不过所给好处，分文不敢收。周兄若是答应，兄弟立即去办。"

周道台一听，还以为自己听错了，赶忙声明："这是我的一片真心。"

两人又推辞了一会儿，周道台无奈只好把送的礼金收回了。

王有龄来到巡抚衙门，对黄宗汉说，自己的朋友胡雪岩愿意借钱给浙江购船，事情可托付周道台办理。黄宗汉一听又有油水可捞，立即答应了。

周道台见王有龄做事如此厚道大方，自觉惭愧。办完购船的事，亲自到王有龄府上负荆请罪，两人从此成为了莫逆之交。

这就是胡雪岩和王有龄定的妙计,仅此一计就让王有龄跟周道台化干戈为玉帛,把周道台从原来的敌人一下子变成了朋友。这无论是对王有龄的仕途,还是对胡雪岩的声誉都是一件再好不过的事情,做得漂亮!

生意场上充满了竞争,不是每个人都会真心待你,如果实在避免不了,树立了几个敌人也没有关系。但是,如果能够凭借自己的气量和远见,化干戈为玉帛,将敌人变为自己的朋友。那么,在以后的人生道路上就会少一些羁绊,多一些援助。

## 做生意不能抠抠唆唆,要大方待人

做生意不能抠抠唆唆,要大方待人;如果在各方面斤斤计较,刻薄寡义,是不能成大事的。胡雪岩之所以能把生意做到洋场,是与其慷慨大度的处世分不开的,这也正是胡雪岩的高明之处。

胡雪岩笼络廖化生与洋商打交道时就显得非常大方。

经过数年苦心经营,胡雪岩的阜康钱庄一跃而为同行之魁,银钱往来业务超过任何一家钱庄。

有一次,一位顾客递给伙计一张银票,声言要支取现银。伙计愣了一刻,随即满脸堆笑,请顾客进厅堂落座,沏一杯上等毛峰。胡雪岩看出这个顾客非比寻常。

原来,来人高老三是苏南青帮"同福会"的管家,专司钱财往来。此次到杭州取银子,为了"安家费"一事。

据胡雪岩所知,青帮弟兄需要流血拼命时,才发放安家费给眷属,以使他们解除后顾之忧,甘心赴死。高老三认为胡雪岩懂帮规,他告诉胡雪岩,同福会将替太平军护送一批军火从上海到金陵;途中官军重重设防,难免有冲突,所以会里选了百多位敢死的弟兄,去完成任务。当然应有"安家费"。

胡雪岩恍然大悟,青帮与太平军联手办事,是常有之事。大约太平军出价不菲,同福会才敢冒极大危险替对方护送军火。他爽快地让高老三提走了大批现银。高老三走后,胡雪岩心里反复掂量这条消息的价值。一直以来,胡雪岩十分垂涎军火生意,但苦于无处着手。如今凭空知道了这条消息,正可捷足先登,把这笔生意夺回自己做。于是,他立刻赶往王有龄府宅协商如何参与军火买卖。

几日之后，胡雪岩带着王有龄开出的三万两银子的官票到了上海，求见上海青帮首领廖化生，表示想与其合伙做这批军火生意，并愿意把利润三七分成。

廖化生喜出望外，没想到胡雪岩如此慷慨豪爽，答应为他办事，并介绍了一个名叫欧阳尚云的人。此人在洋行干了多年，懂法兰西语和英吉利语，是上海洋商看重的人物。

万事俱备，胡雪岩叫欧阳尚云同麦得利联系，亲自和他面谈。

第二天，欧阳尚云陪同胡雪岩，前去一家洋酒馆会晤麦得利，开门见山同麦得利谈起那笔军火交易。麦得利却说已同别人签约，不可失信。胡雪岩指出麦得利与乱民签约，是反对中国政府。

这一招很厉害，麦得利无言以对。胡雪岩抓住要害，进一步说，如果清廷得知这笔交易，派兵截获军火，那时他不但血本无归，还要受到政府追究责任。又说自己可以代表浙江地方当局买下这批军火，并可提高出价。

这样一来，没费多大力气，麦得利就放弃了原来的打算，同胡雪岩商谈起购买枪支的具体事宜。胡雪岩的慷慨，使他从高老三那里得到了"安家费"这一重要信息，从而悟到了商机；也是因为他的慷慨，愿意大方地与上海青帮分成利润，才得到了欧阳尚云这个不可或缺的外交人才，从而顺利地与麦得利谈判。

## 注意维护别人的面子

做生意当求"和"字，不要人为地制造一大堆矛盾，这样就能保护好面子。胡雪岩在经营过程中，是非常注重"面子"的作用的。同样，他也十分注意维护别人的面子，一个人的信誉破坏了，对大家都不利。所以他坚持"得饶人处且饶人"，这是千万不要伤和气的生意经。

胡雪岩出道的时候，就显出这种气度。王有龄用胡雪岩捐助的五百两银子捐官成功后，回到杭州，得知胡雪岩为此丢了饭碗，落拓不堪，他当时就要还上信和钱庄的五百两银子，为胡雪岩洗刷恶名。他弄清了借据的内容，利息算法，立即就在海运局支出六百两银子，要去了这笔账。他穿上官服，吩咐跟班备轿，让人准备鸣锣喝道，要和胡雪岩一同

前往。按他的想法,自然是要以自己的威风,为胡雪岩扬一扬名,顺便也替他出一口恶气。

但胡雪岩却拒绝了。他并没有得理不饶人,而是设身处地地为别人想一想。他不去的理由很简单,信和钱庄的"大伙"就是当初将他开除出信和的张胖子。如果此时他和王有龄一同前往,势必让张胖子非常尴尬,大失面子。而如此张扬而去,传扬开来,张胖子在同行、在东家面前的面子也没有了。这是胡雪岩不愿意的事情。他不仅不与王有龄同去,而且还叮嘱王有龄捧信和几句,也不要告诉他们已经见到了胡雪岩。这使王有龄对胡雪岩的做法不禁赞叹道:"此人居心仁厚,至少手段漂亮。换了另一个人,像这样可以扬眉吐气的机会,岂肯轻易放弃?而他居然愿意委屈自己,保全别人的面子,好宽的度量!"

王有龄理解了胡雪岩的用心,单独去还这笔借款时,也做得漂亮。他特意换上便服,也不要鸣锣开道,且将官轿换成一顶小轿到了信和。由于信和当初就将这笔五百两银子的款子当作一笔收不回来的死账,因此他们也没把胡雪岩代王有龄写的借据当一回事,不知随便扔到哪里去了。此时王有龄来还钱,居然遍找不到。当钱庄张胖子将此情况据实相告之后,王有龄不仅没有为难他,而且二话没说,拿出该还的连本带息550两银子,只要求对方写一个已经还清的笔据。至于原来的借据,以后找到,销毁就是了。

这一出了清旧账的戏确实"演"得漂亮。正像王有龄所想的那样,胡雪岩本来就受了冤枉,且不仅为此丢了面子,而且丢了饭碗,以至于落魄潦倒到给人打零工维持生计。现在终于可以为自己洗刷恶名,换上一个人,大约真的不会肯白白放过这次为自己挣回面子,让自己扬眉吐气一回的机会。但胡雪岩首先想到的,却是如何保全别人的面子,难怪王有龄会打心眼里佩服他:"好宽的度量!"

在对待吃里扒外的朱福年时,胡雪岩还是牢牢记住"饶人一条路,伤人一堵墙"的道理,使这件事处理得极为漂亮。

做到让别人死心塌地替你出力,确实是一种功夫。胡雪岩怎么做?很简单,那就是你要敞开一点胸怀!

朱福年做事不地道,不仅在胡雪岩与庞二联手销洋货的事情上作梗,还拿了东家的银子"做小货",他的"东家"庞二自然不能容忍。依庞二的想法,他是一定要清查朱福年的问题,狠狠整他一下让他滚蛋。但胡雪岩觉得不妥。胡雪岩说，一发现这个人不对头，就彻底清查后请他走路，这是普通人的做法；最好是不下手则已，一下手就叫他晓得厉害，心生佩服。要像诸葛亮"七擒孟获"那样使人心服口服。"'火烧藤甲兵'不足为奇，要烧得他服帖，死心塌地替你出力，才算本事。"

胡雪岩的做法是：先通过关系，摸清了朱福年自己开户头，将丝行的资金划拨"做小货"的底细，然后再到丝行看账，在账目上点出朱福年的漏洞。然而他也只是点到为止，不点破朱福年"做小货"的真相，也不再深究，让朱福年感到自己似乎已经被抓到了"把柄"但又莫明实情。同时，他还给出时间，让朱福年检点账目，弥补过失，等于有意放他一条生路。最后，则明确告诉朱福年，只要尽力，他仍然会得到重用。这一下子朱福年真就感激不尽，彻底服帖了。

胡雪岩的这一套做法，实际是从嵇鹤龄讲的一个故事得到启发：苏州有一家极大的南北货行，招牌叫"方裕和"。方裕和从两年以前就开始发生货色失窃走漏的事情，而且丢失的都是鱼翅、燕窝、干贝之类的贵重海货，方老板不动声色，明察暗访，很长时间才弄清楚，原来是他最信任的一个伙计，也是自己的同宗亲戚与漕帮中的人相互勾结，将店中贵重海货绑扎在店里出售的火把中偷出去，再运到外埠脱手，难怪他在本城同行、饭店中都没有查到吃黑货的蛛丝马迹。在方老板的逼问下，这个伙计承认了自己的偷窃行为。按规矩，也是照普通人的做法，自然要请他走路。但方老板并不是按普通人的做法，他以为能够"做到"两年之久不被发觉，一定有相当的本事；再说同伙勾结，闹出去要开除一批熟手，还有损信誉。所以决定不仅不要这个伙计"走路"，还加他的薪水，重用了他。这样一来，那伙计感恩图报，自然不会再干偷货走私的事情。

这种做法，胡雪岩觉得也算是相当漂亮了。但他认为还差一点。他在听嵇鹤龄讲究这个故事之后对嵇鹤龄说："照我的做法，只要暗中查明了，根本不说破，就升他的职，加他薪水，叫他专管察偷漏。"胡雪岩的理由是，做贼是不能拆穿的，一拆穿就留下痕迹，无论如何处不长。既然他是个人才，自己又能容留他，就不必拆穿他，只让他感恩就行了。

胡雪岩对朱福年的做法，正是这一种。

胡雪岩的做法，确实更加高明也更加有效。俗话说，人怕破脸，树怕剥皮。人做了坏事，既已被老板揭穿，虽然不给处罚，他也心存感激，但终归落下痕迹而无法相处。在他本人是怕老板不再信任，满怀愧意侍奉老板，做事必不能放开手脚。而在老板则总想着避开对方的痛处与他相处，心里不免留着疙瘩。如此一来，自然无法再做下去。从这个角度看，既然还当他是个人才，同时还有不能请他走路了事的原因，那还不如为他留个面子，同时又让他心存感激。这样既达到堵漏补缺的目的，又还等于救下了一个人，于己于人，都善莫大焉。

诚然，这种办法只能针对那种有本事，又有良心的人才能奏效；对于那些在本质上已经坏死的人，还是请其另谋高就为好。否则，受害的到头来还是自己。

## 做人要懂防人术

做人既要讲诚信，也要懂防人术；因为世上总有小人伺机贴近你的身边，以图私利。胡雪岩曾经说："我看人总是往好处去看的。我不大相信世界上有坏人。没有本事才干坏事，有本事的人一定做好事。既然做坏事的人没有本事，也就不必去怕他们了。"这说明胡雪岩对待人持"相信"之道。"不说别的，只说朱福年好了。庞二虽有些大少爷脾气，有时讲话不给人留情面，到底御下宽厚，非别的东家可比，可是朱福年还是有二心。只是遇到小爷叔你，化敌为友，服服帖帖，这就是你的大本事，也就是你的大本钱。"

这段话，是古应春就胡雪岩收服朱福年的事情，发自内心赞佩而对胡雪岩说的。胡雪岩的确有收服人心、化敌为友的大本事，这也确实是胡雪岩能够纵横商场，把自己的生意越做越大的重要原因，这当然也确实是他的"大本钱"。从这一角度看，古应春这里只是陈述了一个事实。

但胡雪岩在看人、用人的问题上，也并非没有可以批评的地方。从某种意义上说，他也有看人、御下过于宽容宽厚的毛病。看人多看优点，用人用其长处，不以恶意度人，尽量将人往好处看，从做人方面说，体现了一个人的仁厚和胸怀；从任何方面说，也确实可以为自己招揽到很能做事的帮手，这无疑是优点。但这个优点，同时也会带来一个极大也极危险的弱点，那就是容易放纵小人。而对小人的失察和放纵，必然给自己带来极严重的后果。

不相信世界上有坏人，自然也就总往好处看人。而总往好处看人，也自然就发现不了小人。更糟糕的是，抱定一个做坏事的人没有本事因而不可怕的宗旨，也就必定不向小人设防了。

没有防人之心，特别是防小人之心，就有可能受小人之害。胡雪岩就是受小人之害最烈的一个。比如他的钱庄的最后倒闭，一半是因为时势，一半也是受那位一心想着自己也有一番"鲜花着锦"的事业，却拿东家的银子"做小货"的小人宓本常之害；比如他的那么庞大的典当生意——他的典当一年的收入按"架本"估算，至少可达45万——却没有为他带来太大的帮助，就是因为他的那帮类似小人唐子韶之流的"徽州朋友"的肆意侵吞。

胡雪岩最后只落得"白茫茫大地一片真干净"，甚至螺蛳太太撒手人寰，某种意义上说，也是因为胡雪岩的放纵小人。

在胡雪岩彻底破产倒闭已成定局的最后关头，螺蛳太太为了保住一点破产之后维持生计的财物，将自己的首饰缝进一个枕头里存放在一个名叫朱宝如的人的家里。这朱宝如是杭州城里的一个殷实士绅，但他的财产本来就是他和他老婆设陷阱、安机关，动尽心机极不光彩地骗诈来的。这朱氏夫妇巧取骗诈别人财产的事情，胡雪岩一概全知，但他不仅没有揭发，反而劝解要向这对夫妇找回公道的被骗者，以为犯不上为这过去了的事情牵肠挂肚。胡雪岩放纵了朱氏夫妇，也终于让自己最后一点勉强可以维持一段生计的财产也给他们私吞了。螺蛳太太也因最后一点希望破灭而自杀。

坏人其实也有做坏事的本事，有本事的人其实也可能做坏事，这个道理大约是我们应该能够接受的。俗话说，贼是小人，智过君子。在这个世界上，许多极坏的事，其实都是有本事的人做出来的。事实上，小人确实做不出也做不成可以让人注意的好事，但做出的坏事却是能够彻底葬送掉费尽千辛万苦打下的江山。

胡雪岩后来说，做人是两面的，既要相信人，也要防住人，特别谨记要防自己身边的小人。

## 帮人帮在实处

胡雪岩熟透人情世故,遇见有才干、可以结交的朋友并能够收为己用的人就相机而变,在帮助对方的过程中自然就放出一个人情。这是胡雪岩在结交朋友时,以情服人的原则。他在帮助对方时,始终能够做到帮人帮在实处;总能够做到别人缺什么,就及时地送什么。做这种事的关键之处在于只要看出征兆就立即行动。

如当初胡雪岩随王有龄到上海办事过程中,有事情急切需要当地富商豪绅出面相助。但贸然拜访,事情肯定无法顺利办好。胡雪岩想必须找机会先送他一样紧缺的东西,但身为富商豪绅,他缺什么呢?在那年代,商人见官低一级,他缺的正是官场给他威风,给他的面子。于是,胡雪岩决定找机会送一个大大的面子给上海富商。恰好当时抚台大人送给王有龄一桌海菜全席。于是胡雪岩与王有龄商量后决定,迅速将这桌酒菜摆到了这位豪绅府中。豪绅一听是抚台大人所送的海菜全席,平时那目中无人,十足的傲岸顿时抛于九霄云外,变得对王有龄、胡雪岩二人毕恭毕敬。

胡雪岩抓住机会,送当时尽管富甲一方但社会地位却低的商绅一个大大的官场面子。这样的做法,也许只有胡雪岩想得出来,不爱珠宝,只爱虚荣,一桌席面胜过许多重礼。这在平常人是想都没往那想的。这足以显示胡雪岩做事之高明,他做事的方式总是出人意料。

又如胡雪岩结交古应春的过程。古应春是上海洋行里的翻译,他在当时的十里洋行里是个人尽皆知的人物,也算一腕儿。由于古应春自小就读于基督教会学校,后来到上海学生意,既擅长外语又懂生意经,便做上了翻译这一行。胡古二人的相交缘自于二人共同的感触和认识——做洋务,国人须拿出点自己的骨气,如果中国人内部自相揭底,吃亏的是自己,占便宜的是洋人。因此,当时中国的丝业如果要与洋人进行竞争,就必须要求至少东南沿海一带的丝业商人联合起来,作为整体来同洋行抬价。否则,零散的丝业同行之间互相拆台,不仅谁也挣不到钱,反而便宜了洋人。

共同的感触,共同的想法。二人决定联合上海丝业,一致对抗洋人商行,为中国商人争一口气。此时二人对洋人洋行都摸得十分透,以后与洋人做生意，必须相互帮忙。

事有凑巧，当胡雪岩与古应春和洋人谈完一个生意回到住处怡情院时，非常巧合地遇着了七姑奶奶。古应春掀开门帘，贸然闯入，与七姑奶奶撞个正着。二人对视良久，彼此互相吸引，心中都是怦然一动。这种错愕情迷的状态，加上二人又是初见，一时之间，半晌无语，不知如何招呼。胡雪岩随后而来，一眼就看出了二人一见钟情的苗头。事后七姑奶奶的种种表现更是验证了胡雪岩的猜测，七姑奶奶果然对古应春有意。七姑奶奶是尤五的妹妹，平素胆大独立，做事爽快，人称"女张飞"。自从她见到古应春后，竟然说话行事斯文十二分，而且双眼玲珑左顾右盼、脸颊绯红，样子像个姑娘。古应春鳏居了十几年，见如此姿色动人的女人亦是春心漾荡。而七姑奶奶也由于丈夫过世，孀居已多年，一直住在娘家。这餐饭吃完，古应春就恳求胡雪岩给他做媒，由于胡雪岩熟悉二人脾气，考虑到二人互相尚不了解，就找机会让他们自己相互交往。

谁知七姑奶奶是性情中人，对古应春十分中意，生怕古应春缩手缩脚，会中途突然变卦。于是她趁一次机会将古应春请到家中，将他灌得大醉，留宿家中。第二天一早，古应春一觉醒来，见自己躺于女人香榻。七姑奶奶只穿件贴身的小夹袄在灯下独坐，泪光盈盈，颇为委屈的样子。又听得七姑奶奶对他说什么都给他了，要他对灯起誓，永不变心。这也是七姑奶奶行事不同于一般人之处。她性格向来豪放不羁，连她的亲哥尤五都作不了她的主。七姑奶奶留宿古应春，其实并未让他碰自己的身子，但古应春酒醉之下根本无法知道实情。古应春身为洋场上走动的人物，为道德和责任心所使，就不得不娶她过门了。这恰恰是七姑奶奶的如意算盘，谁知事与愿违。

这件事风传之后，名义上她与古应春是夫妻关系了，但却无任何嫁娶仪式。让人家说闲话，不仅七姑奶奶无脸回松江，连尤五提到这件事都觉脸上无光，家门不幸。胡雪岩听说此事，认为自己作为古应春、尤五的好朋友有义务有责任帮忙理顺这件事。如果把事情处理得妥帖，这不仅是帮古应春的忙，而且又帮了尤五甚而七姑奶奶这一办事能力极强的女人的一个大忙。这三人事后总会感激自己的。事实证明，这三人后来都对胡雪岩以后做事帮助挺大。这件事最大的困难倒不在于风言风语，而是当时已经形成了骑虎难下的僵局。当时适逢古应春家门的老族

长,一个七十多岁的白胡子老头到上海来看孙子。古应春是个恪守孝道之人,就跟他禀告了这件事情。谁知不讲还好,一讲,老头子极为生气,大为反对,说古家门里向来无再醮之妇。无论古应春怎么央求,就是不准。古应春托了许多人去说情,老头子回过一句话:要娶可以,依据族规,要将古应春逐出家门和家族再不来往。这下,古应春料是脑筋再好使,也似无头苍蝇急得团团转。

胡雪岩不愧为见多识广,转眼就有了想法。他认为这个白胡子老头身居乡下,很少来上海走动,大可用瞒天过海之计,即使日后让他发现,也是无计可施。胡雪岩建议让七姑奶奶改姓,认王有龄做义兄,两头说媒娶嫁婚宴等一应事宜皆由王有龄出面打理。然后以王有龄知府大老爷的身份,在古家出面求婚时,王家应允亲事并付庚帖,只要保守秘密,外人谁知道这位老爷的妹子就是以前那位七姑奶奶呢?族长日后即使发现,难道还能驳回吗?这一着足以应付乡下老族长了。自然,郁郁寡欢的古应春顿时一扫忧急神情,觉得心头一块石头终于落了地。七姑奶奶也笑得合不拢嘴,乐得急下厨房张罗一桌佳肴来款待这位大恩人了。尤五自是很感激,胡雪岩又帮他解决了一件事关自己名声的棘手的家务事。

设想如果这件事情不是胡雪岩帮忙迅速解决,不仅仅古应春和尤五在洋行和江湖上的名声都会受到影响,他们的生意也会受影响。更严重的是,这样更摧毁了他们的自尊与自信,甚至造成古应春、尤五两位朋友彼此互相敌视与怨恨。

由于胡雪岩对古应春在婚姻一事上的大力帮助,古应春心存感激。自此之后,胡雪岩与洋人之间的丝业、枪支军火各种生意,都由古应春全力帮衬,越做越大。

## 为官分忧,寻求支持

胡雪岩认为,要想在商场获得超人的成功,首先是要做出名气。名气一响,生意也就自然热闹起来。也正因为如此,胡雪岩才非常重视借助官场势力做自己的招牌,而且决不放过任何一个有利的机会。

八月初八,良辰吉日。装修得富丽堂皇的阜康钱庄在阵阵爆竹声中,热闹开张了。柜台内四个年轻伙计,身着崭新的蓝色布衫,笑脸迎宾。刘庆生穿着湘绸长衫、蜀纱乌裥,头戴一顶黑丝瓜皮帽,红光满面,精神抖擞地亲自招呼顾客。信和钱庄的大东家和档手张胖子、大源钱庄的大东家和档手孙德庆以及鸿财钱庄的档手等一批名闻苏杭、富甲江南的钱庄业巨头纷纷前来贺喜。他们出手"堆花"的存款都有好几万,而那些散放在柜台上的贺银,更是难以计数。其余贺喜的同行也络绎不绝,钱庄门前车水马龙,直逗得行人驻足观望。纷纷猜测,为什么杭州城一个小小的钱庄"伙计"开钱庄会有此等风光呢!其实这全是靠胡雪岩巧妙地在王有龄身上和钱庄"大伙"身上的投资所换来的成果。大家都知道,胡雪岩在官场有朋友,今后难免会有事相托;同时又加之他人缘极好,同行中都认为他是个诚实、有信誉之人。

晌午摆宴款客之后,客人相继离去。胡雪岩此时才静下心来盘算开业的情况,虽然来了个"开门红",看起来情形不错,但他感觉自己走的是一条他人常踩的老路子,有步人后尘之嫌:做生意第一步最重要,不是谋名,就是取利,只有走准了第一步,以后的生意才会水到渠成,不断做大。胡雪岩低头暗自思忖了好一会儿,明白做钱庄生意的第一步就是要闯出名头,要让人感到在你这里存钱不但安全,而且还有利可图。如果能做出名气,即使刚开始成本高一点,以后肯定也能财源滚滚。但是怎样才能尽快闯出自己的名头呢?忽然,胡雪岩脑中灵光一现,立刻把总管刘庆生找了过来,说:"你马上替我开立十六个存折,每个折子存银二十两,一共三百二十两,挂在我的账上。"刘庆生见胡雪岩迫不及待地要开这么多存折,如坠五里云雾,莫名其妙。但既然东家吩咐了,只好照办。

等刘庆生把十六个存折的手续办好,送过来之后,看着刘庆生仍然疑惑的目光,胡雪岩说:"世上有两种有钱人,一种是大家都知道的有钱人;一种是财不露白,虽然有万贯家财,但外表上看起来与穷光蛋没什么两样的有钱人。如今第一种人大都把钱存入了钱庄,这笔生意肯定不好做,因此阜康只好锁定第二种人。"刘庆生听了有些茫然地问:"胡先生,你这话很有道理,可是,这种人既然财不露白,一定有他的顾忌。或许是偷来的,或许是骗来的,或许是受贿来的。"

"正是如此。"胡雪岩点头道:"你想想,这些人的钱来路不正,平素一定不敢把大笔银子存入钱庄,只好掘地三尺,藏在家中。"

刘庆生还是不解地问道:"胡先生,你越说我越糊涂了,既然你知

第七章 胡雪岩智慧解析

道他们的顾忌,那你还想让他们把银子存过来?"

胡雪岩说:"你想想,大笔的银子、金锭放在家中,埋在土里,成天提心吊胆,怕小偷来偷,怕下人发现,怕强盗来抢,怕官府来查,这样的生活,有再多的钱又有什么意思呢?"

刘庆生点头说:"的确如此,不过你到哪儿去找这种人呢?"

胡雪岩说:"依我看,这种人一种是官老爷,他们刮地皮、收贿赂,得了大笔银子不敢让人知道。还有一种便是江湖强盗,钱是他们抢来的、骗来的,自然也不敢轻易示人。"

刘庆生纳闷道:"当然啦,这些人绝对不敢把银子拿出来。"

胡雪岩说:"我要做的便是主动出击。"

刘庆生颇感兴趣地问:"如何个出击法?"

胡雪岩说:"江湖人物自然先挂不上边,我们先从官老爷那儿着手。我刚才让你开的存折,都是给抚台和藩台的眷属们立的户头,并替她们垫付了底金,再把折子送过去,当然就好往来了。"

刘庆生一愣,说道:"给她们有什么用呢?"

胡雪岩哈哈一笑说:"庆生啊,这你就不懂了。俗话说男人当官,女人理财。这些官太太、姨太太每晚都在官老爷耳边吹枕头风,那些想求官老爷办事的人,最有效的方法便是打通官太太、姨太太。她们手里的银子可不少!但是这些官太太、姨太太平时足不出户,这些私房银子只好日夜放在闺房中,咱们这次把折子发到她们手中,存款取款一律上门服务,不怕她们不动心。"

稍微停顿了一下,胡雪岩进一步解释说:"再说,咱们给她们免费开了户头,垫付了底金,再把折子送过去,她们肯定很高兴,她们的碎嘴就会四处宣传。这样,和她们往来的达官贵人岂不知晓?别人对阜康的手面,就会另眼相看了。咱们阜康钱庄的名声岂不就打出去了?以后还会怕没生意做吗?"

"原来如此!"刘庆生心领神会地点了点头,心中暗自佩服胡雪岩的生意头脑,"那我立即就把这些存折给太太、小姐们送去。"

胡雪岩的做法,有点类似今天"洗黑钱"的意味,不过效果却出奇的好。正如胡雪岩所分析的那样,刘庆生把那些存折送出去没几天,就有几个与官府有往来的大客户前来开户。钱庄业的同行对阜康钱庄能在短短的几天之内就把他们结识多年的大客户拉走颇感惊讶,不过他们实在搞不清其中的原委。

另外，在那些存折中，胡雪岩特意给巡抚衙门的守门人刘二准备了一份。胡雪岩经常出入抚台，跟刘二也算是老熟人了。而今钱庄开业，他送给刘二一份存折，一则算是送给老朋友一份薄礼，二则刘二虽然是个守门人，可从他眼皮底下来往的大人物不少，通过他的嘴可以为阜康免费作宣传。再说那刘二信息十分灵通，说不定以后或许会在某个方面得到他的帮助。

再说那刘二自从接了胡雪岩的赠礼后，终日感激涕零，寻思回报之机。这天，刘二找到刘庆生，从身上取出两张银票交给刘庆生。刘庆生一看便觉得异常，他感到这两张银票似乎不同于一般，再仔细一看，果然如此。只见那银票是皮纸所制，上面写的是满汉合璧的"户部官票"四字，中间标明"库平足色银一百两"，下面还有几行小字："户部奉行官票，凡属将官票兑换银钱者，与银一律，并准按部定章程，搭交官项，伪造者依律治罪。"两张银票一张一百两，一张八十两，共计一百八十两。平素刘庆生见识的银票也不算少，但这种官票还是头次见到，因而笑问道："这是什么银票？市面上还从未见过。"

"这银票在京里也是刚通行，听说藩署已经派人前往领去了，市面上不久就会流通。"刘二随后又问道："不知我可否将之存入贵钱庄？"

"当然可以。"刘庆生一面答道，一面将这两张银票揣入怀里，辞别了刘二，直奔回阜康钱庄。

胡雪岩将两张银票翻来覆去看了好几遍，也看不出个所以然，于是立即命刘庆生将大源钱庄和鸿财钱庄的大东家们请来一同鉴赏，以期弄清其来龙去脉。

大源钱庄的孙胖子戴上老花镜，反反复复地仔细端详，然后放下银票说："我隐约听说，京里要发行新官票，没想到这么快就出来了，上面做事也真够快的了。"

"近来长毛四处犯事，军饷紧急，不快还行。"旁边另一个钱庄东家说："看来浙江也快通行了。"

"这种官票也不知道发行了多少，说的虽然是'属将官票兑换银钱者，与银一律'。但如果这种官票太多，现银不足，那咱们钱庄岂不要蒙受损失了吗？"鸿财的一位大东家摇了摇头，忧虑地说道。

事实也的确如此，表面上看，虽然朝廷规定"愿将官票兑换为银

第七章　胡雪岩智慧解析

票，与银一律"。但是，倘若朝廷节制，官票适度发行，倒还罢了；如果官票无限制滥发，则现银有限，官票无数，届时官票必然大幅贬值。

为了使发行顺利，户部规定各省布政司衙门，每省必须吃下官票若干。然后，再由各省布政司衙门，通令省内钱庄或票号等民间金融机构，强制分摊，全数吃下官票。也就是，朝廷凭空发行纸钞（亦即官票），强制兑换民间现银。

然而，就在众人犹豫担心的时候，胡雪岩心里已经拿定了主意，他认为："乱世出英雄。越是乱的时候，越有机会。凡事有其弊必有其利。最关键的是，一定要随时抓住利的一面，就会永赚不赔。"他对刘庆生说："京里发放这种官票，只不过是想聚敛银两，充实军饷，以对付长毛。我看长毛，胜则弥骄，败则气馁，不拾人心，甘于守成，必不能成大器。现今官兵得西洋利器相助，左、曾二位大人又带兵有方，故长毛必败。因此，无论亏盈，我都要帮官兵打赢这场仗。只要官军铲除了长毛，世间太平，朝廷必将感激。到时候，无论做什么生意，朝廷必将一路放行，这哪有不发的道理？你明白了吗？记住，做生意要将目光放远，生意做得越大，目光就要放得越远。不要怕投资过大。只要能用在刀刃上，投资都会收到事半功倍的效果。因此做大生意，一定要看大局，你的眼光看得到一省，就能做下一省的生意；看得到一国，就能做下一国的生意；看得到国外，就能做下国外的生意；看得到天下，就能做天下的生意。"

胡雪岩的这番话是刘庆生闻所未闻的，联想到胡雪岩在王有龄身上"投资"一事，不由得大为钦佩，暗自赞叹："胡雪岩不愧是胡雪岩，其眼光之深邃，绝非常人所能及也。"

两天后，杭州钱业公所召集同行开会，商讨如何处理上头交下来的二十万两"户部官票"。杭州城里大大小小钱庄老板，无不哭丧着脸。那次同业聚会，胡雪岩没有参加，但他事前明白告诉"阜康钱庄"档手刘庆生："我们现在做生意，就是要帮官军打胜仗。只要能帮官军打胜仗的生意，我们都要做。哪怕是赔钱生意，照样要做。这不是亏本，是提前放资本下去，有朝一日官军打了胜仗，天下一旦太平，到时候什么生意不好做？到时候，我们是出过力的，公家自然会报答我们，做生意处处方便。"

正因为有了胡雪岩的如此指示，刘庆生才敢在众人犹豫观望之际，主动站出来一下子认购了两万。当时杭州城里加上新开业的阜康,共有大同行九家,小同行三十三家。按大同行一份,小同行半份,阜康一下子就挂了头牌。在阜康的带动下,各钱庄认购踊跃,结果二十五万的"户部官票"还不够分。在兵荒马乱的年月,能出现如此景象,实在难得。阜康的行为不仅得到了同行的赞赏,而且还得到了朝廷的褒奖。阜康这块招牌,一下子就在官商两界响亮起来,经过阜康钱庄,转兑、私蓄的朝廷官员也越来越多。

## 你比我巧,我比你更灵

"变则通,通则活"是一个人人皆知的成功之法。的确,每个人在求取自己的成功梦想时,总会碰到难题;如果这样,你不妨随时而变,见机行事,就会别开洞天。我们知道,曾国藩就善于求变,以"变"字为人生法则,所以连升十级。纪晓岚也善于求变,听以得到乾隆的赏识。你认识到了变的重要性,关键是能不能做到呢?这要靠你的脑力。同样,做生意必须善断善变,才能做成大事。绝大多数人常犯的错误是:过于急着抛头露面,而不会等待时机。在生意场上经历过风风雨雨的人,有时有面子,有时没面子,但追求成功的决心未变。等一等,就是最保险的。胡雪岩的善变方面可谓巧妙;善谋善断,做到了"你比我巧,我比你更灵"。

在清朝咸丰年间,太平天国运动席卷江南,占领了浙江省城杭州。巡抚王有龄自尽殉职,炙手可热的红顶商人胡雪岩只身得免,逃至上海。虽然幸免于难,但胡雪岩孤家寡人滞留上海洋大人租界,心思犹兀自魂牵梦萦,叨念着杭州。一方面是挂念王有龄安危;另一方面,则是老母妻小未曾脱出,音讯茫然,生死不明。

杭州被太平军占领,音讯辗转传到上海。王有龄固然是死了,但胡家满门却因为应变得法,及时走脱,躲到乡下,阖家老小平安。

有道是"大难不死,后祸不止",麻烦事不打一处来,一波未平,一波又起。虽说胡家满门皆告平安,但杭州城里所谓的"地方士绅"却颇有不少人为太平军做耳目。于公,这些人告诉太平军,杭州城里有胡雪岩这么一号人物,是办粮台搞后勤的好手,虽然人跑到上海,但家眷还留在杭州附近,可以其家眷为饵,要挟胡某人来归;于私,这帮衣冠中人打算借机掏弄胡雪岩，榨点银子花花。

这项消息传到上海洋人租界，传到胡雪岩耳里，让他又急又气。急的是老母、妻子、儿女的安危。气的是这些所谓的"地方士绅"，平常在乡里望之还似人君，开口王道，闭口朝廷，好像人人都是忠臣，个个都是孝子；如今太平军只不过席卷东南半壁，还没打过长江，这些家伙马上就露出尾巴。

平常人要是碰到这等事体，大概也没辙了，只好乖乖打算回杭州，听任新贵摆布。但是，这些家伙这次却踢到铁板，低估了胡雪岩，结果偷鸡不成蚀把米，先发制人却受制于人，到头来被胡雪岩吃得死脱。

胡雪岩的手法简单而高明，他走门路请人写了一纸公文，以他"浙江候补道兼团练局委员"的身份，上书闽浙总督。这公文里说，虽然他在城破之前，已经先行逃到上海，但是，临走前在杭州已有布置：已经暗中与杭州城中士绅某某某、某某某等约定，请该等士绅保护地方百姓，并且暗中布置，将来官军一到，就相机策应。这些人都是公正士绅，心在朝廷，现在虽然替太平军做事，但将来官军收复杭州之后，不论这些士绅当过太平军什么官职，都请既往不咎，并予重用。

然后，胡雪岩走门路请闽浙总督快速批示这公文，并由胡雪岩取得副本，而胡雪岩则请人将公文副本带到杭州，交给"地方仁绅"。这封公文既狠又贼，耍的是两面手法：一方面，让这些所谓的"地方仁绅"知道，胡雪岩替他们在官军那面讲了好话，将来要是政府军光复杭州，他们可保无虞；另一方面，也让这些仁绅知道，要是他们胆敢与胡家老少过不去，那么，胡雪岩只要把这封公文的副本送给太平军，光是"相机策应官军"，罪名就够抄家灭门。

计策果然是好计策，公文副本托人送到杭州之后，没过多久，胡家老小就平安脱险，悉数被送到上海，与胡雪岩团圆。

胡雪岩做事总是随时而变，见机行事，急缓相宜。生意场上，充满了搏杀，也充满了凶险，往往一着不慎，满盘皆输。而且生意越大越难以照应，也就越容易出现疏忽。因此，驰骋于生意场上，不能恃强斗狠，也不能大意粗心。一事当前要谋定后动，未雨绸缪，是生意人一定要记取的。当然，你必须牢牢记住这句话："你比我巧，我比你更灵！"

## 不守一方，灵活出击

精明的商人把做生意看得如同下一盘棋，要时时懂得以变应变。也就是说，做生意应当有活络术。所谓活络就是善变，要能够多方位撒开网。胡雪岩有一句至理名言："天变了，人应变。""天"即指时势时局之意。"天变了，人应变"，其意是指时势时局变化了，人也应该做出与之相应的改变与调整以顺应时势与时局。可以把胡雪岩的活络术概括："不守一方，灵活出击。"

为自己开拓财源，要有精明的生意人的眼光，要能看得准，看得远；同时还要眼界开阔，头脑灵活。所谓眼界开阔，头脑灵活，简单地说，就是不要死守住一个自己熟悉的行当，而要善于在其他行当中发现可以开发的财源，说到底，也就是要时刻想着去不断地寻找新的投资方向，不断地扩大自己的投资经营范围。一个生意人如果只能看到自己正在经营的熟悉的行当，最终只会是抱残守缺，连正在经营的行当都不一定经营得好，更不用广开财源了。

因此，做生意一定要做得活络。

做生意要活络，应该有两层意思，一是不要死守一方天地，要能根据具体情况做出灵活反应；二是反应要迅速，想到了就立即着手去做，不放过任何一个机会。

胡雪岩的生意就做得活络，在他驰骋商场一步步走向鼎盛的过程中，他灵活机动，四下出击，真可谓是一步一个点子，一路一趟拳脚，一动一套招式，而招招式式都能为自己点化出一条财路。

胡雪岩为自己的蚕丝生意和帮办王有龄湖州官府的公事，几下湖州，结识了湖州颇有势力的民间把头、现正做着湖州"产房"书办的郁四。胡雪岩凭着他的仗义和识见，也因为他帮助郁四妥善处理了家事，深得郁四敬服。为了报答胡雪岩，郁四做主，为胡雪岩娶了寡居的芙蓉姑娘做"外室"。

芙蓉姑娘的娘家本来也是生意人，祖上开了一家很大的药店，牌号"刘敬德堂"。"刘敬德堂"传至芙蓉姑娘父亲一辈时也还有些规模，不想她父亲十年前到四川采办药材，舟下三峡，在新滩遇险船毁人亡。她的叔叔外号"刘不才"，本来就是一介纨绔，极尽挥霍还特别好赌，接

下家业不到一年就无法维持,药店连房子带存货都典给了别人,自己落得以告贷为生。不过这刘不才也有一项特别,就是俗话说的"瘦驴不倒架",还有那么一点顾及脸面的硬气。比如自己潦倒到了极点,却还死活不同意侄女芙蓉给人做"偏房",说是我们刘家穷是穷,但也没有把女儿给人做偏房的道理。芙蓉再嫁,他死活都不想认胡家这门亲戚。再比如潦倒归潦倒,但即使到了告贷无门的地步,他都不肯押出自己手上的几张祖传的秘方。以为只要秘方还在,"家底"就还在,心里还想着有一天要重振家业。

胡雪岩娶了芙蓉姑娘,这位不想认他这门亲戚的刘不才自然也是一个麻烦。不能不管,在一般人看来又确实是没法管。这时胡雪岩可以有两个选择:一是按郁四的想法,送刘不才一笔银子打发了,不再与他发生任何关系,一是按芙蓉的想法,由芙蓉劝动刘不才拿出那几张祖传秘方,胡雪岩帮忙卖它万把银子,让他自己去过活。

胡雪岩却不这样想。他一定要认了这门亲,他要借刘不才开一家自己的药店。他凭着自己的眼光,一下子就看出药生意在此时也将是一个相当不错的财源。这乱世当口,其一,军队行军打仗,转战奔波,一定需要防疫药;其二,大兵过后定有大疫,逃难的人生病之后要救命药。因此只要货真价实,创下牌子,药店生意就不会有错。而且,开药店还有活人济世行善积德的好名声,容易得到官府支持,在为自己赚钱的同时,还能为自己挣得好名声,何乐不为?自己不懂这行生意不要紧,刘不才懂,只要能够将他收服,迫他改掉身上的毛病,他就可以当起大用,而且他手上的那几张祖传秘方也正好可以充分利用。这些想妥之后,胡雪岩请郁四帮忙,摆了一桌"认亲"宴,就在这认亲宴上便谈妥了药店开办的地点、规模、资金等事项。

胡雪岩的"胡庆余堂"也就这样立起来了。在其后的几十年中,"胡庆余堂"成为名闻天下的老字号药店,不仅成为胡雪岩的一个稳定财源,也为他挣来了"胡大善人"的好名声,对他的其他生意也带来了极好的影响。

一个钱庄老板,在本业之上还要去做蚕丝生意销"洋庄",在做着蚕丝生意的时候又想起开药店,胡雪岩这四面出击,不断为自己广开财源的灵活,确实不能不让人叹服。事实上,做生意最没出息的,大概就是死守着一方天地。一笔生意再大,也只能有一次的赚头;一个行当再赚钱、也只是一条财路。显然，要广开财源，死守着一方天地是绝对不行的。胡雪岩说，做生意要做得活络。这里的活络，自然包括很多方面，但不死守一方，灵活出击，而且想到就做，决不犹豫拖延，应该是这"活络"二字的精义所在。

## 善于使用"连环计"

哲学家休谟曾经说过："一切都是有联系的，没有联系就没有事物的存在。"这句话揭示了一个客观真理——世界上万事万物之间的联系都是普遍的、客观的。

既然如此，那么，我们在思考问题、处理问题的时候，就应该考虑到事物之间的相关性、连环性。基于这个道理，我们在事情的谋划上就要善于利用事物之间的联系性，使用连环计，环环相扣，才能收到很好的效果。其中一环失败，就有可能使事情朝着相反的方向发展了。就像自行车的齿轮和链条，只有所有的齿轮都是好的，链条才能正常工作，如果其中一个出现了问题，就会运转失灵，甚至还有可能让人从车上摔下来。

晚清红顶商人胡雪岩是一个十分善于使用连环计的高手。他曾说过："用连环计，要计计相连，环环相扣，滴水不漏，方能有效。"

为了跟上海"隆昌"米行作斗争，保住自己的信誉和生意，胡雪岩就使用了一套环环相扣的连环计。

"隆昌"米行在上海同行中算数一数二的商家，但它的老板石三官却是个纨绔子弟，整天就知道玩，不会管理也不愿管理生意，只是坐在苏州的家里等着利润的到来。真正管事的是总管谭柏年。谭柏年是石三官的舅舅。因为有了这层关系，石三官对谭柏年特别放心，让他做"代理掌柜"，行使掌柜的职权，每年只需按时把赚来的银子交来就行了。

谭柏年也真是有能力，把米行经营得非常好。可是他为什么不自己开一家米行，而非要寄在外甥的篱下呢？难道他的追求就只是帮助外甥打理生意？

当然不是！因为种种变故，让他失去了自己做生意的本钱，只好给别人打工。但他并不安于外甥给他优厚待遇的现状，他有自己的想法。他明白，要做老板，得靠自己的手段。但他还看不上在账目上做手脚那样的小把戏，他要做"大事"。他一直在寻找着机会。

那一年苏州风调雨顺，乡下的谷米得到了大丰收，"隆昌"米行趁机敞开收购，库房里囤积了上万石新米，需要寻找合适的买主。谭柏年干米行生意有三十多年了，对这一行的业务和"猫儿腻"了如指掌，他感觉自己的机会快要来了。

有一天吃完早饭，谭柏年让手下人备轿，他要去见一位重要的客商。一路上，谭柏年的脑子在飞快地转动，思考着见面时要说的话、做的事。

这个神秘人物是谁呢，让谭柏年这么费尽心机？原来是他的故交潘家祥。

这个潘家祥可不是一般人，而是山东的米商大户。他前一天到的上海，还是谭柏年去码头迎接的。谈话中，潘家祥说要在上海收购大批谷米，运往北方。因为此前，他在《申报》上看到一则快讯，说齐鲁地区遇到大旱，庄稼歉收，急需大米救灾。消息得到证实之后，潘家祥自然不会放过这个挣钱的好机会。这个消息令谭柏年心头为之一震，他的第一反应就是做成这笔生意。

但上海米行非常多，同行竞争很激烈，这个大馅饼最后究竟会落到谁的嘴里呢，不知道以他和潘家祥的关系够不够分量？

谭柏年知道潘家祥资本雄厚，对零碎买卖不屑一顾。一些小米行不会被他列入考虑范围，而能看得上眼的大米行，上海也就三五家。谭柏年综合各方面因素分析，给这几家米行排了一个先后顺序，"隆昌"排在前三名，可以放手一搏。

谭柏年是个眼光高的人，也喜欢做大买卖，报损率高，回扣也相当可观。如果这次囤积的米全部出手，除了交给石三官的那部分利润，自己还能留下一大笔外快，这才是他想要的。

然而，"天有不测风云"，谭柏年到了潘家祥那里才知道，他已经与胡雪岩签了合约，并将合约掏出来给谭柏年看，以示真诚。

生意人都知道，做生意只有板上钉钉的事情才会告诉别人。这给了谭柏年一个出其不意的打击，他一时没了主意，心里暗骂：姓胡的也太狠了，竟然把手伸到了上海，从虎口里夺食！

也难怪谭柏年没有想到，因为胡雪岩当时在浙江管理海运局，改漕运为海运，干得很不错，在商界很有名气。但没想到他会半路杀出来，跟上海的米行抢生意。谭柏年之所以没有把胡雪岩列入名单，是因为海运局主要收购谷米北运，与潘家祥干的是一样的生意，而不是卖米。可是他这一来，把谭柏年胸有成竹的如意算盘打落了，怎么不叫他心痛和气愤呢？

但谭柏年不会就此罢休，他凭借自己的三寸不烂之舌，以及在商场打拼学会的伎俩，终于说服潘家祥跟胡雪岩毁约，转而跟他合作。

潘家祥提出毁约，并答应付给胡雪岩一笔违约金。但胡雪岩并没有因为白白得到对方的一笔赔付而高兴，反而陷入了深深的烦恼中。

胡雪岩这次出售大米，并没有故意抢人生意的计谋，而是真的想做一次米行生意。他认为，做生意要活络，招数只有出奇，才能达到理想的效果。

大家都知道，海运局向来是只买不卖，但胡雪岩看到了当时卖米会大赚的商机，便想做一次这样的买卖，赚一笔银子，再转入常规运作。所以，他不想拖得太久，迫切需要寻找大宗买主，迅速成交。一方面怕引起米行的注意，产生竞争，难以脱手；另一方面怕影响海运局下一步的工作。

但没想到潘家祥听了谭柏年的挑唆，单方面毁约。他的毁约，让胡雪岩尝到了失败的滋味，倘若再传出去，以讹传讹，有损胡雪岩的信用。因为潘家祥是一个大商人，垄断了北方民间的粮米市场，在商场中有非常大的影响。而胡雪岩向来以诚为本，视信用为生命，如今竟不能取信于潘家祥，又怎么在商场中生存？

于是，胡雪岩下定决心要争回自己的信誉和利益。他稍加思索，便想出了一套连环计，然后就开始行动。

第一环：找出谭柏年的"狐狸尾巴"。

俗话说：苍蝇不叮没缝的蛋。胡雪岩从出道以来就在商场混，很善于抓住对手的弱点和疏漏。凭他的直觉，大老板不在店内主事，谭柏年身为总管，肯定会营私舞弊，公饱私囊。哪有不想当将军的士兵？哪有不爱财的生意人？石三官给谭柏年那么大的权力，他没有劣迹才怪！

胡雪岩以前也跟谭柏年打过交道，于是，他搜肠刮肚，仔细回想每一个细节。忽然，一个镜头闪过：当时跟谭柏年做生意，讨价还价时，发现他并不在乎价格，只要求保证有一厘二的回扣，并要求把钱存到他个人在"裕和"钱庄的户头上。凭着商人的敏感，胡雪岩觉得这笔钱

有问题,如果是替东家赚的钱,必然跟其他钱一起存入一个户头。谭柏年这样做,说明他私吞了这笔回扣,而他的老板却一点也不知道。生意场上,总管欺瞒老板,"账房吃饱、老板跌倒"的现象比比皆是,胡雪岩已经见怪不怪了,所以当时也没有想什么。但这次必须把这些事情搬出来才管用。如此看来,谭柏年私吞的回扣不会是一笔小数目。如果真是这样的话,他说服潘家祥毁约、与"隆昌"合作,肯定是为了一大笔回扣,肯定说了胡雪岩一大堆坏话。

胡雪岩想到这里,有了一丝笑意。

第二环:揪出谭柏年的"罪行"。

胡雪岩装作没事人一样,悠闲地来到"裕和"钱庄,说要存二十万两银子,但有一个条件,让总管把谭柏年的存款数目告诉他。

钱庄总管看到胡雪岩这个大客户,再加上当时钱庄资金紧张,果然二话没说,把誊写的明细账送过来,上面清清楚楚地记录着谭柏年每次存款的数目和日期。

胡雪岩非常高兴,立刻按谭柏年每次存款的数目,推算出近几年"隆昌"米行的经营状况。胡雪岩不光掌握了谭柏年的"罪行",更掌握了"隆昌"米行的商业机密。

第三环:成为"隆昌"米行的股东。

胡雪岩让伙计假冒"裕和"钱庄的人,以送账单之名,故意把谭柏年在"裕和"的存款和利息单"误"送到"隆昌"米行大老板石三官家里,使他知道了自己亲舅舅谭柏年的"罪行"。然后,胡雪岩又找到石三官,说要帮他整顿米行,挽回损失,但要入股百分之三十,并负责米行的事务,石三官欣然同意。

第四环:让谭柏年乖乖听命。

胡雪岩知道,对付谭柏年这种人就要"狠"一点。他出示了谭柏年的罪证,并给他两个选择:第一,把他送官处置;第二,改邪归正,安心管理米行,听他差遣,薪水翻倍。在胡雪岩的"威逼利诱"之下,谭柏年知道了胡雪岩的厉害,他权衡利弊,只好下定决心,死心塌地替胡雪岩效力。胡雪岩让他先等候命令,不要轻举妄动。

原来,胡雪岩觉得,潘家祥既然敢单方面毁约,一定是对自己的信用产生了怀疑,如果贸然劝他信守合约,光凭一张嘴,他肯定不会同意。只有再定一个计策,让他自己钻进来,他才会无话可说。

第五环：让潘家祥心服口服。

"隆昌"米行出了那么大的变故，潘家祥一点也不知道，他还是对他的老朋友谭柏年深信不疑。签约付完定金之后，潘家祥就急忙返回了山东，寻找销售谷米的合作伙伴。

当时，旱灾非常严重，朝廷要求开仓赈济灾民。当各地粮道知道潘家祥买米回来的消息后，纷纷前来拜访，都希望他提供米源，因为朝廷公仓空虚，漕米也迟迟不到，远水解不了近渴。但由于官府出价太低，潘家祥都没有当时给予答复。

正当潘家祥在物色大的代理商时，胡雪岩暗中请的直隶粮道突然来访，说急需购买大批谷米，安抚直隶的灾民。

这位粮道大人十分着急，与其他粮道不同，出手很大方，答应以每石十五两银子的价格，购买两万石。潘家祥大致算了一下，快高出进价两倍了，除去运费等各项开支，还净赚十多万两银子。他心中暗喜，脸上却没有任何表现，还大倒苦水："江南战乱频仍，谷价腾贵，购之不易，路途迢迢，成本高昂，我已蚀不起老本，不敢多做了。"

粮道大人当然知道他是在讨价还价，于是每石又给他加了二两银子，十七两银子一石。潘家祥见火候差不多了，便同意了。

当场签合同、付定金，手续齐备之后，粮道大人意味深长地说："救灾如救火，还望潘公信守合约，按此交割。耽误了公事，可不是闹着玩的。"潘家祥拍着胸晡说："请大人放心，绝对没问题！"

送走了粮道大人，潘家祥一刻也没有耽搁，急忙回到上海，他已经雇了二十多条快船，万事俱备，只等谭柏年来交货。

眼看着再有一天就返程了，却不见"隆昌"米行有任何动静，船老大着急了，来客栈问潘家祥哪天装船。潘家祥一听到米还没有来，可是着急了，正在抽着的烟也扔了，一骨碌从床上翻下来，赶紧去"隆昌"问个究竟。谭柏年忙满脸堆笑，连声道歉，说米行已经换了老板，他做不了主，大小事情都要问胡雪岩。

潘家祥刚要发作，说谭柏年不仗义之类，却见胡雪岩倒背着手，不紧不慢地从里屋踱出来，便明白中了胡雪岩的圈套。但是交粮日期迫在眉睫，换米行肯定来不及了，如果耽误了朝廷的期限，可要吃不了兜着走，因为他也知道那位粮道大人是胡雪岩的至交……这样一想，潘家祥更害怕了，惊出一身冷汗。

事情到了这个地步，潘家祥不服输也不行，只得以每石二十两银子的价格从胡雪岩那里买了两万石米。这样一来，胡雪岩利用连环计，反败为胜，不仅挽回了自己的信誉，还净赚了十万两银子。

胡雪岩利用这种连环计，环环相扣，战胜了对手，征服了合作方，不仅保住了自己的信誉，还趁机赚了不少银子。他的这种手法可谓高明。

如果一个人做事的谋划之法能够修炼到这种程度，在不违背法律，不丧失道德的前提下，实现自己的目标，那他就"攻无不克，战无不胜"了。

## 做大生意必须求奇

经商必须求奇，做大生意也必须求奇。胡雪岩的一生的确是极为奇特复杂的一生，他是我国封建社会商人经营、发达的深缩，更兼终结了旧式的传统商人，开启了中国新式商人的先路。所以，鲁迅先生称他为"中国封建社会的最后一位商人"。"最后"有三层含义：一是"集大成者"；二是"承前启后"；三是"不再出现"。这一定位恰恰又体现了胡雪岩在商业史上的地位特殊性，这又是一"奇"。

"胡雪岩，商贾中奇男子也，人虽出于商贾，却有豪侠之概。"这是左宗棠在奏折中的一句话。奇，有"独特""特别""罕见""与众不同""重要"之意。这个"奇"字纵览了胡雪岩之一生，真实、贴切地反映了胡雪岩之特点。真可谓概括之精妙。

胡雪岩的"奇"是一生经历之"奇"。清代陈代卿在《情节斋文存》中这样评述胡雪岩离奇的一生："游刃于官与商之间，逐追于时与势之中；品尝了盛衰荣辱之味，尝尽了生死情义之道。"

就个人的价值实现层面来看，胡雪岩一生中体味到了正二品"红顶商人"、家财亿贯的极盛极荣，又品尝到了家败世衰、家破人亡的极衰极辱。这样大的反差的经历集于一人，在历史上也属少见。

就个人情感上而言，无论是友情、爱情与亲情，其间的虚伪、欺骗与狡诈，真挚、诚实与倾心，都在胡雪岩一人情感心路中影印出来了。

胡雪岩的创业、发达也乃一"奇"。创业之"奇"一在"快"，胡雪岩在短短的十年间，就从一个地位卑微、一贫如洗的店员发迹到富甲天下的豪贾；二在其白手起家。而恰恰又是这两点迎合了广大创业者的胃口，给那些渴望成功之人以勇气与希望。

"人创造了环境，同样环境也创造了人。"当然，胡雪岩创业发达之"奇"，也必然有赖于他所处的时代之"奇"。我们都知道，胡雪岩所处的时代既有内忧外患频仍交袭的创痛，又有新潮激荡、网罗打破的感奋。这是一个忧患与希望并存，机遇与挑战同在的时代，而他正是在这个大变动的时代中把握住了机遇，成就了一代巨贾。这也是一个剧变激烈、震荡翻天的时代，也正是这样一个起伏巨大、跌宕冗起的环境，才使得胡氏有如此巨大的起伏。

如果说时代之"奇"是"机遇"、是"天助"的话，那么，谋略之"奇"则是胡雪岩自身具备善抓机遇的本质与能力，是"自助"。浸于几千年中国传统谋略之中的胡雪岩，可谓将古代谋略充分地运用于生意场上，并对中国古代商人的经营手法做了一个全面的总结与提升。连环计、双面手法、美人计；营销、扬名、借势、用人、用情、用义等等皆见于其一生之中。

活动方式之"奇"也映现了胡雪岩一生的特点。胡雪岩的时代恰好是一个新旧、东西接触博弈的时代，这导致了胡雪岩一生的活动方式也是一个新旧、东西交合的形态。办钱庄与贩军火，买卖商品与做期货；凡是可能做的，凡是他知道的；无论是中国的还是西方的，他都做。也许正是他这种包容新旧、中西的，在当时属于创新性的经营活动方式，才促使了他成功。这在当时来说，也不得不说是一"奇"。

更重要的是，我们认为胡雪岩的面经之"奇"，它给胡雪岩充分施展才能提供了一套应对方法，什么事在他手上都不成为事，什么人在他面前都是可用之人。可见，胡雪岩是以前面三个"奇"字取胜天下的。

## "方圆"之士，能伸能屈

如果一个人在为人处世中过分地拘泥于教条，方方正正，棱角分明，必然碰得头破血流。相反，如果处世待人毫无原则，八面玲珑，过于圆滑，必将众叛亲离。只一味急功近利，求胜过于心切，而不懂得灵活变通，委曲求全，到头来必然会撞得头破血流，想伸反而伸不成，不愿屈也得屈。在官场商海中久经历练的胡雪岩正是一个"方圆"之士，

能伸能屈之人。

胡雪岩圆融的处世态度，无非是外圆内方，可伸可屈。在保持大方向不变，坚持基本原则不改变的前提下，总要想方设法使事情完美无憾，使自己有后路可走。

胡雪岩是务实的，因而能毫无羁绊地表现出这种圆世态度来。这种态度，开宗明义就是先要生存，后要过好，然后再慢慢地培养人与人之间的感情和温暖来。在大前提不被改变的情况下，没有什么固定原则，往往是随机应变，故而表现为通、活、融、满、屈、伸。

胡雪岩对方与圆、屈与伸的掌握与运用，可谓达到了出神入化炉火纯青的地步。

胡雪岩家境贫寒，自幼在钱庄学徒，读书甚少。

胡雪岩唯一能行得通的，便是说大家爱听的话，做大家愿意的事。大家怎么说，我就怎么说；大家怎么做，我就怎么做。为人处世能做到，体察了人心的喜怒哀乐，顺随了人们的爱憎欲恶。一旦做到了这两点，万事无不可遂，人心无不可得。

胡雪岩的不同正是在这里。他一生下来就家境贫寒，失去了读书机会，只能入钱庄学徒。对一个钱庄的学徒来讲，认准了圆融的处世哲学，一条路走下去，倒不是很难的事。

圆能打通关节，可以使看似无可挽回的事情走出死胡同。胡雪岩押运洋枪，由沪去浙，便遇到了一桩麻烦事。本来，这批洋枪，由松江漕帮协助运到浙江地面。可是人到松江，却发现松江魏老头子的旧友俞武成，已经和太平军布置停当，只等这批军火一入内河，就动手截留。

胡雪岩分别拜访两面朋友，才知大水冲了龙王庙，情势十分尴尬。胡雪岩心中忧虑，心里也在打算：如果俞武成不是魏老头子的"同门弟兄"，若是这批军火，不是落到太平军手里，事情也好办，只要派些官兵就可以了。当时的情景是投鼠忌器，形成了进退两难的局面，胡雪岩也一时难有善策。

当时松江魏老头子出于义气，决定断绝与俞武成的交情，帮助胡雪岩阻止俞武成动手。

江湖上兄弟二人反目，虽事出无奈，却也无可挽回。胡雪岩却运用圆融的手段，要把这场棘手的纠纷摆平了，抚圆了，使朋友之间的情分得以继续维系下去，彼此谁也不伤和气。

胡雪岩的如意妙计,便是搬出俞武成九十岁的老娘俞三婆婆,让她出面说服儿子俞武成撒手让步。这确实非常高明的一招,若能说动俞三婆婆出面干预,俞武成就不敢不依。这么一做,也就不至于使魏老头子因为胡雪岩与俞武成断了多年的朋友交情,使得朋友交恶。

然而,那俞三婆婆却为了儿子的利益,不想帮胡雪岩这个忙。

正因为如此,胡雪岩越发谨慎处之,他一方面表示不愿使松江漕帮处于割断朋友兄弟之情的尴尬境地,一方面又表示不愿请兵护运,怕跟俞武成发生冲突,造成人员伤亡,伤了江湖的义气。

这番话"绵里藏针",表面极软,骨子里却是锋芒毕露,咄咄逼人。俞三婆婆听胡雪岩说到"不愿请兵护运"这句话,心中也十分震惊。话里等于指责俞武成抢劫军械,这是比强盗还重的罪名,一旦朝廷认起真来,灭门有余。

面对如此利害关系,俞三婆婆不得不装出气愤的样子,厉声吩咐俞少武赶快派人把他那糊涂老子找回来!

俞武成为本帮兄弟的生计考虑,急于谋个出路,以致身不由己,受到他人挟制骑虎难下。

胡雪岩凭借了在官场、商场、江湖中游走多年的经验、实力和关系解决,这一点倒不算太难:伏虎,让恶虎归顺了,一切都迎刃而解。

伏虎无非就是收降。他从一个长远的角度通盘考虑形势,深信太平军只是一群平民的一时肆虐,于情势,于力量,都不大可能长久。所以胡雪岩为人处世的总原则是帮官军打太平军,胡雪岩深信只有天下早一日安宁,商业才可以早一日昌盛。这批军火本来为官军运送,遇到了麻烦,也正好可以让官军出面摆平。

胡雪岩很快和俞武成及其他谋划劫持军械的江湖头目达成了协议。由胡雪岩出面报请官府,收服这帮江湖兄弟,发给这批人三月粮饷,事成后编队移地驻防。

既然生路有了,谁又何苦硬往死路上走?劫持军火的江湖势力举手投诚朝廷。

这件事也见出胡雪岩务实求圆的态度、手段和谋略来。为人处世始终奉行以平和的方式解决问题的原则,但也决不过于姑息迁就。原则是要有的,见机行事也是很必要的。

这就是胡雪岩的一种"圆融"。

假定只是魏老爷子卖了人情,与俞武成闹翻,断了手足之情,那么虽然运枪的事情是可以办成的,以后却欠下了魏老爷子的人情,双方交往必然事事放不开。所以魏老爷子的人情可感,却不能那么便宜地卖了就算了。俞武成那里稍有不同,在那里本来彼此陌生,没有人情可言,却必须做人情,做成人情的方法无非是与之同生死,共患难。对方劫军火无非为财为生计,将对方收编,月月发饷解决其生计大事,帮对方考虑周到了,难题解决了,自己的事情也就大功告成了。

这种"方"与"圆"的完美结合,可谓天衣无缝。

## 雁过留声,人过留名

胡雪岩说过:"我常在想,人生在世应该先求名,还是先求利?有一天跟朋友谈到这个疑问,他说:别的我不知道,做生意是要先求名,不然怎么叫'金字招牌'呢?这话大有道理,创出金字招牌,自然生意兴隆通四海,名归实至。岂非名利就是一样东西?"

生意场上,求名是为了求利。自我形象树立起来了,名气响了,"金字招牌"擦亮了,生意也就自然会兴隆起来。这就是所谓名至利归。

胡雪岩在他的"胡庆余堂"创业之初,投入运作的第一步就是要树立名气。他要花大钱办两件事,第一是多卖乱世当口急需的救命药,对买不起药的人,免费奉送。第二,为军中提供只收成本的捐助型药品,比如"诸葛行军散"之类。他要在极短的时间内,为自己创出一块牌子。胡雪岩这一举措受到了一个发生在雍正年间的故事的启发。

雍正年间,京城里有一家规模很大的药店。这家药店制药选料特别地道,连雍正皇帝也很相信他们的药,让他们承揽了为宫中"御药房"供应药品的全部生意。有一年恰逢辰戌丑未大比之年,会试正在三月里,称为"春闱"。由于前一年是个暖冬,没下多少雪,一开春又气候反常,导致瘟疫流行。赶考学子病倒很多,即使勉强能够坚持的,也多是胃口不开,萎靡不振。古时科场号舍极其狭小,人在里面站不直身子,伸不直双腿,而且一连三场考试好几天不能出闱,体格稍差的就支持不住,何况精神不爽的人?

根据这一年的情况,该家药店抓紧配制了一种专治时气的药散,并托内务大臣奏报雍正皇帝,说是愿意将此药散奉送给每一个入闱学子,让他们带入闱中,以备不时之需。雍正皇帝本来就对当年会试能否顺利进行担心,有此好事,自然大为嘉许。于是这家药店派专人守在贡院门口,赶考学子入闱之时,不等他们开口,就在他们的考监里放上一包药散。这些药散的包装纸印得十分考究,上有"奉旨"字样,而且随药包另附一张"仿单",把自己药店有名的丸散膏丹都印在上面。结果,一半是这家药店的药好,一半也是这些赶考学子的运气好,这一年入闱学子中报病号中途出场的,一点也不比往年多。这样一来,出闱的学子,不管中与不中,都上这家药店买药。更重要的是,由此一举,也让这些来自各省的举子把这家药店的名声带到各地,使天下十八省,远至云南、贵州,都知道了京城里的这家药店。这家药店的生意,一下子就兴隆起来了。

胡雪岩要做的两件事,就是取的这一招。乱世当口,逃难的灾民来自全国各地,送药给他们,既为自己赚得济世行善的好名声,又让他们把胡庆余堂的招牌带到了全国各地。而军营里的兵将更是哪里的人都有,让他们用上自己配制的药效奇特的药,使他们都知道胡庆余堂的药好,也就是让天下人都知道胡庆余堂的药好。这样树立起来的名气,比花多少银子雇人遍天下去贴招贴的效果,不知要好上多少倍。

用现代的商业眼光看,胡雪岩的送药举措,其实也就是一种特殊的广告宣传方式。而且是一种一箭双雕甚至一箭数雕的官商之道。第一,为自己挣得了热心公益的好名声;第二,取悦了官方,得到了官方的支持;第三,利用逃难灾民及官军兵将为自己做了大规模的"活"广告,创下了自己的品牌,立定了脚跟。这些条件一经具备,下一步自然就是财源滚滚了。难怪胡雪岩在定下这一谋略之后,曾充满自信地说,只要别人相信我的药好,我就有了第二步办法——"要赚钱了"。

做名气还需要有手腕,有花样。生意场上做名气,翻出新花样,做得热闹些总是需要的,但热闹终归只是手段,诚实才是取信于人的根本点。但"做名气不是光去做花架子,仅靠花架子做出来的名气,是不可能长久的,反而会失去信任和尊重,会把自己逼入死胡同,以至于很难重新再来。要做名气,还是要老老实实地做出自己的'金字招牌'。"胡雪岩灵活变通官商之道,说白了,就是商人与官员间互相利用,互相依靠。商人利用官员手中的权力发财,而官员则利用商人的手为自己捞

银子。一旦你做人不诚,他们就有可能另寻合作者,反正只要他们手中握有权柄,不愁没有愿意讨好巴结者。那么,如何长久地维持这种互利互存的"合作"关系呢?胡雪岩认为必须打造出自己做人的"金字招牌"来,也就是说,只有自己的招牌做大了,让官员放心,才能更好地利用官场势力和被官场势力所利用。怎样打造人生的金字招牌呢?胡雪岩认为金字招牌就是做人的名气,而"做人无非是讲个信义",信义就是名气,就是金字招牌。

孔子曾言:"人而无信,不知其可也。大车无軏,小车无钩,其何此行之哉?"意思是说一个人如果没有信用,不知道他怎么能够在社会上立足,就像牛车没有驾车的横木,马车没有驾马的曲钩,怎么能够行路呢?

信用、信义是一个人立身行事之本,更是胡雪岩灵活变通官商之道的根本。孟子说:"人而无信,不知其可也。"一个不能仗义而行全无诚信可言的人,一定会为众人所不齿。

守信,是树立良好的企业形象,赢得人心的关键举措。在这方面,古人已经堪为楷模,认为取信于民,讲求信誉才是各项政令、各项举措得以顺利实施的保障。

秦国商鞅变法时,为了取信于民,特在秦国国都咸阳的南门外竖起一根长木,张榜宣告说无论谁把长木搬到北门外,都将赏赐五十金。有个人抱着试试看的想法把长木扛到北门外,结果他令人难以置信地得到了五十金。通过这一件事,全国人都知道商鞅守信用,有诺必应。新法公布之后,没有不遵守的。

不过,在一般人的眼里,商人似乎是一个例外。在大多数人看来,商人似乎都有几分偷奸耍滑的手段,是靠偷奸耍滑、尔虞我诈赚取不义钱财的,因而商人无信义可言,譬如大多数人都会不假思索地接受"无商不奸"的说法。甚至许多生意人自己也抱定这样一种看法,以为没有一副心狠手辣的肚肠,心不黑,脸不厚,缺少几分坑蒙拐骗的伎俩,不懂一点取利投机的技巧,就赚不来钱,至少赚不来大钱。因此,许多生意人自己也能接受为商必奸的说法。

事实上,商务运作中是最要讲究信用的,没有信用,坑蒙拐骗,偷奸耍滑,生意最终不可能长久。因此,在胡雪岩的经商生涯中,他经常说:"做人无非是讲个信义。"其实,做生意与做人,本质上应该是一致的,一个真正成功的商人,往往也应该是一个讲信义之人。比如胡雪岩,就可以称得上是一个一等一的仗义守信的成功商人,也可以说他的仗义守信,正是他能够获得比一般人大得多的成功的重要条件。

胡雪岩的仗义守信从下面这件事情上我们可以略见一斑。胡雪岩的钱庄开业不久,接待了一位特殊的客户。傍晚时分,一名军官,手里提着一个很沉重的麻袋,指名要见"胡老板"。

等胡雪岩被从家里找来,这名军官把姓名和官衔报了出来:"我叫罗尚德,钱塘水师营十营千总。"然后,把麻袋解开,只见里面是一堆银子,有元宝,有圆丝,还有散碎银子。随后罗尚德又从怀里掏出一叠银票,放在胡雪岩面前。

"银票是八千两,银子回头照秤,大概有三千两。胡老板,我要存在你这里,利息给不给无所谓。"

胡雪岩虽然觉得有点奇怪,但还是答道:"罗老爷,承蒙你看得起小号,我们照市行息。不过,先要请问,存款的期限是长是短?"

"就是这期限最难说。"罗尚德仿佛遇到了极大的难题。

"这样吧,存活期。不论什么时候,罗老爷要用,就拿着折子来取好了。"

"折子倒不要了。我信得过你。"

事情越发奇了,胡雪岩不能不问:"罗老爷,这我倒要请教,你怎么能存一万多银子,连个存折都不要?"

"要跟不要都一样。胡老板,我晓得你的为人,抚台衙门的刘二是我同乡,我听他谈起过你。"

听了他这几句话,胡雪岩大为感动,一个素昧平生的人,竟然如此信任自己。不过,胡雪岩心想,以罗尚德的身份、态度和这种异乎寻常的行为,这笔存款既可能是一笔生意,也可能是一种麻烦。

当然,有官场靠山的胡雪岩,并不怕什么麻烦,而是觉得罗尚德对自己的信任,便是对阜康信誉良好的明证,于是便用很亲切随便的语气说道:"罗老爷,看样子你也喜欢'摆一碗',咱们边吃边谈,好不好?"

"要得!"

在准备酒菜的空当,胡雪岩照规矩行事,把刘庆生找来,招呼两名伙计用天平秤麻袋里的银子,当着罗尚德的面点清楚,连银票总共是一万一千两挂点零儿。胡雪岩建议,存个整数,零头由罗尚德带回,他同意了。

银票收拾停当,酒菜已经送到。结果,这一摆,胡雪岩了解到罗尚德是四川人,家境相当不错,但从小不务正业,吃喝嫖赌,无所不好,是个十足的败家子,因而把父母气得双双亡故。罗尚德从小订过一门亲,女家也是当地一个财主,见他不成材,虽未提出退婚的要求,却是一直不提婚期。好赌的罗尚德对于娶亲并不放在心上,没有赌本才是让他最伤脑筋的事,不时伸手向岳父家要钱,前后共用去岳父家一万五千两银子。最后岳父家托媒人来说,只要罗尚德同意退婚,可以不要这一万五千两银子。如果罗尚德肯把女家订婚时的庚帖退还,他另外再送一千两银子。不过,希望他今后能到外地谋生,免得在家乡沦为乞丐,给死去的父母丢脸。这对罗尚德是个刻骨铭心的刺激,当时就当着媒人的面,撕碎了庚帖,并且发誓说,做牛做马,也要把那一万五千两银子还清。罗尚德后来投军,辛辛苦苦十三年熬到六品武官的位置,自己省吃俭用,积蓄了这一万多两银子。如今已经接到命令要到江苏与太平军打仗,没有可靠的亲眷相托,因此拿来存入阜康钱庄。他将银子存入胡雪岩的阜康钱庄,既不要利息,也不要存折,一是因为他相信阜康钱庄的信誉,他的同乡刘二经常在他面前提起胡雪岩,而且只要一提起来就赞不绝口。二来也是因为自己要上战场,生死未卜,存折带在身上也是一个累赘。

得知罗尚德的具体情况,胡雪岩心里盘算了一下,说道:"罗老爷,承蒙你看得起阜康,当我是一个朋友,那么,我也很爽快。你这笔款子准定作为三年定期存款,到时候你来取,本利一共一万五。你看好不好?"

"这,这怎么不好?"罗尚德惊喜不已,满脸的过意不去,"不过,利息实在太多了。"

"这也无所谓,做生意有赔有赚,要通扯算账。你这笔款子与别人的不同,有交情在内。你尽管放心去打仗,三年以后回重庆,带一万五千两银子去还账。这三年,你总另外还有收入,积下来就是盘缠。如果放在身边不方便,你尽管汇了来,我替你存入账,照样算利息给你。"

"胡老板,怪不得刘二爷提起你来,赞不绝口,跟你结交,实在有点味道。"

"我做人的宗旨就是如此!"胡雪岩笑道:"俗话说得好:'在家靠父母,出门靠朋友',我是在家亦靠朋友。好了,事情说定了,庆生,你去立个折子来。"

"不必,不必!"罗尚德乱摇着手,"就是一句话,用不着什么折子,放在我身上,弄掉了反倒麻烦。"

"不是这样说!做生意一定要照规矩来,折子还是要立。你说放在身上不方便,不妨交给朋友。"

"那我交给你。"

"也好!"胡雪岩指着刘庆生说,"交给他好了。我这位老弟,也是信义君子,说一句算一句,你放心。"

罗尚德非常感动,回到军营后讲述了自己在阜康钱庄的经历,使阜康钱庄的声誉一下子就在军营中传开了。许多绿营官兵把自己多年积蓄的薪饷甘愿"长期无息"地存入阜康钱庄。钱庄自然是靠储户吃饭的。当时胡雪岩的钱庄是新开,根本没有多少资金流通,可以说军营中官兵的这些存款成了阜康钱庄的"第一桶金"。

后来的事实也充分证明,胡雪岩做人的确是仁义尽至,讲信用讲到了家。罗尚德在战场上战死前,委托两名同乡将自己在阜康的存款提出,转至老家的亲戚家。罗尚德的两位同乡没有任何凭据就来到阜康钱庄办理这笔存款的转移手续,原以为会遇到一些刁难或麻烦,甚至还担心阜康钱庄会乘机赖掉这笔账。不料想阜康钱庄除了为了证实他们确是罗尚德的同乡,让他们请刘二出面做个证明之外,没费半点周折,就为他们办了手续,这笔存款不仅全数照付,而且还照算了利息。

这就是重信用、重信义。其实,当时罗尚德手上没有任何凭据,后来到阜康帮助罗尚德来办理这笔存款取兑手续的人,也同阜康没有一点关系,倘若否认这笔存款,当然是别无人证。这样的做法虽然确实非常下作缺德,但事实上在商场也并不是没有。但胡雪岩却不肯这样做。就是从这一点上,我们就能看到胡雪岩仗义而守信用的人品。

第七章 胡雪岩智慧解析

# 附　录
## 胡雪岩妙语撷录

1. 遇事要冷静分析，以静制动。
2. 事缓则圆，不必急在一时，要妥当了再动手。
3. 做生意与做人在本质上是一样的，都要讲个信义。
4. 做事总要将心比心，为别人着想。
5. 穷人想富，富了想贵，人之常情。
6. 饶人一条路，伤人一堵墙。
7. "好人"我做，"坏人"叫别人去做。
8. 在家靠父母，出外靠朋友。我是在家亦靠朋友，所以不能不为朋友着想。
9. 假如在人家困难的时候，帮着解了围，人家自然不会忘记。到时利用手中的权势，行个方便，何愁五万两银子拿不回来。
10. 我看你好比虎落平阳，英雄末路，心里有说不出的难过。一定要拉你一把，才睡得着觉。
11. 事情都是人做出来的，不通的总是想办法让它通畅才是。
12. 眼光要放远些，在目前留些交情，将来才有见面余地。
13. 顺势是眼光，取势是目的，作势就是行动。
14. 做事情要如中国一句成语说的，"与其待时，不如乘势"。许多看起来难办的大事，居然顺顺利利地办成了，就因为懂得乘势的缘故。
15. 为官与经商的道理是一个样，水涨船高，人抬人高。只有这样生意才做得好，官才做得顺。
16. 做小生意迁就局限，做大生意要帮公家把局势扭转过来。大局好转，我们的生意自然有办法。
17. 既然目的不外乎一个"钱"字，那么商人就应该合理竞争。

18. 与人争胜，物真价实是关键。

19. 我当然不会闯到死路上去。我说的闯，是遇到难关壮起胆子来闯。……我遇到太平军，实在有点怕，现在我不怕了。越怕越误事，索性大胆去闯，反倒没事。

20. 治我损我，拆我的烂屋，那是行不通的，甚至应该让你没有好下场。但是只要你尚有可用的地方，饭总是大家一起吃的。

21. 广泛地施恩于人会使自己的事业兴旺发达，而与人积怨则导致灭亡。

22. 江湖上做事，说一句算一句，答应人家的事，不能反悔，不然就叫人家看不起，以后就吃不开了。

23. 不招人妒是庸才。但可以不招妒而自己做得招妒，那就太傻了。

24. 事情是件好事，不过要慎重，心急不得。而且像这样的事，一定会遭同行的嫉妒，所以说话也要小心。

25. 待人和睦，是一个人的处世之道；生活俭朴，能使人家业兴旺、发达繁荣。一个人心性平和，那么气血则通畅；气血通畅，就能百病不侵，骨肉祥和，身体无恙。一个人若能待人和睦，那么就不会与人发生争端；一家人若能和睦相处，那么家业必然昌盛。

26. 拿了会烫手的钱，即使再多也不能沾，否则会自取灭亡。

27. 为人最要紧的是要收得结果，一直说话算数，到临了失一回信用，自己就完了。

28. 做生意一定要学会寻找合适的靠山。

29. 做什么事都要敢于"赌"，敢于出钱。

30. 生意场上的胜败在于你"敢"与"不敢"。

31. 交往、接触和托付的人，如果选择不当，那么即使拥有万金，也不能称之为有钱。

32. 能猜察别人的心里想法，且善于投人所好，是做生意的一大奥妙。

33. 出自真心的赞美，捧人捧得非常真诚，不露痕迹，使被捧的人特别高兴。

34. 中国历来就有送礼的习俗，然而如何送礼，却是有学问的。

35. 交结官场，不仅"趁热门"，也"烧冷灶"。

36. 生意场中，无真正的朋友，但也不是到处都是敌人。既然大家共吃这碗饭，图的都是利，有了麻烦，最好把问题摆到桌面上，不要私下暗自斗劲，结果谁都没有好处。

37. 凡事总要有个退路。即使出了事，也能够在台面上说得过去……我们的生意，不管是啥，都是这个宗旨。万一失手，有话好说，这样子，别人能够原谅你，就还有从头起来的机会，虽败不倒！

38. 做生意要做得活络，这里的活络，自然包括很多方面，但不死守一方，灵活出击，而且想到就做，决不犹豫拖延，应该是这"活络"二字的精义所在。

39. 入行开店铺，都希望能够生意兴隆，不断发达昌盛，而生意应以店铺起名开始。店铺起名要与同行相区别，要适合所经营的生意，还要研究吉利。

40. 名气一响，生意也就自然热闹起来。

41. 门面就犹如人脸，好不好会影响生意的。

42. 凡是贸易均着不得欺字，药业关系性命，尤为万不可欺。余存心救世，誓不以劣品取代厚利。唯愿诸君心余之心，采办务真，修制务精，不致欺予以欺世人，是则造福冥冥，谓诸君善为余谋也可。

43. 做生意第一要市面平静，平静才会兴旺，我们做事，就是求市面平静。"饥寒起盗心"，吃亏的还是有钱人，所以做生意赚了钱要做好事。

44. 我们做生意赚了钱，要做好事。我们做好事，就是求市面平静。好事不会白做，我是要借此扬名。

45. 做生意时要先求名，不然怎么叫"金字招牌"呢？……这话大有道理，创出金字招牌，自然生意兴隆通四海，名至实归，莫非名利就是一样东西？

46. 做生意要扬名，必须学会扬名之法。

47. 做生意第一要齐心，第二要人缘。

48. 大家只有齐心合作，才能真正地稳定市面，才能够共同发财。

49. 用人要以财买"才"，以财揽"才"。

50. 眼光要好，人要靠得住，薪水不妨多送。一分钱一分货用人也是一样。

51. 招数只有出奇，才能达到理想的效果。

52. 冷语伤客六月寒，微笑迎宾数九暖。如果对顾客不理不睬，甚至恶声恶气，商品再好，门面再漂亮，也会使人望而却步。

53. 我觉得眼前只不过是一个挑剔的顾客，而挑剔的顾客才是真正的买主。

54. 一个生意人要输得起，最重要的是应该对于"钱财身外物"这句老话，有一种深刻的理解和认识。

55. 凡事总要动脑筋。说到理财，到处都是财源。一句话，不管是做官的对老百姓，还是做生意的对主顾，如果你想要人家腰包里的钱，就要把人伺候得舒服，人家才肯心甘情愿掏腰包。

56. 多少年来我就弄不懂，士农工商，为啥没有奸士、奸农、奸工，只有奸商？可见咱们做生意的人的良心，别有讲究，不过要怎么个讲究，我想不明白。现在明白了！对朝廷守法，对主顾公平，就是讲良心，就不是奸商！

57. 只有巧妙地利用各种条件来发展自己，壮大自己，才有可能达到自己的目的。

58. 商机抓住了，就能带来滚滚财源；抓不住，财富就会从你身边悄悄溜走。

59. 天变了，人应变。

60. 发财一要抓住时机，二要敢想敢干。换句话说，要靠机会，更要靠本事。

61. 机会要靠大家双手捧出的。

62. 运用之妙，存乎一心。做生意跟带兵打仗的道理差不多……随机应变之外，还要从变化中找出机缘来，那才是一等一的本事。一个生意人缺乏敏锐之性，将难有大作为。

63. 犯法的事，我们不做。不过，朝廷的王法是有板有眼的东西，他怎么做，我们怎么做，这就是守法。他没有说，我们就可以照我们自己的意思做。

64. 看人要不拘一格，要看了人再用。

65. 合伙开办商铺、经营生意，应该选择最有能力的人来领导。适当分工，管理事务，应该选择最合适的人来担任。数人合伙开办商铺的，应该选择其中最有实力的人来托付本钱，选择最有能力的人来托付买卖大小事务。

66. 赋予一个人多大的责任，就应该给他多大的权力。

67. 根据他人的才干，授予他适当的事情，则不会失败。根据他人的能力，让他做力所能及的事情，则能少犯错误……要事先观察他的为人，看他的能力磨炼到了何种程度。所用之人的才干与所做的事情不相称，必然导致钱财的丧失、生意的失败。所用之人的能力不能担当所托付的重任，必然导致事业的倾覆。家仆、用人之类，也要根据他们的能力来使用，否则只能是成事不足，败事有余。

68. 对于有势力的人，应该用心来交往。而对于没有钱的人，应该给他们一点利益来结交。如果对方是贫困、窘迫、困难的人，凡事应该扶助支持他，为对方着想，给他好处，那么他必然会感念我的恩情，这对事业的发展未必没有帮助。

69. 对手下要给予充分信任，放手使用。

70. 若是手下自己想要去做，事情办理起来就特别容易。

71. 遭到人们嫉妒的多是能干之人。

72. 要得到真正的杰出之士，只凭借钱是不能成事的，关键在于"情""义"二字，要用情来打动他们。

73. 光是我一个人有本事也不行，"牡丹虽好，绿叶扶持"。

74. 做大生意光靠一个人是撑不住的，需要有大批的人。这就需要在做生意的过程中培育人才。

75. 对小人的失察和放纵，就会毁了自己辛辛苦苦打下的家业。

76. 做生意要有长远的眼光，要吃一个，夹一个，看一个。

77. 放长线才能钓大鱼。要想取之，必先予之。

78. 做生意一定要做灵活，切不可吊死在一棵树上面。

79. 无论做事还是经商，都应学会掌握与运用机变与权变之理，在任何时候任何情况下都应该注意给自己留下后路。

80. 将来总有见面的日子，要留下余地，为人不可太绝。

81. 留得青山在，不怕没柴烧。忍一时之气，可以成就一世，未尝不是一件幸事。

82. 我有了钱,不是拿银票糊墙壁,看看过瘾就完事。我有了钱要用出去!

83. 用连环计,要计计相连,环环相扣,滴水不漏,方能有效。

84. 舍小利趋大利,放长线钓大鱼。

85. 有慈善心,肯施惠于人,以仁取众。

86. 八个坛子七个盖,盖来盖去不穿帮,就是会做生意。

87. 诚则灵!种瓜得瓜,种豆得豆,因果不可不信。

88. 千万要沉住气。今日之果,昨日之因,莫想过去,只看将来。今日之下如何,不要去管它,你只想着我今天做了些什么,该做些什么就是了。

89. 做生意怎么样的精明,十三档算盘,盘进盘出,丝毫不漏,这算不得什么!顶要紧的是眼光,生意做得越大,眼光越要放远。做小生意的,比如说,今年天气热得早,看样子这个夏天会很长,早早多买进些蒲扇摆在那里,这也是眼光。做大生意的眼光,一定要看大局,你的眼光看得到一省,就能做一省的生意;看得到天下,就能做天下的生意;看得到外国,就能做外国的生意。

90. 人手不够是顶苦恼的事。从今天起,你也要留意,多找好帮手。像现在这样,好比有饭吃不下,你想可惜不可惜。

91. 我的奇技也很多,大小由之,大才大用,小才小用,只看对方自己怎么样。

92. 用人之道,不拘一格,能因时因地制宜,就是用人的诀窍。

93. 一个人最大的本事是能用人,用人首先要识人,眼光、手腕,两俱到家,才智之士,乐于为己所用,此人的成就便不得了了。

94. 事情来了,急也没有用,顶要紧的是自己不乱。

95. 店规不是死板的。有些事不能通融,有些事要改良。世界日日在变……做生意贵乎随机应变。

96. "用兵之妙,存乎一心!"做生意跟带兵打仗差不多,除了看人行事,随机应变之外,还要从变化中找出机会来,那才是一等一的本事。

97. 我们做生意一定要做得活络,移东补西不穿帮,就是本事。你要晓得，所谓"调度"，"调"就是调动，"度"就是预算。预算什么时候款子进来，预先拿它调动一下，这样做生意，就比人家走在前面了。

98. 什么事都要讲机会。明明一定办到的事，阴错阳差，叫你不能如愿。

99. 今天我仔细想了一想，我的基础还是在钱庄上面。不过，我的做法还要改。势利、势利，利与势是分不开的。有势就有利，所以现在先不必求利，要得到势。

100. 办大事最要紧的是拿主意！主意一拿定，要说出个道理来并不难。